KB112072

미래 모델링

МОДЕЛИРОВАНИЕ БУДУЩЕГО
by ВИТАЛИЙ ГИБЕРТ

Original Copyright © ВИТАЛИЙ ГИБЕРТ, 2012
Korean Translation Copyright © Inner World Publishing, 2014
This Korean edition was arranged by ВИТАЛИЙ ГИБЕРТ
with Ves Publishing Group, JSC through Mediana Literary Agency, Russia.
All rights reserved.

러시아 초능력자의 진짜 시크릿 노트

미래 ◆ 모델링

비탈리 기베르트 지음 / 박인수 옮김

정신세계사

미래 모델링

ⓒ 비탈리 기베르트, 2012

비탈리 기베르트 짓고, 박인수 옮긴 것을 정신세계사 정주득이 2014년 6월 20일 처음 펴내다. 이균형과 김우종이 다듬고, 김윤선이 꾸미고, 한서지업사에서 종이를, 영신사에서 인쇄와 제본을, 덕윤산업에서 녹음을(박인수 낭독), 김영수가 기획과 홍보를, 하지혜가 책의 관리를 맡다. 정신세계사의 등록일자는 1978년 4월 25일(제1-100호), 주소는 03965 서울시 마포구 성산로4길 6 2층, 전화는 02-733-3134, 팩스는 02-733-3144, 홈페이지는 www.mindbook.co.kr, 인터넷 카페는 cafe.naver.com/mindbooky 이다.

2024년 2월 6일 펴낸 책(초판 제9쇄)

ISBN 978-89-357-0381-4 03320

이 도서의 국립중앙도서관 출판시도서목록(CIP)은 e-CIP홈페이지(http://www.nl.go.kr/ecip)와 국가자료공동목록시스템(http://www.nl.go.kr/kolisnet)에서 이용하실 수 있습니다. (CIP제어번호: CIP2014016659)

당신이 평생 찾아왔던 마스터는 바로 당신 가까이에 있었다.

하지만 당신은 너무 눈이 어두워 그를 알아보지 못했고,

너무 귀가 어두워 그의 음성을 듣지 못했으며,

너무 아둔해서 그에게 질문을 던지지 못했다.

이제 당신 안으로 깊이 들어가서 당신의 마스터를 발견하라.

차례

가슴의 길을 걷는 모두에게 바친다

끝

나는 이 책을 〈끝〉이라는 제목으로부터 시작하고 싶습니다. 이 끝은 고통의 끝이며, 무의식과 오랜 타성에 젖은 고정관념과 평생 지녀온 모든 습관의 끝이며, 사랑이 없는 인생의 끝입니다.

나는 여러분 모두가 자기 자신과 이 세상 그리고 주변 사람들에 대해 그동안 품어왔던 비난을 지금 여기에서 떨쳐버리시길 바랍니다. 실패한 일들, 사랑과 직업과 돈의 상실, 기회와 건강의 상실에 관한 모든 후회와 걱정을 남김 없이 내려놓으시길 권합니다.

지금 여기에서 그 모든 것을 내려놓고, 이 책이 전하고 있는 생각들도 모두 물려놓고서, 그저 참 자기를 알아가는 멋진 신세계를 한번 상상해보시기를 제안합니다. 어린 시절 이후 오랫동안 잊고 지내온 삶의 새로운 면을 바라보십시오. 지금 이 순간을 경험하는 기쁨과 사랑과 아름다움의 세계를…

5년 전만 해도 나에게는 문제가 많았습니다. 그때에는 망설임 없이 다른 사람의 감정을 가지고 노는 교활한 사람으로 살았습니다. 특히 나를 사랑하는 사람들을 교묘히 이용했지요. 누군가가 나를 원한다는 것을 알자마자 나는 즉각 그에게 올라타고 그를 억누르곤 했습니다. 다른 사람들 앞에서 그를 학대하면 모두가 나를 터프가이로 봐

줄 줄 알았습니다. 하지만 그게 아니었어요.

나는 나를 에워싸는 문제의 늪 속으로 깊이 빠져 들어갔습니다. 나를 사랑해준 여자에게 정신적 고통을 주었고, 그리하여 헤어질 무렵에 그녀는 내게 말조차 붙이고 싶어하지 않았습니다. 나는 그제야 깨달았습니다. 그녀가 나에게 얼마나 소중한 사람인지를. 그리고 두려움 탓에 내가 그녀를 사랑한단 사실을 나 자신에게조차 숨겨왔다는 것을. 그녀는 떠났습니다. 그녀를 되돌리려는 내 모든 시도는 실패하고 말았지요.

나는 고통으로 울부짖고, 미쳐갔습니다. 그동안 내가 삶을 얼마나 낭비해왔는지를 알게 되었지요. 내가 얼마나 쓸모없는 존재였는지를, 나 자신과 주변 사람들에게 무슨 짓을 저질렀는지를 자각했습니다. 그녀가 나를 많이 사랑했음을, 나 또한 그녀를 정말 사랑했음을 뒤늦게 알았습니다.

그런 자각이 있고 나서 나는 그녀를 되찾게 되었지요. 나는 그녀에게 되돌아갔습니다. 나는 나 자신을 정화하고 '과거의 나'를 거부했어요. 그럼으로써 나는 성장하고 있었지요.

그런데 얼마 지나지 않아서 그녀가 나를 속이고 있음을 알게 되었습니다. 나는 감정이 복받쳐 올랐습니다. 나의 내면은 갈기갈기 찢겨나가는 듯했습니다. 내가 그토록 사랑하는 여자가 나를 속이고 있다는 사실은 상상하기조차 싫은 일이었습니다.

어느 날 그녀가 외출에서 돌아와 나를 사랑한다고 말했을 때, 내 가슴은 그게 거짓임을 느꼈지만 내 머리는 그녀를 믿고 싶어했습니다. 그래서 억지로 그녀의 말을 믿으면서 겨우겨우 기분을 추슬렀지요.

나는 그녀가 감추고 있는 모습들을 '원격투시'로 자세히 볼 수도 있었습니다. 하지만 나는 그녀를 믿으려 애를 썼습니다. 결국 내 정신은 황폐해졌고, 나는 신경쇠약에 걸려버렸습니다. 방 안의 가구들을 때려 부수고, 고작 열여덟의 나이에 자살을 떠올리기도 했습니다. 나는 나 자신을 막다른 골목으로 몰아갔습니다.

그러나 그 사건은 나를 더 갈 데 없는 바닥으로 떨어뜨렸을 뿐 아니라, 거기에서 다시 나를 끌어올려 주었습니다.

여기서 우화 하나.

어느 날 당나귀 한 마리가 우물에 빠져 도와달라고 소리쳤다. 당나귀 울음소리를 들은 주인은 우물로 가서 당나귀를 끌어내려 했으나 손으로는 건져 올릴 수 없어서 낙담했다.

그래서 그는 생각했다. '내 당나귀는 이제 늙어서 얼마 살지 못할 거야. 게다가 곧 새 당나귀를 사려던 참이었지. 마침 이 우물은 물이 다 말랐구나. 우물에 흙을 채우면 옆에 새 우물이 생길 테니 일거양득이야. 새 우물을 파면서 동시에 당나귀를 파묻는 거지.'

주인은 망설이지도 않고 이웃사람 둘을 불러서 삽으로 땅을 파서 우물에다 흙을 던져 넣기 시작했다. 당나귀는 무슨 일이 벌어지는지 즉시 알아차리고 더욱 큰 소리로 울부짖었다. 하지만 사람

들은 들은 체도 않고 흙을 계속 채워갔다.

당나귀는 곧 울음을 멈추었다. 주인이 우물 안을 들여다보자 놀라운 광경이 펼쳐지고 있었다. 당나귀가 떨어지는 흙덩이를 모두 발로 밟아 다져서 평평하게 하였던 것이다. 얼마 후에는 모두가 경악할 수밖에 없는 일이 일어났다. 흙바닥을 충분히 높인 당나귀가 스스로 우물 밖으로 뛰어나온 것이다.

살다 보면 많은 문제가 생깁니다. 앞으로도 많은 문제가 끌려들겠지요. 하지만 새로운 흙덩이가 떨어질 때마다 기억하십시오. 당신은 그것을 떨쳐낼 수 있고, 오히려 그것 덕분에 좀더 높이 솟아오를 수 있다는 것을. 이런 방식으로 우리는 가장 깊은 우물로부터 한 발짝씩 빠져나올 수 있습니다.

한 가지 더 보탠다면, 어린 시절의 기억을 더듬어보세요. 당신이 아가로서 첫걸음을 뗄 때, 그 걸음마는 처음부터 성공했습니까? 아니면 수없이 넘어지고 다시 일어나기를 반복했나요? 넘어지고 다시 일어나기를 두려워하지 않음으로써 비로소 우리는 걸음마를 배울 수 있었습니다.

우리의 삶도 마찬가지입니다. 실수를 두려워하지 마세요. 우리는 바로 그 실수 덕에 더 나은, 더 새로운 삶의 전략을 발견합니다. 시련과 실수를 통해서만 사랑이 가득하고 행복한 삶을 실제로 경험하게 됩니다!

원래 이야기로 돌아와서, 어쨌든 나는 힘들었어도 남들처럼 점쟁이를 찾아가진 않았습니다. 정신과의사와도 상담하지 않았고요. 나는 오직 나만이 나 자신을 도울 수 있다는 것을 알았습니다. 내가 불행을 겪고 위장병에 시달리는 이유는 내가 내게 맞지 않는 방식으로 살아왔기 때문이었습니다.

그래서 나는 심리학을 전공했고, 마법학교에 다녔습니다. 거기서 세상이 어떻게 돌아가는지를 배웠습니다. 초능력과 생각을 물질화하는 법, 그리고 더 나은 삶의 방식을 배웠습니다. 그럼에도 나는 아주 잠깐 기분이 나아졌을 뿐이었어요. 내 머리는 이런 유의 아이디어를 혼용하기 시작했고, 곧 새로운 문제가 불거졌지요. 그것은 내가 신이 어디에 있는지를, 왜 각각의 종교와 교리들이 서로 다른 신을 모시는지를 이해하지 못했기 때문이었습니다.

이후로 나는 엄청나게 실험하기 시작했습니다. 나는 무엇보다도 내 삶을 실험대상으로 삼았습니다. 새로운 것을 시도할 때마다, 거기에 뭔가 잘못된 구석이 있으면 즉각 현실이 응징해왔습니다. 현실은 나의 무의식과 연결되어 있었습니다. 나는 무엇이 잘못되었는지를 이해하기 시작했고, 그것을 바로 잡으면서 실험을 계속 해나갔습니다.

나는 생각을 물질화시키는 많은 기법을 배웠고, 그것들이 다 나름 대로 효과가 있음을 알게 되었습니다. 하나도 빠짐없이 말이지요.

그런데 아직 문제는 남아 있었습니다. 내가 배운 기존의 기법들은 낡아빠진 '자포로제츠Zaporozhets' 같았습니다.(우크라이나의 ZAZ 공장에서

1958년부터 소련의 국민차를 표방하여 생산된 소형차. 1994년까지 다양한 형식이 생산되었다.

역주) 그래요, 그것은 움직입니다. 그러나 낡고, 냄새나고, 망가져서 느릿느릿 움직입니다. 어떻든 당신을 당신의 목표, 당신의 목적지에 데려다주긴 하겠지만요.

나는 실패와 시련과 실수로부터 보답을 얻었습니다. 나는 끊임없이 실수를 저질렀지만, 아랑곳하지 않고 실험과 도전을 되풀이했습니다. 나는 아주 외고집입니다. 나는 더 나은 삶을 살고 싶었습니다.

그 덕분에 나는 다섯 가지 규칙을 발견하게 되었습니다. 이것을 '페라리Ferrari' 자동차에 비유해볼까요? 만약 이 다섯 가지 규칙 중에 하나라도 충족되지 않는다면 당신의 페라리는 출발하지 않을 것입니다. 타이어가 낡아 바람이 빠졌거나, 잘못된 연료가 채워져 있거나, 엔진이 고장 나서 움직이지 않거나, 부속이 녹슬거나 닳아 부서진 상태일 테니까요.

이 책에 담긴 다섯 가지 규칙은 페라리를 운전하는 것과 같습니다. 이 규칙들은 귀하고, 아름답고, 빠르고, 효율적입니다. 페라리를 운전할 때 중요한 점은, 목적지에 다다르는 것뿐 아니라 운전 과정 자체를 즐기는 것입니다. 당신은 그 속도를 즐깁니다. 당신은 매 순간을 즐기면서 목적지에 아주 빨리, 그리고 손쉽게 도달합니다. 당신은 진심으로 그 과정을 즐기고, 그러는 가운데 마지막 종착지에 다다릅니다.

이 책은 바로 그 비밀에 관한 것입니다.

제 1 장
신에게서 받은 능력

오래전, 내가 작은 아이여서 많은 것을 무서워했을 때, 천사가 내게로 와서 말해주었다. "무얼 두려워하고 있는 거니? 우리 삶의 매 순간은 신에게서 받은 것이란다. 신은 항상 네게 관심이 있으시고 너를 사랑하신단다. 그를 믿기만 하렴. 긴장을 풀고 그가 온갖 장애와 낙담으로부터 너를 건져내시도록 하렴. 그가 네 삶을 무지갯빛으로 다채롭게 꾸미시도록 허용하렴. 그러면 이 세상을 초월할 때가 왔을 때, 너는 그를 찾아 어딘가를 헤맬 필요가 없다는 것을 알게 될 거야. 너는 심지어 그가 사는 어떤 특정한 장소로 갈 필요조차 없단다. 그는 항상 너랑 함께해오셨거든. 그는 네 가슴에 사신단다."

그때로부터 많은 세월이 지난 요즘에야 나는 천상에서 내려온 천사의 말을 깊이 이해하기 시작했다. 마침내 나는 신을 찾기를 그만두었다. 나는 신이 언제나, 정말로 내 곁에 있다는 말을 있는 그대로 받아들였다. 지금껏 나는 그를 알아채지 못했었다. 나한테서 멀리 떨어진 어떤 곳에서 그를 찾아왔기 때문이었다.

제-1장은 우리 모두가 능력을 갖고 있다는 나의 굳은 신념에 관한 것이다. 이 지구에 태어난 사람이라면 누구나 무한한 가능성과 능력을 갖고 있다.

누구나 '깨어난 채로' 태어납니다. 깨어나기 위해 다른 사람이나 다른 무언가가 될 필요는 없습니다. 우리 삶의 귀중한 1초 1초에 날

낱이 감사하면서, 매 순간을 충만한 감각으로 끊임없이 즐기기만 하면 됩니다. 누구나 태어날 때는 신이 무엇인지를 알고, 존재하는 모든 것에서 신을 봅니다. 그것이야말로 깨달음의 징표이지요.

생후 첫해에 우리는 엄마와 아빠를 분간할 수 없습니다. 모든 것이 우리에게는 똑같습니다. 유년기에 우리는 세상을 조각내지 않고 통으로 봅니다. 우리는 이 세상이 멋져서가 아니라 존재하는 그 자체로 사랑합니다. 우리는 모든 것을 절대적으로 사랑하면서 세상을 있는 그대로 찬미하고 받아들입니다. 우리는 맑은 눈과 열린 가슴으로 그것을 숭배합니다. 우리는 그것을 재단하지 않습니다. 단지 기쁨으로 받아들일 뿐이지요. 우리는 사랑을 산속의 샘물처럼 맑게, 대양의 바닷물처럼 깊게, 그 어떤 조건도 없이 경험합니다. 뭔가를 얻기 위해서가 아닌 오직 순수한 사랑 그 자체를 말이지요.

우리는 낯모르는 누구든 껴안을 수 있습니다. 그가 아름다워서가 아닙니다. 특별한 이유가 없습니다. 나중에 얻을 사탕 때문이 아닙니다. 우리는 어떤 의도도 없이, 티 없이, 그러면서도 진실로 이 세상을 있는 그대로 느낍니다.

어린 시절의 일입니다. 나보다 더 큰 아이들이 개미집을 불태웠습니다. 나는 가슴이 아팠습니다. 어른들에게 그것은 단지 벌레들일 뿐이었습니다. 그러나 나는 개미들이 겪는 고통으로 인해 상처받았습니다. 개미들과 내가 심층에서 연결되어 있다는 느낌을 지울 수 없었습니다. 나는 그 사건을 목격할 때 세상의 잔혹함 앞에서 흘렸던 눈물을 생생히 기억합니다.

당신도 유년기로 돌아가 보세요. 아마도 비슷한 사건들이 떠오를 것입니다. 어쩌면 임종을 맞는 할머니로부터, 또는 서로 싸우던 부모님으로부터 당신은 고통을 느꼈을 것입니다. 그 상처는 아직 당신의 내부에 남아 있습니다. 반대로 온 가족이 즐거웠던 한때, 부모가 웃음 짓던 모습, 또는 당신 자신이 기쁨으로 충만했던 순간도 당신의 내부에 그대로 간직되어 있습니다.

　세상이 하나로 되는 데는 비밀이 있습니다. 어릴 적에는 모두가 그것을 알지요. 그러나 자라면서 그것을 잊습니다. 당신의 관심을 당신의 자녀나 조카, 아니면 당신 자신에게 돌려보세요. 당신은 당신의 부모님이 어떤 기분인지를, 그들이 거짓을 말하고 있는지 아닌지를 항상 알았습니다. 이는 당신이 아주 어렸을 적부터 심령능력을 갖고 있었음을 뜻합니다. 부모님이 기분이 좋을 때는 그들로부터 사탕을 얻어내거나 밖에 나가 놀라는 허락을 받아내기가 쉬웠습니다. 그러나 부모님이 화가 났을 때는 소용없다는 것을 미리 알고서, 당신은 그들에게 가까이 가지도 않았을 뿐 아니라 사랑을 표현하지도 않았습니다.

　어쨌든 우리는 수시로 그들을 껴안고, 진심으로 그들을 얼마나 사랑하는지 고백했습니다. 그러면 부모님은 그에 감동하여 당신에게 무엇이든 허락했지요. 또한 어릴 때의 당신은 치유 능력도 지니고 있었습니다. 엄마나 아빠가 아플 때면 당신은 직관적으로 그들 곁에서

아픈 부위를 만져주거나 껴안았습니다. 그러면 운 좋게도 그들의 아픔은 잦아들었지요.

엄마가 새해를 앞두고 산타클로스에게서 오는 선물과 사탕을 숨겼을 때, 당신은 언제나 그 선물이 무엇이고 어디에 숨겨졌는지를 알았습니다. 게다가 인형이나 로봇을 가지고 놀 때, 당신은 그것들이 살아 있다는 것도 알았습니다. 그것들은 당신의 제일 친한 친구들이었습니다. 실제로 주술사들은 이런 식으로 인형이나 물건에 생명을 불어넣습니다.

한 가지 더, 아이를 가진 분은 특히 귀를 기울이시기 바랍니다. 때때로 아이들은 허공을 응시하고 천사들과 영적인 존재들을 바라보며 몹시 기뻐합니다. 반대로 어떤 때는 이유 없이 두려움에 떨기도 하고, 성질이 고약한 사람 앞에서는 곧장 울음을 터트리지요.

우리가 따라야 하는 규칙들이 어디서 왔는지 생각해본 적이 있는가? 그렇다면 당신은 당신 자신도, 당신의 부모도, 당신의 조부모도 그것들이 어디서 왔는지를 모른다는 사실을 알아차렸으리라. 그저 누군가가 그것을 만들었고, 당신은 그것을 믿었다. 이제부터는 당신이 어리고 행복했을 때 어떤 규칙을 따라 살았는지 기억하라. 그때 당신은 당신 자신만의 규칙으로 살았다. 어떤 제한도 없이.

불행히도, 그런 시절은 우리가 절대적으로 믿는 우리의 멋진 부모님이 우리를 가르치기 시작하면서 끝이 났습니다. 어릴 적 우리에게 부모님은 신과도 같은 존재여서 우리는 그들의 말과 신념과 신앙을 기꺼이, 판단 없이 모두 빨아들입니다. 어릴 적부터 우리는 세상이 어떻게 이루어졌는지, 무엇이 허락되었고 무엇이 금지되었는지를 배웠습니다. 부모님은 그들의 두려움을 우리에게 옮겼습니다. 그들에게 세상은 위험한 곳이니까요.

나는 불행한 결혼생활을 하고 있던 마흔 살 여성이 자기 딸에게 행복해지는 법을 알려주려 드는 모습을 보고 깜짝 놀란 적이 있습니다. 나는 음주와 흡연을 좋아하는 남성이 제 자식에게 어떻게 "술 마시지 말고 담배 피우지 마라" 하고 말할 수 있는지를 전혀 이해할 수 없습니다. 부모가 그렇게 하는데, 왜 자식은 그렇게 하면 안 되나요? '너무 어려서'인가요?

아이들은 무엇보다 그들 부모의 행동을 관찰하고 그대로 따라 합니다. 아이는 부모가 자신에게 거짓말한 것을 알고, 그로부터 거짓말하는 법을 배웁니다. 그러니 아이가 거짓말을 했다고 부모가 그를 꾸짖으면, 아이는 도리어 화가 나겠지요. 다름 아닌 바로 그들로부터 배운 것이니까요.

어떻게 자신이 실천하지 않는 것을 남에게 가르친다는 말입니까? 어떻게 불행한 사람이 행복해지는 법을 가르치며, 가난한 사람이 부자가 되는 법을 가르칠 수 있겠습니까? 우스운 일입니다. 그러나 불행히도, 많은 이들이 자녀에게 그런 전략을 씁니다. 그들은 자신의 행동이 '앎'이 아니라 '믿음'에 속박되어 있음을 알지 못합니다. 이

런 식으로 똑같은 말들이 입에서 입으로 전해지는 것입니다.

그러나 세상은 변합니다. 현 시대에 맞게 변화하는 것은 우리에게 중요한 일입니다. 내게는 새로 태어나는 모든 아기가 크고, 거칠고, 힘차게 흐르는, 파도가 넘실대는 강과 같습니다! 그 강은 믿을 수 없는 속도로 흐릅니다. 어디로 흐르는가는 중요하지 않지요!

그것은 광대하게, 어떤 장애물이라도 통과하며 흘러갑니다. 물속에 자갈이 있든, 나뭇가지가 있든 상관없습니다. 그것은 쉼 없이 흐르고, 그 와중에 햇살에 데워지며 무지개를 만들기도 합니다. 거기엔 규칙이 없습니다! 강물은 스스로 바라는 대로, 정해진 진로 없이, 어떤 제약도 없이 흐릅니다. 강물은 바위들과 부딪혀 돌아갈 때도 그것을 즐깁니다. 강물은 자신을 데워주는 태양과 자신 안에서 노는 물고기를 즐깁니다. 강물은 그 모든 것을 즐깁니다! 이것이야말로 순수한 환희이자 행복, 사랑의 느낌입니다!

그러나 그때 우리의 훌륭한 부모가 나타나 우리에게 세상이 어떻게 돌아가는지를, 무엇이 허락되었고 무엇이 금지됐는지를 가르치기 시작합니다. 그들은 아이에게 인생에 관한 그들의 전략과 신념을 채워 넣습니다. 그들은 아이의 세상을 그들의 것과 똑같이 만들기 시작합니다.

이처럼 허락된 것과 금지된 것들로 나뉜 갑갑한 신념 탓에 도도히 흐르던 강에는 댐이 세워져 자유로운 흐름을 방해합니다. 우리를 관통해 흐르던 사랑의 에너지가 댐에 부딪혀 소진되고, 조건화된 사랑으로 바뀝니다. 이제 그 사랑은 이것을 위한 것이지 저것을 위한 것은 아닙니다.

크고 풍부한 강이 온통 댐으로 좁혀지고 막혀서 작은 시냇물이 됩니다. 강물은 점점 더 줄어듭니다. 활기를 잃은 강물은 이제 그 어떤 것도 즐길 수가 없습니다. 결국은 사랑과 기쁨의 느낌을 잃고, 그저 얕은 개울이나 습지로 바뀌게 되지요.

이것이 바로 어른들이 뭔가를 할 때마다 미리 두려움에 떨고, 그럼으로써 자신을 실패로 몰아넣는 정신적 불구가 되는 이유입니다. 우리는 끊임없는 불안감과 불확실성이라는 달걀껍데기에 싸인 병아리가 되고, 그 안에 살면서 껍데기를 통해서만 세상을 봅니다. 진짜 세상과는 떨어져 있는 채로 말입니다.

그러니 성장을 위해 필요한 단 한 가지는 바로 당신 자신이 되는 것입니다. 부모, 학교, 사회로부터 주입받은 갑갑한 신념들, 즉 당신을 강제하는 모든 댐을 치우십시오. 껍데기를 깨고 진짜가 되십시오. 그것이 전부입니다. 댐들을 치워버리세요. 그것만으로 당신은 다시 크고 힘차게 흐르는 강물이 될 것입니다. 이것은 아주 쉬운 일입니다.

여기서 우화 하나.

인도에 깨달음을 추구하던 한 학생이 있었다. 가족을 떠나 구루를 찾아 헤매던 그는 한 구루를 찾아가서, 어떻게 해야 깨달음에 도달하는지를 물었다.

구루는 말했다. ― 깨달음에 도달하기는 매우 쉽다. 네게 필요한 단 한 가지는 집에 돌아가 저녁마다 30분씩 거울 앞에 앉아 정해진 질문을 하는 것이다. "나는 누구인가? 나는 누구인가? 나는 누구인가?"

그 학생은 놀라 말했다. ― 저, 그렇게 간단할 리가 없어요.

구루는 대답했다. ― 아니다. 그것은 정말 간단하다. 그러나 네가 다른 의견을 듣고 싶다면, 길 건너편에 사는 다른 구루에게 가서 물어보거라.

그 학생은 말했다. ― 정말 고맙습니다. 그렇게 하겠습니다.

그래서 그 학생은 다른 구루에게 가서 같은 질문을 했다.

두 번째 구루는 대답했다. ― 아, 그것은 매우 어렵고 시간이 오래 걸릴 것이다. 너는 한마음을 가진 동료와 공동체에 살면서 아무 대가 없이 열심히 일해야 한다.

그 학생은 매우 신이 났다. 이 구루의 철학은 진정한 깨달음에 도달하는 독특한 수행법으로써 전혀 모순이 없어 보였다. 그는 지금껏 깨달음을 얻는 것은 어려운 일이라고 항상 들어왔기 때문이다.

구루는 그에게 공동체에서 비어 있는 딱 하나의 일자리가 외양간 청소라고 말했다. 그리고 깨달음에 도달하려는 그의 의지가 정말 신실하다면, 그에게 배설물을 치우고 외양간을 깨끗이 유지하는 역할을 맡기겠다고 했다. 그는 구루의 제안을 받아들였으며, 드디어 자신이 올바른 길에 들어섰다고 느꼈다.

그러나 배설물을 치우고 외양간 청소를 한 지 다섯 해가 지나자, 그는 다시 의기소침해지고 마음이 급해졌다.

그는 구루에게 가서 말했다. ― 존경하는 스승님, 저는 5년간 공동체에서 가장 험한 일을 하며 성심성의껏 당신께 봉사했습니다. 하루도 빠지지 않고 일했고 절대 불평하지도 않았습니다. 이제는 제가 깨달음에 도달할 때가 됐다고 생각하지 않으십니까?

구루는 말했다. ― 아, 그래. 이제 준비가 된 것 같구나. 이제 네가 해야 할 일은 집에 돌아가 저녁마다 30분씩 거울 앞에 앉아 정해진 질문을 하는 것이다. "나는 누구인가? 나는 누구인가? 나는 누구인가?"

그는 놀라서 다시 물었다. ― 죄송하오나, 다시 한 번 말씀해주십시오. 그것은 이 길 건너편에 사는 다른 구루에게서 5년 전에도 들었던 말입니다.

구루는 대답했다. ― 그래, 그의 말이 맞다.

모든 사람은 귀중한 다이아몬드와 같습니다. 그러나 시간이 좀 지나면 먼지에 뒤덮입니다. 먼지 아래에 무엇이 있는지를 꿰뚫어보기란 쉽지 않지요. 그러나 그 먼지를 닦아내기만 하면, 당신은 이 놀라운 보석이 찬란한 빛을 다시 반짝이게 할 수 있습니다.

사람들은 강요된 신념에 깊이 젖어서 자신의 본성이 무엇인지를 잊었습니다. 그러나 그것은 언제나 우리와 함께 있습니다. 당신은 그

것을 기억해내기만 하면 됩니다. 그저 댐을 치우고 먼지만 닦아내면, 믿을 수 없을 정도의 에너지가 다시 샘솟을 것입니다. 당신은 한없는 기쁨과 행복을 누릴 것입니다. 게다가 덤으로 치유능력, 직관, 세상을 다 가진 듯한 느낌, 생각을 물질화하는 능력까지 갖게 될 것입니다.

여기서 하나의 의문이 당신 마음에 떠오르겠지요. '어떻게 해야 이 댐들을 치울 수 있지?'

늘 당신 자신을 관찰하는 것이 중요합니다. 사람들은 무의식적으로 행동하는 습관이 있지요. 그러니 끊임없이 자신에게 질문을 던지면서 자신의 생각과 행동을 관찰해야 합니다. '이것은 나의 생각인가, 아니면 다른 사람의 생각인가?' '나는 정말 이것을 바라는 걸까, 아니면 그냥 버릇일까?' '이것은 나의 소망일까, 부모님이나 친구의 소망일까?' 머잖아 당신은 당신 안에 정체불명의 자아들이 부지기수로 도사리고 있음을 알게 될 것입니다.

당신이 만든 댐에서부터 게임을 시작합시다! 하나의 댐을 발견했다면, 생각 속에서 그 댐을 치우기 시작하십시오. 그것이 어디에서 왔는지를 추적하여 되돌려놓으십시오. 그리고 그 낡은 댐을 통과하는 항로가 아니라 새로운 항로를 선택하십시오.

예컨대 '돈벌이는 어렵다'와 같은 아주 넓게 자리 잡은 댐을 발견했다면 — 많은 부모가 그들의 경험상 그렇게 말하지요 — 그것을 원래의 자리로 되돌려 없애고 대신 거기에 다른 뭔가를 갖다 놓으십시오. 나라면 '돈은 여러 경로를 통해, 가장 멋지고 품위 있게 내 인생에 쉽게 들어온다'는 생각으로 대체하겠습니다.

이렇게 우리는 낡고 갑갑한 댐들을 다 치우고 강 위에 새로운 다리를 놓을 수 있습니다. 그럼으로써 우리는 강물이 힘차고 자유롭게 흘러가도록 도우면서 우리의 삶을 진심으로 즐기게 됩니다.

우리 안에 넓게 자리한 또 하나의 댐이 있습니다. 이 댐은 다른 사람이 아니라 우리 자신이 스스로 세운 것입니다. 바로 '신은 나를 사랑하지 않는다'는 생각 말입니다. 그러나 신과 내가 어떻게 상호작용하는지를 이해하고 나면, 이 댐은 줄줄이 늘어서 있는 다른 댐들과 함께 절로 무너져내릴 것입니다.

나에게 신은 물이 담긴 커다란 대야와 같습니다. 그리고 우리는 각기 다른 색깔과 크기와 용량의 그릇들입니다. 우리는 겉모습이 서로 다르지만, 똑같이 이 대야 속에 잠기며 그 물을 자신에게로 옮겨 담습니다. 피부색도 다르고, 크기도 다르고, 누구는 여자이고 누구는 남자이지만, 우리는 모두 같은 것을 담고 있습니다. 우리는 신의 사랑, 그의 기쁨을 담고 있지요!

신은 어디에나 있습니다. 신은 당신과 나의 모든 세포 하나하나에, 우리 주변의 모든 공간과 물질 안에 있습니다. 그러므로 "전능하다는 신이 왜 나를 돌보지 않고 버려두는가?"라고 묻는다면 우리는 실상을 잘못 보고 신호를 잘못 해석하고 있는 것입니다. 이렇듯 자신의 좁은 세계관으로만 판단하느라 그 어떤 것에도 만족하지 못하는 사람들이 꽤 많습니다.

예컨대, 한 남자가 정장을 입고 거드름을 피우며 걸어가고 있습니다. 그는 사업 회의에 참석할 참이지요. 그가 그 회의를 생각하며 걸어가는데, 갑자기 자전거를 탄 사람이 그의 등을 밀어서 넘어뜨렸습니다. 옷이 더러워진 그에게 처음 떠오른 생각은 이것이었습니다. '오, 신이시여! 왜 제게? 제가 뭘 잘못했습니까?'

진실은 아주 간단합니다. 사람이 항상 전체 그림을 볼 수 있는 것은 아니지요. 그는 곧 열릴 회의를 생각하느라 '지금 여기'에 있지 못했습니다. 그래서 이런 상황이 창조된 것입니다. 왜냐하면, 트럭한 대가 경고등을 깜박이며 달려오고 있었으니까요! 만약 자전거를 탄 멋진 사람이 등을 밀어 쓰러뜨리지 않았다면, 그는 이후로 어떤 회의도 참석하지 못했을 것입니다.

여기서 우화 하나.

난파선에서 살아남은 유일한 승객이 한 섬으로 표류해갔다.

그는 해변에 떠밀려온 배의 잔해로 서둘러 거처를 짓고는, 바다에서 밀려온 쓸 만해 보이는 온갖 물건을 그 안으로 들였다. 그는 자신을 구출해준 신에게 감사하고 찬양했다.

그런데 며칠이 지났는데도 그 섬을 지나는 배가 한 척도 보이지 않았다. 날마다 그는 먹을거리를 찾아 섬을 헤매었다. 어느 날, 그가 섬을 서성거리고 있을 때 그의 집에 불이 붙었다. 불길이 주위를 에워싼 나무들까지 다 태웠다. 볼품없던 그의 집과 그 안에 들어 있던 온갖 물건들도 다 타서 사라졌다. 검은 연기만이 하늘로 솟아올랐다.

다 타버린 집을 보고서, 불쌍한 그 남자는 하늘을 향해 외쳤다.

— 어떻게 이럴 수가 있어요? 뭣 때문에?

그는 신에 대한 믿음을 내버렸다. 그런데 그때 갑자기 들리지 않던 소리가 들렸고, 배 한 척이 섬으로 다가오는 게 보였다.

그는 선원들에게 물었다. — 어떻게 나를 발견했지요?

선원들이 말했다. — 당신이 지핀 불길을 보았으니까요.

명상과 알아차림을 통해 행위하면, 그것은 우리 세계의 폭을 넓혀 주고 만물에 깃든 신을 느껴 알게끔 합니다. 그것은 신에 대한 우리의 믿음을 되살려 어떤 규칙과 표준에도 얽매이지 않았던, 우리가 그저 우리 자신으로서 행복했던 오래전 어린 시절처럼 이 모든 순간을 다시 자발적이고 자유롭게 즐기도록 돕습니다.

마음속의 모든 제약을 걷어내고 우주 끝까지 넓어지라. 무한만을 당신의 유일한 한계로 삼으라.

모든 사람은, 스스로 자각하고 있진 않지만, 한없는 우주 그 자체입니다. 한 사람이 명상을 통해 자신의 내면으로 들어가면 — 명상에 대해서는 나중에 설명하겠습니다 — 그제야 비로소 자신이 얼마나

광대하고 무한한 존재인지를, 자신 안에 얼마나 많은 별과 성단이 있는지를 깨닫기 시작합니다. 그는 이런 힘을 알게 되었으므로 이제 다른 사람으로 탈바꿈합니다. 뭔가를 얻어내기 위해 누군가를 추종하지 않아도 된다는 사실을 이해하고, 더 현명해지고 가벼워집니다. 그는 틀에 얽매이지 않고 자족합니다. 그는 빛이 납니다. 그의 내면이 스스로 빛을 발하기 시작합니다.

그러나 신비롭고 수수께끼로 가득한 이 무제한의 우주가 '작은 나' 안에 갇혀 있을 때는 우리에게 익숙한 탐욕, 질투, 얄팍한 욕구들과 관련된 많은 문제가 생겨납니다.

딴 데서 기적을 찾기를 멈추라. 대신 거울을 보고 미소 지으라! 당신이야말로 이 우주를 통틀어 가장 엄청난 기적이다.

사람들이 갖고 있는 문제의 대부분은 세상에서 가장 큰 기적이 바로 자기 자신이라는 사실을 잊어버린 데서 비롯됩니다. 우리는 기적을 찾아 온 세상을 헤집고 돌아다니지요. 신성한 장소를 방문하고, 구루나 선생이나 다른 누군가를 찾습니다. 이것은 단지 우리 자신이 누구인지를 잊어버렸기 때문입니다. 아침마다 거울 앞에서 당신 자신에게 미소 지으세요. 당신이 할 수 있는 가장 좋은 말을 하고, 부드럽고 사랑스럽게 당신의 눈을 들여다보세요.

문제와 싸움으로 얼룩진 일상을 떠나보내고, 미소 짓는 좋은 기분으로 하루를 맞고, 온 우주가 행복과 사랑으로 충만하게 하는 방법은 과연 무엇일까요?

오래전 내가 아직 유명해지기 전에, 나는 실험을 해봤습니다. 나는 그저 환희에 찬 기분으로 네브스키Nevsky 대로를 한껏 웃으며 걸었지요. 그럼으로써 수많은 사람들에게 나의 긍정적 에너지를 전염시켰습니다. 내 존재의 장場 안을 지나가던 사람들은 이런 상태를 알아차리고는 나와 함께 미소 짓기 시작했지요.

세상을 바꾸기란 얼마나 쉽습니까! 당신의 기분이 밖으로 드러나는 것을 겁내지 말고, 그저 내면에서 환희를 느끼기만 하면 됩니다. 물론 많은 사람은 이렇게 생각하겠지요. '실실 웃는 저 얼간이 좀 봐!' 하지만 사람들이 당신을 어떻게 생각하는지가 중요한가요? 중요한 것은 사람들의 웃음이고, 그로써 세상이 그들의 행복한 얼굴이 내뿜는 빛과 아름다움으로 채워진다는 사실입니다.

당신이 인생을 고달프고 슬프게 느끼며 우울해할 때마다, 당신은 당신의 우주를 제일 좋은 방향과는 반대로 내몰고 있습니다. 미래는 아직 존재하지 않으므로 얼마든지 바뀔 수 있습니다. 이것은 분명한 진실입니다. 당신은 환희를 느낍니다. 어느 순간에든 당신의 세계를 멈출 수 있기 때문입니다. 부정적인 사건들에 대해 "정지"라고 말하세요. 그러면 마법처럼 당신의 현재와 미래가 바뀔 것입니다.

인생은 영화와도 같다. 당신은 언제든 '정지' 단추를 눌러 더 기분 좋은 것으로 필름을 갈아 끼울 수 있다.

당신 주위의 세상은 그것에 대한 당신의 생각으로부터 비롯된 것입니다. 그러니 끊임없이 문제가 생긴다고 해서 왜 놀라십니까? 그것은 바로 당신이 당신 자신과 당신의 세상에 대해 부정적으로만 생각하기 때문인데 말이지요.

당신 자신을 관찰하고, 신을 믿으세요. 신과 함께 삶을 헤쳐가세요. 환희를 느끼고 기뻐하세요! 삶의 의미를 찾으려 하지 마세요. 그런 것은 존재하지 않습니다. 그저 삶을 즐기세요. 술을 마시거나 마약을 하거나 성교를 많이 하라는 뜻이 아닙니다. 전혀 그렇지 않지요. 우리는 다른 차원의 얘기를 하고 있습니다. 내 말은, 삶을 모든 방면에서 즐기라는 것입니다.

밖에 나가서 당신에게 와닿는 첫 번째 햇살을 즐기세요. 그것이 당신의 몸과 영혼을 가볍고 따뜻하게 채워줄 겁니다. 어렸을 때 했던 것처럼 풀밭 위에 누워 구름을 감상하세요. 구름이 어떤 모양을 닮았는지 상상하세요. 덧붙이자면, 이렇게 하면 직관력이 발달한답니다.

공원에 가서 가을의 잎사귀들이 어떻게 떨어지는지를 보세요. 황금빛 잎사귀들이 우리의 발 아래 깔아준 카펫을 보세요. 그리고 목적 없이 걸어가서 그네를 타세요.

이처럼 자기 자신을 풀어놓는 것이 중요합니다. 아이가 되세요. 자유로운 철부지가 되세요. 지혜로운 사람의 상태는 아이의 그것과 다르지 않아서, 투명하고 세상을 향해 열려 있습니다.

　그러니 이 책 읽기를 지금 당장 멈추세요! 내가 당신에게 말하는 것은 새로운 내용이 아닙니다. 당신의 무의식 속에는 모든 정보가 들어 있습니다. 나는 당신이 이 책을 내려놓고 당장 당신의 인생을 즐기러 간다면 더없이 기쁠 것입니다. 사실 독서는 별로 이로운 일이 아닙니다. 정말입니다. 당신은 나 아니어도 생각을 물질화하는 방법에 관해 알고 있습니다. 문제는 실전에서 그 지식을 어떻게 이용하느냐 하는 것입니다.

　세상에 나가 모든 경험을 받아들이세요. 경험은 값진 것입니다! 경험이야말로 인생의 동반자입니다. 중요한 것은 당신이 이 책에서 읽은 정보가 아니라 그걸 읽고 나서 하게 될 행동입니다. 설령 당신이 이 책을 또 다른 허무맹랑한 소리라고 여겨 던져버린다고 해도 나는 당신의 선택을 존중할 것입니다.

　당신은 자유롭게 원하는 바를 할 권리가 있습니다. 그럼 그렇게 하세요. 그런다고 아무도 당신에게 시비를 걸지 않을 것입니다! 물론 언제든 그만둘 수도 있지요. 어쨌든 시작한다는 데 가치가 있습니다.

　당신은 지금껏 그다지 기쁨을 주지 않는 길을 걸어왔습니다. 그런데도 계속 같은 길을 고집할 작정인가요? 아니면 같은 길로 가더라도 혹시나 다른 곳에 도달하는 기적이 일어날지도 모른다고 생각하나요? 안타깝게도 세상일은 그렇게 풀리지 않습니다.

익숙한 길을 버리고 새로운 길, 가슴이 뛰고 기쁨이 넘치는 길로 들어서세요. 그 길이 당신을 행복이라는 종착지로 데려다줄 것입니다.

어릴 적부터 우리는 능력과 지식과 사랑을 바깥에서 찾도록 배워왔다. 그러나 그것들은 오직 우리 안에만 있다.

누구나 큰 능력이 있다. 당신은 그저 마음을 열고 그 사용법을 익히기만 하면 된다.

나는 바깥세상만이 전부라고 생각하지 않는 사람들을 위해 말하고 있습니다. 사탕 껍질은 그 안에 맛있고 달콤한 사탕이 들어 있을 때에만 의미가 있습니다. 껍질 그 자체는 아무것도 아니지요. 아름다운 포장지를 보고 앞다투어 손을 뻗었는데 그 안에 아무것도 없었다고 상상해보세요. 얼마나 실망스러울까요?

우리는 눈에 보이는 것이야말로 '진짜'라는 생각을 주입받았습니다. 하지만 사탕을 맛보려면 포장지가 아니라 그 속의 알맹이를 씹어야 합니다. 솔직히 나 역시 여러 번이나 포장지에 집착했고, 그로부터 세상의 이면을 깊이 들여다봐야 한다는 교훈을 얻었습니다. 겉모습 속의 영혼을 투시하는 것은 내가 그 대상의 정수를 볼 수 있게 도와주었습니다.

그때부터 나는 핵심을 파악했습니다. 사람에게 중요한 것은 겉이 아니라 속입니다. 대놓고 화를 잘 내고 공격성을 보여 우리를 겁에 질리게 하는 사람들이 있습니다. 반대로 아름다운 가면 뒤에 뭔가를 숨기고 있는 사람들도 있습니다. 하지만 나는 세상에 전적으로 악하거나 나쁜 사람은 없다는 사실을 깨달았습니다. 오직 상처받은 사람들만이 있을 뿐입니다. 우리는 주변 사람들과 서로 검붉은 생채기를 주고받으며 살아가지요.

　　사람은 누구나 해바라기 씨앗과 같다. 빛의 중심은 그 겉껍질 속에 있다.

　　나는 사람이라면 누구나, 설령 당신이 비열하고 음흉하다고 여기는 사람일지라도, 그의 내면에는 빛의 중심이 있다고 진심으로 믿습니다. 그 중심을 보려면 무엇보다 겉껍질을 꿰뚫고 들어가야 합니다. 나는 그가 걸치고 있는 겉껍질에는 주의를 두지 않습니다. 대신 더 깊이 파고들어서 그의 빛에 닿습니다. 그러면 그 사람은 자신이 공격적인 태도를 보였음에도 자신을 사랑해주는 누군가가 있다는 사실에 소스라치게 놀랍니다. 그때부터 그는 성장하기 시작하고, 불필요한 껍질들은 이내 떨어져 나갑니다.

　　그냥 해보세요. 당신 또한 성공할 것입니다. 누구나 주위에 그런 사람이 적어도 한 사람은 있을 것입니다. 화를 내며 그에게 맞서기보다는 그의 정수에 다가가세요. 그러면 당신은 다른 결과를 얻을 것입니다.

　당신의 주변엔 불쾌한 몇몇 사람들이 있다. 그들은 무례하고 공격적이다. 그렇다고 그들에게 똑같이 화를 되돌려주지 말라. 당신은 5분도 그들과 함께 있기가 어렵다. 그런데 그들은 그들 자신과 하루 24시간을 함께 있어야 한다. 사실 그들은 당신의 지지와 사랑이 필요한 사람들이다.

　당신이 그들에게서 빛의 정수를 불러내기 시작하면, 그들은 당신 곁에서 성장하기 시작합니다. 당신은 곧 당신의 인생이 온갖 색깔의 꽃으로 향기 가득한 정원과도 같음을 알게 될 것입니다.

　당신 인생의 정원사가 되세요! 잡초를 뽑아내지 마세요. 대신에 그들을 아름다운 장미로 탈바꿈시키세요. 이것은 더없이 값진 일입니다.

　마지막으로, 이 장을 이렇게 마무리하고 싶습니다.

　당신의 행복을 지체하는 유일한 훼방꾼은 당신 자신이다.

제0장

수백만의 사람들이 이렇게 하고 있다

당신의 삶이 행복과 사랑과 더불어 펼쳐질지, 불행과 문제투성이일지는 지금 여기의 당신의 결정에 달렸다. 선택은 당신의 몫이다. 바로 지금 이 순간 선택을 하고, 당신 자신과 바깥세상의 조화 속에서 행복하게 살라. 사랑과 함께.

누구나 어릴 적엔 꿈을 믿습니다. 보통은 자전거와 인형을 꿈꾸지요. 우리는 엄마가 유치원에서 집으로 우리를 좀더 빨리 데려가서 사랑하는 부모와 더 많은 시간을 보낼 수 있기를 꿈꾸었습니다. 환상과 꿈의 세계로 뛰어드는 것보다 더 큰 행복은 없었지요.

이제 우리는 어른이 됐습니다. 꿈꾸기는 계속되지만, 우리의 꿈 또한 어른이 됐습니다. 누구는 호화로운 차를 꿈꾸고, 누구는 사랑이 넘치는 가족과의 행복을 꿈꿉니다. 누군가는 고대광실의 집을 꿈꾸지요. 어쨌든 우리의 가슴속에는 여전히 어린 아이가 남아 있습니다. 우리는 여전히 꿈꿉니다.

나 또한 아직도 커다랗게 뜬 눈으로 세상을 바라보는 어린 아이입니다. 어릴 적부터 나는 꿈꾸기를 즐겼고, 그것이 바로 내가 마법을 통해 소원을 충족시킬 가능성을 갈구했던 이유입니다.

놀라워라! 눈을 감으면, 당신은 골수 아래를 건드리는 뭔가를 내

면의 눈으로 보게 됩니다. 그리고 한 주나 한 달이 지나면 신의 은총으로서 그것은 당신의 실재가 됩니다! 나는 그런 순간마다 소름이 돋습니다. 신이 귀를 기울여주므로 나는 완전한 행복으로 충만합니다. 무엇보다도 나는 그 점에 대해 신께 감사드립니다.

미래를 모델링한다는 것은 무엇일까요? 나에게 그것은 신과의 '공동창조'를 뜻합니다. 영혼의 수준에서 신과 협동하는 것이지요. 뭔가를 모델링할 때마다 나는 늘 같은 이미지를 떠올립니다. 나는 커다란 흰 캔버스 앞에 서 있습니다. 다양하고 밝고 생생한 색깔들, 무지개의 모든 색깔과 그들 사이를 채우는 온갖 색조들이 주어져 있습니다. 나는 큰 붓을 손에 쥐고 있고, 내 뒤에서 신의 현존을 느낍니다. 그가 내 팔을 잡고 있어요. 우리는 함께 '내 인생'이라는 그림을 그리기 시작합니다. 이는 신이 나를 아주 사랑하기에, 내가 내 인생에 어떤 소원을 끼워 넣든 그가 그것을 허락한다는 뜻입니다.

당신은 그저 바라기만 하면 됩니다. 당신은 이 상호작용, 이 진실한 협동을 시작해야 합니다. 그러면 당신의 꿈들은 실재가 될 것입니다.

꿈은 이루어져야 한다.

사람들 대부분은 이렇게 생각하겠지요. "어떻게 그럴 수 있지? 신은 단지 필요한 것만 주잖아." 또한 뭔가를 얻으려면 대가를 치러야 한다고 믿는 사람들도 있습니다. 그들은 한목소리로 이렇게 묻습니다. "○○이 당신에게 장애물(댐)이 되지 않는단 말인가?" 하지만 누가 당신에게 그런 생각들을 강요했는지를 잊어버리지 마세요.

신은 우리가 청하는 것은 다 줍니다. 그러니 진짜 문제는, 양질의 것을 청하는 법을 어떻게 배우느냐입니다. 이 책은 그에 관한 것입니다. 나는 진심으로, 신의 권능은 너무나 강력하여 무엇이든 못 하는 것이 없다고 믿습니다.

나는 소원을 실현하는 경험을 통해 이런 믿음을 키웠습니다. 마찬가지로 당신이 해야 할 딱 한 가지는 모든 의심을 떨쳐버리고, 모든 꿈이 실현되는 멋진 세상으로 나아가는 것뿐입니다.

꿈을 실현하려면 당신 스스로 해야만 할 일이 있습니다. 당신은 다시 사랑과 기쁨으로 가득한 어린 아이가 되어야 합니다! 당신은 만물의 창조주를 다시 믿어야 합니다. 그리고 또 한 가지, 당신에게 주입된 것을 모두 믿는 일을 그만두세요! 무엇보다 당신의 본성을 되찾아 느끼고, 그 외의 필요치 않은 것은 다 떨쳐버리세요.

모든 것은 진짜이고, 무엇이나 가능하다. 처음에는 도저히 믿기지 않던 일들도 당신에게 일어날 수 있다. 당신이 강하게, 진정으로 열망한다면 말이다. 무엇보다 당신은 이 기적을 믿고, 당신에게 이 기적이 일어나도록 허용해야 한다.

그저 당신이 어린애거나 적어도 10년 전의 자신이라고 여기라. 그때 당신에게는 절대로 불가능해 보이는 어떤 일들이 있었다. 그런데 이제 어른이 되고 보니, 그것들은 지금 이 순간 당신에게 지극히 평범하고 자연스러운 일이 되어 있다.

왜일까? 당신의 의식이 성장했기 때문이다. 당신은 과거에는 기적이라 여겼던 것들을 지금 이 순간에는 흔한 일이 되도록 허용했다. 우리 삶에서는 이와 같은 원리가, 그것을 기적이라 부르든 말든, 모든 일에 적용된다!

때로 우리는 현재 의식 수준에서는 그것이 가능하다고 믿지 않는다. 그러나 그것은 가능하다. 당신은 제한된 신념을 휘저어서 더 폭넓게 생각하기 시작해야 한다! 그 신념대로라면 당신은 이미 끝장이 났어야 옳다.

그러므로 도전하고, 꿈꾸고, 현명해지고, 세상을 더 넓게 바라보라, 당신의 가슴으로부터 그렇게 하라! 그러면 그 오랜 세월 동안 당신이 허락하지 않아 일어나지 못했던 수만 가지 기적이, 당신의 인생에 봇물처럼 쏟아질 것이다.

기억하라! 모든 것은 진짜요, 세상에 불가능이란 없다.

자, 무엇이 진짜이고, 무엇이 가능할까요?

오직 당신의 환상에 달려 있습니다. 애플사社의 기술자는 차세대의 혁신기술을, 훌륭한 음악가는 새로운 곡을, 영화감독은 새로운 영화를 만들 수 있습니다. 그러나 먼저 당신이 진심을 다해서, 두려움과 의심 없이 진정 믿을 때라야 비로소 불가능이 없어집니다.

미래 모델링을 통해 우리는 애인도 사로잡을 수 있고 더 많은 돈도 끌어올 수 있습니다. 살 집도, 가족의 화목도, 새 가정도 모델링할 수 있습니다. 어떤 골칫거리도 잠재울 수 있고, 새로운 가능성을 열어 전혀 생각지 못한 미래도 창조할 수 있습니다. 의사의 불임 선고에도 불구하고 임신이 가능하기까지 하지요. 내 실험 자료에는 그런 경우가 허다합니다.

무엇보다, 당신이 처한 현실이 어떻든 간에, 그 모든 문제가 마지막 종착지는 아니라는 점을 이해해야 합니다. 지금 여기에서 선택함으로써, 당신은 모든 논리를 뛰어넘어 삶을 더 나은 것으로 바꿀 수 있습니다.

이런 일이 내게는 수천 번도 더 일어났습니다. 당신도 곰곰이 생각해본다면, 당신에게도 이런 일이 종종 일어난다는 사실을 깨닫게 될 것입니다.

인생의 어느 순간에라도 원하는 바를 얻을 수 있는 단순한 기법이 있습니다. 그저 신을 믿으세요. 당신의 인생에서 신을 인정하세요. 그러면 기적이 어떻게 일어나는지를 알게 될 것입니다.

이제 많은 사람들은 이렇게 반문할 것입니다. "나는 생각했고 꿈꾸었으나 세상은 맘대로 돌아가지 않았다. 생각이란 그저 생명 없는 물질일 뿐이며 무의미한 것이다."

여기서 우화 하나.

땡볕이 내리쬐는 여름날, 작은 마을에 사는 농부들이 소출을 걱정하고 있었다. 그들은 일요일 미사가 끝나자 신부에게 물었다.

— 신부님, 소출이 적으면 어떻게 해야 할까요?

신부가 대답했다. — 여러분께 요구되는 딱 한 가지는 완전한 믿음으로써 기도하는 것입니다. 믿음 없이 하는 기도는 기도가 아

닙니다. 가슴에서 우러나와야 합니다.

다음 주부터 농부들은 한 주에 두 번씩 모여서 비를 내려달라고
신에게 기도했다. 일요일에 그들은 신부에게 다시 물었다. ― 신
부님, 아무것도 이루어지지 않습니다. 날마다 함께 모여 기도했건
만, 비가 오지 않습니다.

신부가 물었다. ― 정말로 신실하게 기도했습니까?

그들은 정말로 그렇게 했노라고 하소연하기 시작했다. 그러나
신부는 아니라고 단언했다. ― 아무도 신실하게 기도하지 않았음
이 뻔합니다. 우산을 가지고 오신 분이 하나도 없잖아요!

여기서 중요한 것은 마음 깊은 곳에서 우러나오는 성실함입니다.
진심으로 믿고 열망해야 합니다. 수많은 사람들과 내 친구들의 사례
가 이것을 증명합니다. 아니, 나의 인생 자체가 불가능이란 없음을
보여주는 실례나 다름없습니다. 나는 작은 읍 출신의 평범한 사내아
이였습니다. 남들과의 차이라고는 모든 장애물을 부정하고 오직 신
의 권능만을 믿기로 했을 뿐이었지요. 그랬기에 당신이 지금 이 책을
읽고 있는 것 아니겠습니까! 이후로 나의 삶은 온통 기적으로 가득
찬 동화와 같아졌습니다.

내 친구들의 사례를 들려 드릴까요? 이 얘기들은 너무나 즐거워서
계속 되풀이해도 지치질 않습니다. 실로 신의 위대함을 보여주는 이
야기이기 때문입니다.

스테를리타마크Sterlitamak(러시아 바시키르 공화국에 있는 도시, 역주)의 엘리스
를 기억하십니까? 12층에서 엄마가 던져버렸던 소녀 말입니다. 천만

다행으로 살아났지만, 성인이 된 뒤에 의사들은 여러 해 동안 그녀에게 불임 진단을 내렸었지요. 엘리스 부부는 별짓을 다 해봤지만 임신에 성공하지 못했습니다.

　우리는 그녀와 모델링을 연습했지요. 그리고 최근에 그녀는 바라던 대로 사내아이를 낳았습니다. 신은 의사들의 진단에도 불구하고 그녀의 열망을 들어주었습니다. 의사들도 인간에 불과함을 잊지 마세요. 그들은 백 퍼센트를 보장할 수 없습니다. 그보다는 창조자를 믿고 그의 권능을 믿으세요. 당신은 믿는 만큼 보상받을 것입니다.

　내가 개인상담을 할 때, 자궁근종으로 고생하는 한 여자가 찾아왔습니다. 그것은 일종의 종양이지요. 그녀는 수술 과정과 수술 이후의 결과에 두려움을 느끼고 있었습니다. 그래서 나는 먼저 모델링 연습을 권했고 그녀도 동의했습니다. 그리고 그녀는 이 종양을 간절히 제거하고 싶었던데다가 신에 대한 신실한 믿음까지 있었기에, 고작 한 시간 만에 종양이 사라졌습니다.

　이렇듯 신의 권능은 제한이 없습니다. 당신은 소망하고 믿기만 하면 됩니다. 예수가 말했듯이, 이런 일은 되풀이한다고 해서 힘이 소진되지 않습니다. 모든 것은 당신이 믿는 대로 이루어질 것입니다.

　가장 중요한 일은 제한된 꿈속에 자신을 가두지 않고, 억누르지 않고, 우주 너머로 나아가는 것입니다.

온 세상을 다 가질 수 있는 당신이 왜 우물 안 개구리로 만족해야 하는가?

그러나 큰 기적은 작은 일들로부터 시작됩니다. 나의 믿음도 작은 열매들로부터 생겨난 것입니다. 당신도 신과의 공동창조를 시작하세요. 그러면 기적이 일어나지 않고는 단 하루도 보낼 수 없다는 사실을 알게 될 것입니다.

기적은 일어납니다. 암과의 투병이 가장 좋은 사례입니다. 의사들은 암환자들에게 이런 죽음의 마법을 겁니다. "유감이지만, 한 달밖에 안 남았습니다. 신변을 정리하세요." 하지만 사람에게는 육신을 버리고 신께 돌아갈 수도 있고, 육신을 입은 채 신께 다가갈 수도 있는 선택권이 있습니다.

나는 얼마나 많은 사람들이 지레 포기하고 실망하여, 비애를 안고 눈물에 젖은 채 서둘러 그들의 세상을 떠나는지를 보았습니다. 한편으로는 기쁘게도, 얼마나 많은 사람들이 자신의 본성을 발견하고 신실한 믿음에 의지하여 새로운 삶을 살아가는지를 보았습니다. 그들은 잃을 게 하나도 없습니다. 그리고 잃을 게 하나도 없으니, 인생을 즐기기 시작하고 참된 삶을 삽니다!

물론 암이라는 병은 큰 통증을 유발합니다. 가벼운 일이 아니지요. 그러나 차근차근 자신의 삶을 제대로 되살리는 사람들이 있습니다. 병을 이겨낸 그들은 예전과 같은 사람이 아닙니다. 예전의 그 사람은 죽었지요. 그 대신에 새로운 사람이 태어났습니다. 이제 그는 신을 굳게 믿고 자신의 삶에 감사합니다.

나는 치유 사례를 수없이 목격했습니다. 오직 신만이 그런 일을 가능케 합니다. 또한 오직 그 당사자만이 지레 포기하고 죽을 것인지 신의 영광을 찬양하며 좀더 살 것인지를 스스로 결정합니다.

이것 또한 실제 사례입니다. 내 친한 친구의 아버지가 예순이 넘어 건강검진을 받았습니다. 불행히도 암세포가 발견되었지요. 이 병이 처음에는 그를 몹시 괴롭혔습니다. 고통이 그를 갉아먹었지요. 그러나 그는 절대 쉽게 포기하는 사람이 아니었습니다. 그는 어떤 수단에도 의존하지 않고 그저 믿기 시작했습니다. 특정 종교에 빠졌다는 뜻이 아니라, 신이 자신에게 더 살 기회를 주실 것이라고 그냥 믿었습니다. 그리고 그는 회복되기 시작했습니다. 지금 그는 있는 그대로의 삶을 감사하며 살아갑니다. 그는 가족과 더 많은 시간을 함께하기 시작했고, 그럼으로써 그동안 알지 못했던 큰 기쁨을 얻었습니다. 사랑과 기쁨이야말로 최고의 약입니다.

여기서 우화 하나.

신심이 두터운 신자가 천국에 갔다. 사도 바울이 입구에서 그를 만나 신에게로 안내했다.

신자가 말했다. ― 주여, 저는 평생 당신의 계율을 지켰습니다. 저는 당신을 믿습니다. 당신의 권능을 믿습니다. 그러나 당신은 제게 낡은 '자포로제츠' 자동차조차 주지 않으셨습니다.

　신은 아무 말 없이 그 신자를 큰 차고로 데려갔다. 그곳에는 벤틀리, 페라리, 메르세데스 등의 최고급 초호화 자동차가 수도 없이 있었다.

　그 신자는 물었다. ― 주여, 이 차들은 누구를 위한 것입니까?

　신은 대답했다. ― 보아라, 이것들은 다 너를 위한 것이다. 그러나 너는 계속 '자포로제츠'만 간청하고 또 간청하더구나. 나는 너에게 최고의 것만을 주고 싶은데 말이다. 헌데 미안하지만 내 차고에는 '자포로제츠'가 한 대도 없으니 어쩌겠느냐?

　어떤 규칙이나 편견에도 속박되지 말고 그저 자유롭게 꿈을 꾸세요. 자유로운 생각들이 어떻게 당신을 채우고 넘쳐흐르는지를 느끼세요. 바라는 대로 이루어지는 것은 얼마나 멋진 일인지요! 신께서 기꺼이 내리시는 그 창조물들을 즐기는 것은 또 얼마나 근사한 일인지요!

　큰 지주회사의 소유주가 심각한 재정난을 겪고 있을 때 나를 찾아왔습니다. 그는 사업이 망하는 건 어쩔 수 없으나 개인적으로라도 파산하지 않기를 바라고 있었습니다. 나는 모델링을 가르쳐주면서 그렇게 목적을 낮춰 잡을 필요가 없다고 말했습니다.

　"당신은 수입을 늘리는 데서 더 나아가 회사도 다시 일으키고 싶은가요?"

　그는 대답했다. "물론이죠!"

　그래서 그는 날마다 사랑과 기쁨에 차서 명상을 시작했고 오히려 사업을 확장했습니다.

　이런 생각들이 뭉쳐져서 사업을 발전시킬 새로운 아이디어가 나오기 시작했습니다. 그의 회사는 두 달도 못 되어 위기를 넘겼고 그의 수입은 반년이 가기 전에 두 배로 늘어났습니다. 그는 위기가 닥쳤을 때 사원들을 해고하는 대신에 — 처음엔 그런 계획을 세웠었지만 — 많은 사람에게 새로운 일자리를 주면서 전체 사원의 복지를 향상시켰습니다.

당신 인생의 내리막길을 스스로 허용하는 것이 중요합니다! 다만 그럴 때 두려움과 의심은 좋은 조언자가 못 됩니다. 그저 불신을 내려놓고, 부정적 경험들이 있는 그대로 당신을 지나쳐 가도록 하세요. 그 모든 역경을 딛고 꿈꾸세요! 그냥 꿈꾸지만 말고, 당신이 바라는 바가 신의 은총으로써 이미 다 이루어진 평행 우주를 모델링하세요! 그런 다음, 지금 여기에서 당신 자신이 상상력과 기쁨으로써 창조한 그 세상 속으로 뚫고 들어가야 합니다. 이것이 행복하고 풍요로운 사람들이 현실을 창조하는 방식입니다.

나는 성공하고 풍요로운 사람들의 다양한 삶과 운명을 오랫동안 연구했으며 그들과 사적인 대화를 나눴습니다. 그래서 그들이 다른 사람들과 어떤 차이가 있는지를 이해했습니다. 부유하고 유명하고 행복한 사람들과 가난한 사람들의 차이를 규정짓는 유일한 것은 그들이 생각하고 행동하는 방식입니다. 그들은 대부분 작은 마을 출신이지만 넓은 가슴과 큰 꿈을 가졌지요. 그들은 꿈을 실행에 옮기는

일을 두려워하지 않으며, 그 꿈을 실현해낼 의지가 있습니다. 그들은 모두 실수를 저질렀습니다. 때로는 무릎을 꿇고 무너져 내려 힘들어했습니다. 그러나 내면의 용기와 믿음이 그들을 일으켜 세우고 위기를 극복하게 했지요. 그들은 그들이 믿는 만큼 보답을 받았습니다.

그런데 당신은 왜 머뭇거리십니까? 무엇이 그렇게 두렵단 말인가요? 가슴이 가리키는 길은 강하고 용감한 자들만의 것입니다! 나는 진심으로 누구나 자신의 오랜 꿈을 좇을 수 있다고 믿습니다. 나는 당신이 옳은 길에 서 있다면 매 순간 기쁜 일이 절로 일어나리라고 믿습니다.

당신은 그저 모든 두려움과 후회를 내려놓기만 하면 됩니다. 모든 부정적 생각을 머리에서 쫓아내세요. 그리고 그저 있는 그대로 존재하세요. 그러면 매 순간이 사랑과 기쁨으로 놀랍도록 충만해지고, 그 에너지는 대도시를 밝힐 만큼 엄청날 것입니다.

나는 당신을 믿습니다. 당신은 이제 막 자기 자신을 믿으려고 하고 있습니다. 행복하고 풍요로운 사람들은 그 성공을 스스로 이뤄냈다는 사실을 기억하세요. 그들은 용감하게 자신의 두려움을 직면했고 그것을 극복했습니다. 그러니 당신도 성공할 것입니다. 한 발짝 한 발짝, 한 걸음 한 걸음 나아가세요.

모든 의심을 떨쳐버릴 때, 기적을 진심으로 믿을 때, 그리고 당신의 가슴이 사랑으로 넘칠 때, 세상은 완전히 뒤바뀔 것이다. 오직 당신의 꿈이 실현되도록 천국이 도래하고 꿈꾸던 모든 것들이 하나씩 나타날 것이다! 신의 은총과 사랑으로!

내 친구 중 또 하나의 본보기가 있습니다. 이제 막 서른이 된 그녀는 이 놀라운 기법을 배운 적이 있습니다. 인생이 내리막길을 가고 있을 때, 그녀는 내게서 상담을 받았습니다. 당시 그녀는 마치 인생이 끝장난 듯 느끼고 있었지요.

그녀는 자신의 직업에 만족하지 못했습니다. 그래서 퇴근하고 집에 오면 남편에게 화를 내고 불평을 쏟아냈지요. 그녀는 항상 기분이 나빴고, 그녀의 현실은 완전히 진퇴양난이었습니다.

나는 그녀에게 딱 두 가지 질문을 던졌습니다. "당신의 꿈은 무엇입니까? 어떤 종류의 일을 하고 싶으신가요?"

그녀는 내 질문에 혼란스러워했습니다. 내게 도움을 요청하러 왔지 자신의 꿈을 털어놓으려고 온 것은 아니었으니까요. 어쨌든, 그녀는 어릴 적부터 꽃 가꾸기를 꿈꾸었으나 사랑하는 엄마의 충고로 변호사가 되었다고 말했습니다.

부모는 항상 자녀에게 무엇이 최선인지를 안다고 생각합니다. 나는 그녀에게 자신의 꿈을 신뢰하라고 제안했습니다. 그래서 그녀는 변호사를 그만두었습니다. 계속 그 일을 한다는 것 자체가 이미 견딜수 없는 지경이었습니다.

먼저 그녀는 꽃가게의 수습직원 자리를 구했습니다. 그리고 그 일에서 만족감을 느끼기 시작했어요! 그녀는 꽃을 사랑으로써 돌보았

고, 꽃에 말을 걸며 온정을 베풀었습니다. 꽃가게는 날로 번창했고, 그녀는 단 두 달 만에 최고관리자로 승진했습니다.

게다가 이제 그녀는 매우 행복한 모습으로 집에 돌아갑니다. 사랑하는 남편과의 사이도 풀어져서 아기까지 갖게 되었지요. 그전에는 남편이 아이 갖는 걸 반대했었는데 말입니다. 그녀는 남편에게 영향을 주어 남편도 그녀를 전혀 다른 시각으로 보기 시작했습니다.

그녀가 한 일은 자신의 꿈을 믿고 거기에 헌신한 것뿐입니다. 그 결과 신의 은총으로 모든 일이 다 잘 되었지요.

내 온 가슴을 다 바쳐 삶으로써 다른 이들의 가슴에 불씨를 일으키는 것보다 더 의미 깊고 가치 있는 일은 없다.

나는 내 문제를 해결하는 법을 배우고자 했기에 이 길에 첫걸음을 내딛게 되었습니다. 나는 태어난 순간부터 마법과 신비주의와 관련된 모든 것에 매혹되어 있었습니다.

여섯 살 때, 나는 누나 친구에게 우연히 그 집에서 보았던 백마술에 관한 책을 빌려달라고 했습니다. 그리고 날마다 몰두해서 마법을 따라 해보려고 했습니다. 그러나 성과가 없었습니다. 그 당시에는 그것을 특별한 마음상태에서 실행해야 한다는 것을 몰랐지요. 그래도 그것을 무엇보다 좋아했습니다. 그것은 신 나는 일이었고, 늘 나의 기분을 북돋아주었습니다. 신비주의, 특히 외계인과 마법에 관한 영화가 늘 좋았습니다. 그것들이 유년기 초기부터 나를 일깨워 불가능은 없다는 생각이 박이도록 했지요.

몇 년 뒤엔 아예 그것이 내 삶의 일부가 되었습니다. 나는 몇 군데서 일자리를 얻기도 했습니다. 하지만 온종일 명상을 하기 위해 종종 회사를 때려치우곤 했지요. 주변 사람들은 하나같이 그런 결정을 반대했습니다. 심지어 우리 아버지는 무신론자입니다. 아버지는 내가 하는 모든 일을 얼토당토않은 짓으로 취급했지요.

하지만 나는 그것이 좋았고, 실제로 세상을 더 잘 느끼고 더 잘 보기 시작했습니다. 처음부터 큰 성과를 얻은 것은 아니지만 정말로 내 생각이 물질화되는 경험을 직접 겪게 되었지요. 가족들은 내가 이 길에서 벗어나기를 바랐습니다. 하지만 나는 이 길이 내가 가야 할 길임을 알았습니다.

나는 물의를 일으키더라도 내 길을 고집했습니다. 그것이 내게 얼마나 중요한지를 확신했으니까요. 그리고 그 꿈은 이 책을 쓰기까지 나를 이끌고 왔습니다.

내가 'ESP(초감각적 지각능력) 경연대회'에서 우승했을 때, 비로소 아버지와 친척들은 그들이 아무리 막아도 내가 이 길을 가리라는 것을 깨달았습니다. 알다시피, 당신의 가슴이 그것이 당신의 길임을 속삭이고 있다면 세상만사는 당신이 그리로 가도록 도울 것입니다. 나는 나의 길을 발견했고, 그럼으로써 내 인생과 재정 상태, 그리고 내가 그토록 사랑하는 가족 간의 관계도 개선되었습니다.

영광을 추구한다면 자기 자신을 잃을 것이요, 돈을 좇는다면 자기 자신을 잃을 것이요, 사랑을 찾아 헤맨다면 또한 자기 자신을 잃을 것이다. 그러나 자기 자신을 찾는다면, 당신은 그것과 더불어 그 밖의 수만 가지 것들을 얻게 될 것이다.

당신 자신에게 간단한 질문을 던지십시오. '나의 꿈은 무엇이며, 또 그 꿈은 얼마나 높은가?'

당신이 목표를 낮게 세운다면, 결과 또한 낮을 것입니다. 오래전에 나는 이 교훈을 얻었습니다. 조금만 청하면, 조금만 얻을 것입니다. 1,000미터 높이의 언덕을 오르려고 계획하고 실제로 거기에 올랐더라도, 5,000미터 높이의 산을 오르려고 계획했다가 4,500미터밖에 못 올라간 사람보다는 못한 것입니다.

돈에 관련된 목표도 마찬가지입니다. 높은 목표가 우리의 삶을 더 밝게 해줄 것입니다. 150만 원의 봉급을 목표로 세워서 그 액수를 달성했다고 해도, 그것으로는 가족을 충분히 부양하기가 어렵습니다. 그러나 750만 원의 봉급을 목표로 했다가 600만 원밖에 벌지 못했다면… 쉬운 산수 아닙니까! 당신은 네 배나 더 벌어서 가족을 넉넉히 부양할 수 있습니다. 게다가 보육원에 구호금도 보낼 수 있습니다!

모든 선택은 당신의 몫입니다. 나로 말하자면, 살려면 온 우주 안에서 살 것이고, 즐기려면 매 순간 즐길 것입니다. 사랑하려면 아예 그 안에서 불타 사그라질 작정입니다!

사랑은 바다와 같다. 단지 발만 적셔서는 그 힘과 큰 기쁨을 경험하지 못한다. 당신은 그 속으로 헤엄쳐 들어가야 한다. 물론 당신은 숨이 막힐 것이다. 그러나 그 깊은 바닷속에서 헤아릴 수 없이 많은 멋진 것들을 보게 될 테고, 그 경험이 당신의 삶을 바꿀 것이다.

　이제부터는 더 깊게, 더 넓게 생각합시다. 우리 자신과 창조주를 믿기 시작합시다. 은총의 손길은 항상 우리 가까이 있습니다. 아니면, 적어도 삶을 있는 그대로 받아들이기 시작합시다. 그러면 현실이 천국과 같아질 것입니다. 우리는 낙원에 가려고 죽기를 기다릴 필요가 없습니다. 우리는 지금 여기서 낙원을 느낄 것입니다.

　여기에 놀라운 인생 이야기가 하나 더 있습니다. 내게 남자친구와의 관계를 도와달라고 요청한 한 소녀가 있었습니다. 나는 무엇이 문제인지를 명확히 알기 위해 대화를 나눴고, 단지 좋았던 과거의 기억만이 그 둘의 관계를 유지시키고 있음을 알게 되었습니다. 관계에서 가장 중요한 것은 '사랑'이라는 것이 내 소신인데, 그들에게는 그것이 없었습니다.

　나는 그녀에게 남자친구와 헤어질 것을 권했습니다. 그리고 그녀 자신의 영혼과 가슴을 따라 인생의 남자를 새로 모델링하라고 했습니다. 그녀는 자신이 가장 중요하게 보는, 이성이 갖춰야 할 성격적 특징과 외모를 묘사했습니다. 세밀하게 그런 사람을 상상하고, 곁에서 그를 느끼고, 둘 사이의 모든 일이 잘 풀리는 모습을 그렸습니다.

그리고 다음날, 그녀에게서 전화가 왔습니다. 그녀는 흥분된 목소리로 말했습니다. 나와 상담을 마치고 야간에 일하고 있던 술집에 갔는데, 이런 일이 벌어졌답니다. "모델링을 하고 여섯 시간 정도 지나서, 제가 바라던 이상형과 거의 비슷한 남자가 술집에 들어왔어요. 우리는 서로 실없는 농담을 주고받기 시작했지요. 지금 저는 너무나 행복해요!"

으레 있는 일입니다! 지금껏 당신은 더 이상 기쁨을 주지 않는 과거를 간직해왔습니다. 벌써 오래전에 그냥 놓아버렸어야 했는데도 말입니다. 더는 기쁨이 느껴지지 않는 뭔가가 있다면, 그냥 놓아버리세요. 두려워 마세요. 이미 닫힌 문을 두드리는 일만 멈추면 수많은 더 멋진 문들이 당신 앞에 열릴 것입니다.

그러나 고통스럽게도 같은 문만 계속 두드리기를 고집한다면, 그 또한 당신의 선택입니다. 다만 어느 순간에라도 스스로 모든 것을 바꿀 수 있다는 사실을 기억하세요.

내일 당신이 더 이상 살아 있지 않게 된다면, 오늘 무엇을 하겠는가? 지금 모습 그대로, 자신의 생각을 드러내길 두려워하면서 사람들을 대하겠는가? 지금 처한 환경 속에서 그대로 살아가겠는가? 아니면, 당신이 평생 꿈꿔왔던 뭔가를 지금 당장 실행하겠는가? 당신은 당신의 사랑으로써 오늘 무엇을 하겠는가?

진심으로 말하건대, 당신이 팔십(몸무게가 아닙니다)이 넘은 사람이더라도 모든 것을 바꾸는 데는 여전히 늦지 않았습니다. 절망할 때가 아닙니다! 당신은 두려움 없이, 매 순간을 즐기면서, 당신의 오랜 꿈을 실현할 수 있습니다. 한 해, 두 해가 소중합니다. 누가 알까요, 신이 우리에게 몇 해나 더 예비해두셨는지!

이제 마흔밖에 안 됐는데 벌써 자신이 늙었고, 아프고, 아무것도 할 수 없다고 질질 짜는 사람들은 정말 안돼 보입니다. 이제 마흔인데 말이지요! 내 생각에 40대는 10대나 다름없는 나이입니다! 사랑에 빠져서 더 많은 아이를 낳아야 할 때, 스스로 변화하여 행복을 누려야 할 때가 이제 막 도래했을 뿐이지요!

당신의 온 세상은 당신이 자기 자신에 대해 가진 생각에서 비롯됩니다. 그러니 앞으로 나아가세요! 당신 자신을 생생한, 어린 장미꽃 봉오리라고 여기세요. 그러면 머지않아 수많은 꿀벌이 꿀을 얻으려고 당신 주위를 빙빙 도는 모습을 목격하게 될 것입니다.

내 친구 하나는 새 자동차로 포르셰를 꿈꿨습니다. 당시 그의 재정상태는 썩 좋은 편이 아니었지요. 나는 그에게 막연하게 꿈만 꾸지 말고 좀더 구체적으로 모델링하라고 제안했습니다. "그래야만 여러 형태로 변주되지 않고 제대로 모양을 갖추기 시작하겠지. 네 꿈은 현실이 될 거야!"

그는 웃으면서 내가 말한 대로 정확히 실천했습니다. 우리는 둘 다 그 일에 대해서는 까맣게 잊고 반년을 보냈습니다. 그런데 어느 날 갑자기, 그는 꿈꿨던 그 차를 헐값에 사지 않겠느냐는 제의를 받

았지요! 차 주인이 돈이 필요해서 급하게 차를 내놓았다는 것입니다. 그래서 내 친구는 그 소중한 차를 기꺼이 가졌습니다.

우화 하나.

신이 사람을 진흙으로 빚어 만들고 나니 진흙 한 덩어리가 남았다.

신이 물었다. — 뭘 또 만들어줄까?

사람이 답했다. — 저를 위해 행복을 만들어주십시오.

신은 아무 말 없이, 그 흙덩이를 그냥 사람의 손에 쥐여주었다.

꿈은 정말 이루어집니다. 어떤 꿈이라도 말이지요! 당신 삶에도 이런 일이 생기도록 허용하세요. 그러면 당신의 삶은 당신이 바라는 것들로 넘치게 될 것입니다. 당신이 꿈꾸던 삶이 펼쳐질 것입니다. 지금 이 순간, 의식적으로 신과 공동창조자가 되기로 결심하십시오.

대개는 모든 사람이 고분고분 운명을 믿습니다. 그래요, 말 그대로 고분고분한 것만은 아닙니다. 뭔가 잘못될 때마다 운명을 저주하니까요. 하지만 삶을 불안하게 하는 상황에 부닥칠 때면 당신은 그것을 굳게 믿곤 합니다. 그리고 당신이 스스로 믿은 대로, 그런 일은 실제로 점점 더 자주 일어나지요.

나는 당신이 바라는 바를 얻지 못하게 막을 수 있는 상황이란 없다고 믿는다. 진정으로 나는 신이 끊임없이 기회를 준다고 믿는다.

나는 당신을 끊임없이 괴롭히는 환경을 그만 믿으라고 제안합니다. 그런 식으로 자신을 합리화하지 마세요. 신이 선물하는 무한한 변화의 가능성을 믿고, 행동에 나서세요!

그저 당신은 그 가능성을 알아채기만 하면 됩니다. 그저 당신은 무한한 변화를 의식적으로 창조하기만 하면 됩니다! 당신의 삶은 오직 당신 손에 달려 있습니다. 그러면 당신의 인생은 행복과 기쁨으로 가득할 것입니다. 당신의 얼굴은 항상 미소로 빛나며, 그 빛으로 주위 사람들을 온통 사로잡을 것입니다.

책임 — 오직 당신만이
행복의 문을 열 수 있다

당신의 행복을 가로막는 유일한 장애물은 바로 당신이다.

생각은 물질입니다. 누구나 태어날 때부터 그것을 알고 있지요. 자기 자신의 생각에 스스로 책임을 질 줄 아는 것이 중요합니다. 잘못된 행동보다는 잘못된 생각이 우리 삶에 더 자주 영향을 미칩니다. 그러나 우리는 잘못된 행동을 했을 때 그것이 단지 '생각의 반영'일 뿐이라는 사실을 이해하지 못하고 자신을 자주 책망합니다. 뿌리 뽑아야 할 것은 문제의 원인이지 결과가 아닙니다. 원인을 제거하지 않는 한, 문제는 되풀이되고 또 되풀이될 것입니다.

그러므로 이 첫 번째 규칙은 '페라리'의 시동을 걸어주는 자동차 키와 같습니다. 페라리는 우리가 계획한 바로 그 길을 달려서 빠르고 안전하게 최종 목적지로 데려다 줍니다. 이처럼 당신의 삶을 어떤 방향으로든 틀고, 어떤 길이든 통과할 수 있도록 '의식적으로' 조정하기 위해서는 먼저 다음과 같은 단 한 가지 확신으로 무장해야 합니다. "내 현실은 내 과거의 생각과 행동이 만든 결과이다."

이 확신에 근거했을 때, 우리는 지금껏 겪어온 모든 불운과 비극이 우리의 두려움과 부정적 생각에 따라 일어났다는 사실을 이해하

기 시작합니다. 반대로 모든 호의와 성공, 행운의 순간들도 우리의 긍정적 생각, 친절한 행동, 그리고 꿈 덕분에 일어난 것입니다.

오직 당신만이 당신을 불행에 빠뜨린다. 그러나 여기에는 긍정적 측면도 있다. 오직 당신만이 행복의 문을 열 수 있다는 것이다.

당신이 해야 할 단 한 가지는 당신에게 일어난 모든 일에 대해 책임을 지는 것입니다. 당신 삶의 모든 부정적 순간을 떠올리고, 어떤 두려움과 부정적 생각이 그런 상황을 초래했는지를 추적하세요. 당신은 그에 대한 책임이 오로지 당신에게 있음을 깨닫게 될 것입니다. 또한 당신 삶의 긍정적 순간들도 추적해보면, 당신이 꿈꿨던 모든 것이 이미 실현되었음을 알게 될 것입니다. 당신의 꿈은 진작에 이루어졌습니다.

사람들에게 가장 흔한 문제는, 자기 문제의 진짜 이유를 직면할 준비가 안 되어 있다는 점입니다. 그들은 습관처럼 자신을 제외한 주위의 모든 것을 탓합니다. 한 아이가 의자에 부딪히면 부모는 이렇게 말하지요. "의자가 나빴네. 혼내줘야겠어." 그러나 진실은 정반대입니다. "네가 조심하고 주의를 기울이면, 의자에 부딪히는 일 따윈 일어나지 않을 거야."

아이가 유치원에서 피멍이 들어 돌아왔다면, 많은 부모가 그들의 아이를 싸고돌며 다른 애들을 문젯거리로 탓합니다. 그로써 아이들은 일찍부터 모든 일의 책임을 다른 아이에게 떠넘기는 법을 배웁니다. 자신이 어떻게 다른 아이를 성나게 해서 이런 상황으로 몰아갔는지를 살펴볼 생각은 하지 않고, 자신을 제외한 모든 사람에게 그 문제와 관련된 죄의식을 전가합니다. 그러다 그 아이가 어른이 됐을 때, 만약 가족이나 직장동료 사이에서 문제가 생긴다면, 모든 사람은 악한이 되고 오직 그만이 달타냥이랍니다!

문제가 생겼을 때는, 그것이 돈 문제든 가족 문제든 건강 문제든 간에, 먼저 당신 자신을 깊이 들여다보고 자신의 어떤 생각과 두려움과 확신이 이런 상황을 만들었는지를 깨닫는 것이 중요합니다. 수억의 사람 중에 왜 하필이면 당신에게 그 일이 일어났을까요?

처음에는 자신에게서 원인을 찾고 그걸 받아들이는 게 쉽지 않겠지요. 그러나 연습으로 곧 익숙해질 것입니다. 문제의 원인을 알아채기만 하면, 우리는 금세 그것을 떼어내서 문제를 사라지게 할 수 있습니다. 그리고 과거의 문제는 이미 잊은 채로, 지금 여기에서 어느 방향으로 행동하고 싶은지를 그저 선택함으로써 새로운 미래를 만들수 있습니다.

주위 사람들을 탓하기란 얼마나 쉬운지요! 참으로 속 편하게 사는 방식이지요. 그 어떤 것에도 책임지지 않아도 되니까요. 문제가 생기면, 당신은 친구들에게 당신의 기분이 상했다고 불평합니다. 당신은 동정을 얻어냄으로써 행복해하며, 관심을 받음으로써 즐거워합니다. 어딘가 낯익지 않습니까? 철없는 아이들이 바로 그렇게 행동하지요.

그러므로 책임감이 중요합니다. 당신에게 일어난 모든 일에 책임지세요. 당신의 머릿속에서 혼란스럽게 움직이는 생각들을 '의식적으로' 조정하는 법을 배우세요.

당신의 모든 두려움과 부정적 생각을 면밀하게 관찰하세요. 더 친절해지는 법을 배우고 선한 의도를 가지세요. 그러면 당신의 삶은 행복으로 충만해질 것입니다. 그래야만 비로소 당신이 진정 원하는 종착지를 향해 정확히 당신의 삶을 이끌어갈 수 있을 것입니다.

나는 모든 것은 이미 정해졌다는 운명론을 진심으로 믿는 사람들에게 이렇게 조언합니다. "이제부터 아무것도 하지 말고 그냥 집에만 계세요. 운명이 그런 당신을 어떻게 찾아내는지 내가 한 번 확인해보겠습니다."

물을 무서워하기 때문에 절대 수영을 하지 않는 사람이 있습니다. 그런데 그는 자신이 세계 수영 챔피언이 되는 운명을 타고났다고 믿고 있지요. 그는 운명이 실현되기를 기다리며 그냥 집에 앉아 있습니다. 곧 문 두드리는 소리가 나고, 올림픽 챔피언 위원회가 들이닥쳐 "이제 당신이 세계 수영 챔피언입니다! 이 메달은 당신 것입니다!" 하고 말해줄 테니까요. 또는 집에 앉아 아무것도 하지 않으면서 왕자님을 기다리는 소녀도 있지요. 문 두드리는 소리가 나고, 아파트 7층까지 백마를 타고 올라온 왕자가 "결혼해주십시오!" 하고 말해줄 테니까요. 운명이란 이런 것입니다.

나는 우리가 스스로 창조한 운명만을 믿습니다. 미래는 어떤 틀에도 갇혀 있지 않습니다. 그것은 한 장의 새하얀 종이입니다. 그것은 우리로 하여금 원하는 삶을 창조하고, 원하는 존재가 되고, 무수한 경

험을 할 수 있게끔 도와줍니다. 그러니 그저 꿈꾸고 자유로워지세요

　　당신의 삶이 깨끗한 백지라고 상상하라. 그 위에 당신이 "바보"라고 쓴다면, 그것은 절대 "행복"으로 바뀌지 않을 것이다. 깨끗한 백지에 "행복", "사랑", "기쁨", "무지개", "미소", "풍요"라고 써라. 우리의 삶이 그렇게 되게 하라.

　　불행히도, 많은 이들이 백지 위에 "바보"라고 적고는 그것을 자각조차 못하고 있습니다. 당신은 문제에 빠져 있고, 모든 것을 두려워하고, 늘 뭔가 불만입니다. 그런데 당신의 삶이 바로 그런 생각에 의해 창조되고 있다면, 앞으로는 또 어떤 일이 벌어질까요? 그런 태도는 오직 더 많은 문제와 부정적 사건을 안겨줄 뿐입니다. 당신은 과거로부터 낡은 생각들을 끄집어내서 깨끗한 백지 위에 칠함으로써 그 그림을 계속 망치고 있습니다.

　　내가 좋아하는 농담이 있습니다. 이것은 우리의 생각이 어떻게 우리의 현실이 되는지를 환히 보여줍니다.

　　한 남자가 이렇게 생각하며 전차를 타고 가는 중이다. '마누라는 멍청하고, 친구들은 못됐고, 인생은 똥 같고, 돈은 없고, 건강은 엉망이지.'

그 남자의 뒤에서는, 솜털로 뒤덮인 커다란 날개를 가진 거대하고 아름다운 천사가 크고 하얀 공책을 펼쳐 아름다운 펜으로 그 생각을 받아적고 있다.

그 천사는 생각한다. '참 이상한 소원이기도 하지. 그는 대체 뭘 원하는 걸까? 내가 도와줄 수 없는 소원만 날마다 반복하다니! 제대로 부탁만 한다면 난 얼마든지 도와줄 수 있는데.'

이렇듯 우리는 날마다 우리의 현실을 창조하고 있습니다.

문제는 자신의 생각과 행동에 책임을 지려는 자각과 의지가 우리에게 없다는 것입니다. 우리는 날마다 똑같은 생각을 합니다. 우리는 날마다 우리 마음의 프리즘을 통해 세상을 만들어냅니다. 우리는 끊임없이 우리의 인생에 흰색과 검은색을 칠합니다. 대개는 주로 검은색을 쓰지요.

왜 팔레트에 있는 색깔을 자유롭게 쓰지 않습니까? 왜 자신의 인생에 무지개 색깔을 칠하지 않습니까? 왜 자신이 양 손바닥에 물감을 가득 묻힌 어린 아이라는 사실을 잊어버린 채, 깨끗한 백지 위에 선명한 손자국을 남기지 않습니까? 당신은 지금 당장에라도 손에 물감을 묻히고 역사책을 꺼내 역사 속에 당신의 자취를 남길 수 있습니다! 농담입니다. 그러나 실제로 불가능이란 없습니다. 당신은 바라기만 하면 됩니다. 마음을 열고, 삶에 색깔을 더함으로써 전혀 새로운 세계로 뛰어들려는 태도가 중요합니다.

그러나 모든 것은 책임과 더불어 시작합니다. 동양에 그런 경구가 있습니다. "생각하고 또 생각하라." 그들은 자신의 생각에 책임지는 것이 얼마나 중요한지를 알았습니다. 그러나 우리는 자신의 두려움과 소망에 대해 책임지지 않습니다. 그것이 우리가 고통을 겪는 이유지요.

실례가 하나 있습니다. 아름답고도 비극적이었던 내 사랑에 대해 앞서 언급한 바 있지요. 어쨌든 그 일 또한 결과일 뿐이었습니다. 그 관계의 역사는 그보다 몇 년 전으로 거슬러 올라가니까요.

일찍부터 내 안에는 배신에 대한 공포가 자리 잡고 있었습니다. 더 정확히 말하자면, 사랑하는 여자로부터 버림받을까봐 늘 두려웠습니다. 그리고 여러 해 뒤에 정말로 사랑에 빠졌을 때, 어릴 적부터 내 안에 도사리고 있던 그 프로그램이 가동되었습니다. 나는 정확히 내가 두려워했던 그대로를 경험했습니다.

그런 상황의 기미가 보일 때, 나 역시 처음엔 '그녀 역시 그렇고 그런 여자였어'라는 생각부터 떠올렸습니다. 애인을 배신한 여자에게 덧붙일 수 있는 낱말들은 바다만큼이나 많지요. 사람들은 흔히 책임을 회피하는 수단으로 모든 탓을 남에게 돌리니까요.

신께 감사하게도, 그전부터 나는 나 자신을 단련해왔습니다. 그래서 결국 그녀를 탓하기보다는, 내가 여러 해에 걸쳐 키워왔던 두려움 — '사랑하는 여자가 나를 배반할 거야' — 이 결국 물질화된 것이라는 쓰디쓴 진실을 삼켰습니다.

그 순간에 내가 그랬듯이, 배움이 주어졌을 때 가슴 밑바닥에서 신에 대한 감사함을 느끼는 것이 중요합니다. 그리고 내 모든 생각이 예외 없이 물질화되는 데 대해서도 감사해야 하지요. 문제는 언제나 내 안에 있습니다. 나는 내 약점을 멋지게 다루지 못했고, 그래서 당연한 결과를 얻었던 것입니다.

당신이 불행의 원인이라는 것, 그러나 또한 행복의 원인이기도 하다는 것을 기억하세요. 당신이 얼마나 전력투구하느냐, 얼마나 자신의 생각을 의식적으로 통제하느냐가 관건입니다.

여러분 중에도 이런 상황에 처해본 사람이 많으리라 확신합니다. 당신의 인간관계를 잘 살펴보세요. 나는 사람들이 새로이 관계를 맺을 때 옛날의 패턴을 그대로 가져오는 모습을 수없이 보았습니다. 그들은 서로 배반하고, 다투고, 치고받고, 상대방이 알코올 중독자가 되지 않을까 하는 두려움에 떠는 등등의 온갖 부정적 사건을 새로운 관계에 끌어옵니다. 그래서 반년만 지나도 새로운 관계는 이미 오래 묵은 관계와 다를 바가 없어집니다.

남 일 같지가 않으시다고요? 자기에게 일어난 모든 일에 아직도 책임을 지지 않는 사람은, 그것을 창조한 주인공이 바로 자신임을 이해하지 못한 채로 여자들은 다 멍청하다거나 남자들은 다 못된 배신자라고 여기기 마련이지요.

당신에게 필요한 태도는 그저 책임을 지는 것과 옛 패턴을 벗어나는 것뿐입니다. 과거로부터의 모든 두려움을 버리세요. 눈앞에 깨끗한 백지가 있다는 사실을 자각하세요! 똑같은 그림으로 백지를 낭비할 필요가 있습니까? 좀더 아름다운 것을 그리십시오. 새로운 사람을 만났으면, 그에 의해 새로운 그림이 그려질 수 있도록 허용하세요.

　　당신은 아름답고 따뜻한 이성과 사귀고, 결혼하고, 부를 얻고, 행복을 누리고, 번영할 것이다. 물론 당신 자신이 노력한다는 전제하에. 우리는 지금 그렇게 현실을 창조하고 있다. 그렇지 않은가?

　　우리는 두려움과 의심의 프리즘을 통해, 즉 신념이라는 프리즘을 통해 삶 속으로 사람들을 끌어들입니다. 이것이 어떤 사람은 호색한과 바람둥이만을 만나고, 또 어떤 사람은 사랑스럽고 친절한 사람들만 만나는 이유입니다. 상대방의 천성이 매우 착하다 해도 당신의 프리즘에 의해 그는 당신 앞에서 호색한으로 변하게 될 것입니다.

　　그러니 의식적으로 살기 시작하세요. 우리에게 무슨 일이 일어나든 그것에 책임지세요. 문젯거리를 창조하고 싶지 않다면, 창조하지 마세요.

　　여러분과 나누고 싶은 우화가 하나 있습니다. 이것은 오래전에 내가 나만의 길을 걷기 시작했을 때 터득한 지혜입니다. 이것은 내 삶의 인식을 확 뒤바꿔놓고, 내 가슴속에 영원히 자리 잡았습니다. 그때부터는 아무리 힘든 일이 닥쳐도 힘들지 않았고, 아무리 어려운 선택의 기로에서도 어려움이 없었지요. 나는 이 이야기를 늘 기억했고,

그로써 늘 실마리를 얻었습니다.

우화 하나.

오래전에 한 현자가 살았다. 이웃들과 다른 마을에 사는 사람들이 그에게 조언을 구하고자 찾아왔다. 모두가 적절한 해답을 가지고 돌아갔다. 그의 지혜에 대한 소문이 온 나라에 퍼졌다.

어느 질투심이 강한 사람이 그 이야기를 듣고 생각했다. '내가 그를 비웃어줘야지!'

그는 나비를 한 마리 잡아서 두 손에 담고 현자에게 갔다. 그는 혼잣말을 하며 회심의 미소를 지었다. '내 손안에 있는 나비가 죽었는지 살았는지를 물어봐야겠다. 살았다고 대답하면, 주먹을 쥐어 그것을 눌러버려야지. 그러면 모두가 그 현자가 틀린 걸 알게 되겠지. 죽었다고 대답하면, 나비를 날려 보내야지. 그러면 또한 모두들 그가 잘못짚은 걸 알겠지.'

그는 현자에게 가서 말했다. — 당신에게는 모든 것이 다 보이고, 모든 것이 명백히 드러나겠지요? 자, 내가 가져온 나비가 살았는지, 죽었는지 맞춰보시오.

현자는 그를 힐끗 보더니 말했다. — 모든 것은 당신 손에 달려 있다!

마찬가지로 우리의 인생 전부가 오직 우리에게 달려 있습니다. 그것은 우리가 타고난 환경과 친척과 지인이 어떻든, 집이 부자든 가난하든, 어떤 종교를 가졌든 간에 상관없습니다. 우리의 인생은 지금 여기에서 우리가 내리는 결정에 달려 있습니다.

어느 순간에도 우리는 모든 것을 바꿀 수 있지요. 신은 우리를 무조건 사랑하며, 어떠한 소망과 행동이라 할지라도 다 지지해줍니다. 당신이 꼭 해야 할 일이라고는 당신의 인생에 대한 책임을 당신 손에 쥐고, 깨끗한 백지에서 새로운 인생을 시작하는 것뿐입니다.

자신의 인생이 다른 사람들 또는 환경에 의해 좌우된다고 여기는 한, 당신은 아무것도 바꿀 수 없다. 노예 상태에서 당장 빠져나오라. 혹 당신은 그게 싫어서 끊임없이 변명거리를 찾고 있지는 않은가?

무엇보다 노예 노릇을 멈추는 것이 중요합니다. 끝없는 두려움과 의심을 버리고, 당신의 삶 속에 경이로움을 허용하세요. 그러면 문득 당신은 자신의 삶이 신의 도움을 받아 창조된, 온통 경이로 가득 찬 것임을 깨닫게 될 것입니다. 중요한 점은, 당신이 지금 가진 것들은 당신이 터프가이이기 때문에 당신의 차지가 된 것이 아니라 ― 그것은 에고의 길이므로 경이로움은 곧 사라지고 고통이 들어차게 됩니다 ― 신이 큰 사랑으로써 당신을 위해 베풀어주었기 때문임을 이해하는 것입니다. 그것들은 당신이 가슴 밑바닥에서 소망하고 요청했기에 주어진 것입니다.

내가 직접 경험했던 또 하나의 사례가 있습니다. 그때 나는 내 생각을 물질화했습니다. 즉, 스스로 문젯거리를 만듦으로써 정확히 내가 두려워하던 그것을 얻었지요. 나는 스무 살이었고 자유로이 살고 싶었습니다. 그래서 인생을 즐기기 위해, 여유롭고 자유로운 시간을 많이 갖기 위해 사업을 벌였습니다.

나는 친구와 동업을 시작했고, 돈을 빌려 그 사업에 투자했지요. 돈과 아이디어가 내 것인데다 나는 시간을 자유롭게 쓰길 원했기 때문에, 나는 사업주로서 친구에게 운영을 맡겼습니다. 친구 사이라서 공식 서류를 작성하진 않았지요. 나는 진심으로 모든 일이 잘 돌아가고 있다고 믿었습니다. 내 친구가 사업을 잘 운영할 것이고, 나는 관리만 하면 되니 앞으로 탄탄대로일 거라고요.

그런데 내 친척들과 지인들은 늘 그렇듯이 그들의 두려움을 내게 전염시키기 시작했습니다. "걔가 널 속일 거야." "넌 걔를 잘 모르잖니." 여러분도 쉽게 떠올릴 수 있는 그저 그런 말들이지요. 우리의 사업, 그리고 나와 그 친구의 사이는 내가 친척들의 말에 귀가 쏠려 그를 의심하기 전까지는 아무 문제가 없었습니다.

그러나 어느 순간에 정말로 두려워지기 시작했어요. '친척들 말대로 이 친구가 나를 배반하면 어떡하지?' 자, 이제 무슨 생각이 드십니까? 신이 그의 권능을 내게 확신시켜주는 데는 한 달도 걸리지 않았습니다. 내 생각은 빠짐없이 물질화되었습니다. 나는 내가 두려워했던 그대로를 돌려받았지요.

그래서 나는 내 생각이 예외 없이 물질화되는 경험을 주신 신께 감사하면서, 말다툼이나 추문 없이 그 사업과 친구를 둘 다 미련없이 떠나보냈습니다. 그로써 나는 더욱 강해지고 현명해졌습니다.

　모든 상황은 우리가 창조하는 것이며, 우리에게 오직 지혜와 강인함과 경험만을 가져다줍니다. 이런 사소한 일로부터 배움을 얻지 못한다면 나중에 두려움이 우리에게 얼마나 큰 불행을 가져다줄지는 아무도 모릅니다. 일이 그렇게까지 되기 전에 미리 자신의 건강과 안전을 챙겨두는 편이 낫지 않겠습니까?

　불행히도, 사람들은 자신의 오염물을 이웃과 나누고 싶어합니다. 대화를 통해 그들은 무의식적으로, 또 끊임없이 자신의 불운한 프로그램과 두려움을 전염시키고 나누어줍니다. 우리는 자각하지 못하고 그 모두를 빨아들이지요. 우리는 그 프로그램을 우리의 것으로 삼고는, 도대체 그 프로그램들이 어디서 왔는지를 의아해하며 그 안에서 살아갑니다.

　해결책은 간단합니다. 매 순간 당신 자신의 생각과 말을 알아차리기만 하면 됩니다. 당신은 지금 세상과 무엇을 나누고 있습니까? 미소를 나눈다면, 당신 주변은 운 좋고 행복한 사람들로 채워지기 시작할 것입니다. 그들은 당신이 나눈 그것을 빨아들이고, 당신이라는 비옥한 땅 가까이에서 그것을 키워낼 것입니다.

　조언자들이 나타날 때마다 나는 그들이 내 인생의 그림에 덧칠을 하지 못하게 합니다.

근래에 나는 샤먼들 사이에서 그들과 함께 지내보려고 페루 밀림에 갔었습니다. 그랬더니 당장 멋진 조언자가 나타나기 시작했지요. 그들은 얼마 전에 바로 이런 밀림에서 두 사람이 표범한테 잡아먹혔다는 어처구니없는 얘기를 했습니다. 물론 표범이 때때로 사람을 공격하는 것은 사실입니다. 그러나 문제는 왜 그 두 사람처럼 내 인생에서도 표범이 나타날 거라고 확신하느냐 하는 점입니다. 사람들은 왜 그런 쓸데없는 얘기를 꺼내서 내게 겁을 주는 것일까요?

나는 의식적으로 내 인생을 그립니다. 나는 그것에 대해 책임집니다. 그리고 모든 것이 다 괜찮을 것임을 압니다. 신이 나를 사랑하고 돌보니까요.

그러니 다른 이들의 경험 때문에 지레 낙심하지 마세요. 당신은 그들이 어떤 생각으로 그런 경험을 끌어당겼는지를 모릅니다. 쉬지 말고 당신만의 실험을 계속하세요. 인생에서 끊임없는 창조가 일어나게 하세요. 당신 자신의 인생만이 어떤 일을 정확하게 해내는 법을 가르쳐줄 것입니다. 당신 인생에서 뭔가 어그러진 게 보이면, 먼저 나의 어떤 생각이 그것을 유발했는지를 자문해야 합니다. 답을 알았다면, 그저 그 생각을 바꾸세요. 그러면 당신의 인생은 당신이 선택한 대로 풀릴 것입니다.

우리가 인생에서 만난 그 어떤 마이너스(-)도, 거기에 작대기 하나만 보태면 플러스(+)가 된다. 그러나 오직 당신만이 그렇게 할 수 있다.

  당신은 선택의 순간마다 자신이 거의 무의식적으로 그 작업을 하고 있다는 점을 이해할 필요가 있습니다. '커피를 마실까? 홍차를, 아니 포도주를 마실까?' '지하철을 탈까? 택시, 아니 버스를 탈까?' '사랑하는 사람과 행복해질까? 아니면 사랑하지 않는 사람과 불행해질까?'

  나는 당신이 습관처럼 행동하지 말고 의식적으로 선택하기를 권합니다. 의식적인 선택을 함으로써 스스로 책임지는 법을 정확히 배우세요. 그럴 때라야 비로소 당신은 행복합니다. 그냥 해보세요! 자신에게 운명론을 들이대지 마십시오. 당신이 이전에 해봤던 방법들은 행복을 가져다주지 못했습니다. 그런데 만약 새로운 방법이 행복을 가져다준다면? 믿고 안 믿고는 나중의 일이고, 일단 실험해보세요.

  흔하디흔한 책임 전가의 한 유형을 이야기해보겠습니다. 불행히도 사람들은 태초부터 오늘날에 이르기까지 특별한 사람들에 관한 환상을 부풀리면서 그들에게 매달려왔습니다. 즉, 점쟁이 혹은 정신과의사를 찾아다녔다는 말입니다.

  나 또한 문제가 많았던 시기에 선택의 기로에 서게 되었습니다. '어쩌면 용한 할머니(점쟁이)에게 가서 나 대신 기적을 베풀어달라고 부탁해야 하지 않을까?' 그러나 나는 직관적으로, 이런 선택을 하지 않았습니다. 그렇게 하면 의지가 약해져 홀로 서지 못하고, 나 자신

의 태도와 행위에 책임을 지기가 더욱 어려워질 것이라고 느꼈기 때문입니다. 그런 선택은 자신의 인생을 자신이 바라는 대로 경영할 준비가 안 되었다는 사실을 드러낼 뿐입니다.

점쟁이에게 도움을 바라는 것은 당신 차의 운전대를 낯선 이에게, 어쩌면 술에 취했을지도 모르는 운전수에게 맡기는 것과 같습니다. 그가 당신을 어디로 데려갈지는 아무도 모릅니다. 목적지를 모르니, 그 여정에서 당신이 어떤 대가를 치러야 할지도 알 수 없지요.

사람들이 그런 선택을 하는 이유는 책임을 회피하기 위해서입니다. 남들이 나 대신 결정하게 하고, 나는 그들이 가라는 대로 가겠다는 것이지요. 하지만 그들이 실수를 저지르거나 부정적인 선택을 한다면 — 그들은 실제로 종종 그럽니다 — 어떻게 될까요? 당신은 그들이 가리킨 대로 자신의 인생을 불행하게 프로그래밍할 것입니다. 그러고는 그 할머니 점이 꼭 맞았다고 떠들겠지요.

스스로 자신의 자동차를 운전하는 일이 얼마나 중요한지를 분명히 보여주는 사례가 있습니다. 특히, 목적지까지 살아서 사지 멀쩡하게 도착하고 싶다면 말입니다. 내가 세미나에서 만났던 한 소녀의 이야기인데, 7년 전에 점쟁이가 종이에 어떤 문양을 그려 부적을 만들어주었답니다. 그 부적을 잃어버리거나 버린다면, 그녀의 아버지가 목매달아 죽게 될 것이라는 말과 함께요.

어떤 상황인지 상상이 되십니까? 그녀는 얼마나 공포에 떨었을까요? 그녀에게 아버지는 너무나 소중한 사람이었고, 그래서 그녀는 7년 동안 두려움에 짓눌려 살면서 그 종이쪼가리를 한시도 손에서 놓은 적이 없었습니다.

　점쟁이가 그녀 자신의 목숨은 그녀의 손에, 그리고 그녀 아버지의 목숨은 그녀 아버지의 손에 달렸다고 했다면 그건 지당한 말입니다. 하지만 이 경우에는… 바로 그 세미나 자리에서 그녀는 그 부적을 주저 없이 태워버렸고, 자기 자신을 그 짐으로부터 해방시켜 행복하게 살기 시작했습니다. 내가 왜 '술 취한 운전수'라고 했는지 이해가 되시는지요?

　얼마나 더 많은 오물을 당신 인생에 뒤집어써야 마침내 행복해지는 법을 배울 것인가?

　물론 당신이 믿는 어떤 사람이 정말로 특별한 능력을 가졌을 수도 있습니다. 그러나 그렇다 해도, 그들이 당신을 위해 당신 인생을 대신 살아주지는 않습니다. 동의하십니까? 오직 당신만이 당신 인생을 삽니다. 그것은 신이 당신에게 준 것입니다. 그러니 감사한 마음으로, 온전히 스스로 책임지고 스스로 바라는 대로 창조하세요. 스스로 특별한 사람이 되세요! 당신 인생을 창조하는 것은 바로 당신인데, 자신이 인생의 화가인 줄 알면서 굳이 점쟁이에게 갈 이유가 무엇입니까?

　여기 또 하나의 본보기가 있습니다. 불운한 내 친구 마법사의 이

야기지요. 그녀가 어린 아이였을 때, 그녀의 엄마가 점쟁이를 찾아갔습니다. 그 할머니는 이렇게 말했습니다. "당신 딸은 마흔 살에 일찍 죽을 거요." 엄마는 깜짝 놀라서 딸에게 그 말을 전했습니다.

딸은 자신이 마흔 살에 죽게끔 정해져 있다는 사실에 큰 충격을 받았습니다. 그녀는 때때로 그 예언을 기억해냄으로써 그 프로그램을 스스로 유지시켜왔지요. 이제 갓 스물이 넘었으니 아직은 시간이 있지만, 점쟁이로부터 주입된 그 프로그램은 아직 유효하며 호시탐탐 기회를 엿보고 있을 것입니다.

당신에게도 과연 그런 재미있는 프로그램이 필요한지, 아니면 그 낡은 프로그램을 버리고 그 자리에 새로운 프로그램을 도입해 당신 인생을 독립적으로 만들어가는 편이 더 나은지를 한 번 생각해보세요. 이것은 모두 책임과 선택에 관한 문제입니다. 당신에게는 늘 선택권이 있습니다. 어디로 어떻게 갈 것인지를 스스로 결정하세요. 그리고 매 순간을 즐기면서 그저 그 길을 가세요.

때로는 내가 과연 바른길을 가고 있는 것인지 궁금해질 것입니다. '이것이 정말 나의 길인가?' 그러나 그 길이 바른길인지 아닌지를, 당신이 아닌 다른 사람이 어떻게 판단할 수 있단 말입니까? 게다가, 어떻게 그런 중요한 선택권이 당사자가 아닌 다른 사람에게 양도될 수 있단 말입니까? 나로서는 알 수 없는 일들이지만, 어쨌든 그것까지도 당신의 몫입니다. 그러나 나는 당신이 스스로 선택하고 그 선택에 책임을 지도록 권합니다.

나는 이미 오래전부터 나의 길을 선택하는 방법을 깨달았습니다. 당신의 가슴이 있는 곳에 당신이 갈 길이 있습니다. 당신의 길은 머

리가 아닌 다른 곳에서 기쁨을 가져옵니다. 그 기쁨과 만족감은 돈이
나 권력을 얻었기 때문이 아니라, 그저 그 자체로 즐겁고 기분이 좋
기 때문에 주어집니다. 그것이 바로 당신의 길입니다.

　　나의 길을 갈 때는 매 순간이 기쁨의 연속이다.

　　이미 사랑이 식은 낡은 관계를 청산할 때, 일의 의미를 돈에만 두
기를 거부할 때, 머릿속의 계산대로 움직이기를 멈출 때, 그리고 가
슴 뛰는 삶을 살기 시작할 때, 당신의 길에는 훨씬 더 행복하고 충만
한 사랑이 찾아옵니다.

　　이 길은 당신에게 여러 가능성의 문을 열어줍니다. 그 삶은 당신
을 천국으로 데려가 비상의 느낌을 만끽하게 합니다. 그곳은 헤아릴
수 없이 다채로운 꽃으로 가득합니다. 바로 그곳이 당신이 있어야 할
곳입니다.

　　또 하나의 흥미로운 책임 전가 방식은 '저주'입니다. 나는 세미나
참석차 여러 도시를 다녀본 후에 한 가지 보편적인 현상을 발견했습
니다. 러시아의 어느 도시를 가든, 거기에는 신비하고 아주 막강한
능력을 가진 '갈랴 할머니'가 있다는 것입니다. 사람들은 갈랴 할머
니가 아침부터 저녁까지 온종일 그 도시의 지도를 펼쳐놓고 여기저

기에다 저주를 퍼붓는다고 믿습니다.(갈라는 아주 흔한 여자이름으로, 좋지 않은 일이 생기면 모두 갈라 할머니의 저주 때문이라고 말하는 러시아 사람들의 우스갯소리가 있다. 역주)

우스운 얘기지요. 하지만 정말로 많은 사람들이 자신의 경험은 자기 자신의 탓이 아니라 누군가의 저주로 인한 불운 탓이라고 믿고 있습니다. 당신도 알다시피, 그것은 두려움을 직면하기보다 책임을 떠넘기고 싶은 마음일 뿐입니다. 내가 그들에게 문젯거리를 불러들였을 수 있는 모든 두려움과 생각을 기억해내도록 유도하면, 거의 어김없이 그들 자신이 그 상황을 끌어들인 장본인으로 판명됩니다. 그들 자신의 생각이야말로 — 신이여, 감사하나이다 — 그들의 현실의 원료인 것입니다.

물론 이런 믿음은 옛날 옛적의 미신에 불과하다고 말하는 사람들도 많습니다. 진실은 이렇습니다. 미신이 아니라, 실제로 그런 사악한 사람들이 존재합니다. 하지만 그들은 그냥 그들일 뿐입니다. 그들의 저주를 끌어당기는 것은 바로 우리 자신입니다. 문젯거리를 마주했을 때 그것을 남의 탓으로 돌리는 것은, 다른 사람들이 자신의 인생에 영향을 끼쳐도 된다는 계약서를 작성하는 것과 같습니다. 그래서 '갈랴 할머니'의 온갖 부정적 생각과 에너지가 우리에게 쏟아져 들어오는 것입니다.

나는 각자 자신의 생각에 대해 온전한 책임을 질 것을 제안합니다. 당신의 인생 전부는 당신이 과거에 한 생각과 행동의 결과라는 사실을 인정하세요. 그리고 신이 당신을 사랑하고 돌본다는 사실을 인정하세요. 그러면 신의 사랑이 당신의 의식에 녹아들고, 모든 저주는 당신을 떠날 것입니다.

예를 하나 들지요. 여행사를 운영하는 지인이 내게 도움을 요청해 왔습니다. 그녀는 한 영매에게 일을 맡겼다가 영 도움이 되지 않아 결국 해고했답니다. 그러자 곧 사업이 사양길로 접어들었고, 점점 더 그녀 자신이 창조했던 두려움과 부정적 가능성이 증폭되면서 효력을 발휘하기 시작했지요. 자기 자신이야말로, 더 정확히는 자신의 생각이야말로 모든 시련의 원인이라는 점을 이해하고 직면하고 나서야 그녀의 사업은 정상으로 돌아왔습니다. 이후로 그녀는 자신의 인생을 완전히 새롭게 바라보기 시작했지요.

현실이 당신을 좌지우지하게 두기 싫다면, 당신이 먼저 현실과 사랑에 빠지는 법을 배우라.

당신에게 가장 좋은 스승은 당신의 인생입니다. 인생에서 뭔가 잘못되고 있다면, 그것은 당신이 뭔가 잘못 행동했거나 잘못 생각했다는 뜻입니다. 당신의 생각과 행동의 패턴을 바꿔 같은 실수를 되풀이하지 마세요. 그래야 당신의 인생은 성공할 것입니다!

많은 사람들은 이렇게 묻습니다. "불운을 프로그래밍하는 짓을 어떻게 그만두지요?" "부정적인 생각과 두려움에서 어떻게 벗어나지

요?" 과연 낡은 프로그램의 정지 버튼을 누르고, 낡은 시나리오를 새로운 시나리오로 대체하는 방법은 무엇일까요?

러시아의 생리학자 파블로프Pavlov, Ivan Petrovich가 발견했듯이 우리에게는 조건반사에 의한 학습능력이 있습니다. 나는 그 능력을 유익한 일에 쓰자고 제안합니다. 부정적인 생각이나 두려움이 올라올 때마다 당신의 손가락을 꽉 깨무세요. 그럼으로써 대뇌피질의 부정적 생각과 신체적 통증을 연계시키는 것입니다. 몇 번만 그렇게 하면, 뇌가 긍정적인 생각을 하도록 유도할 수 있습니다. 뇌도 다시는 고통받고 싶지 않을 테니까요.

이런 식의 반사 행동을 익혀두는 것이 중요합니다. 그러면 부정적 생각은 차단되고 그 자리에 정반대의 생각을 갖다놓을 수 있습니다. 우리는 그 자리를 비워두는 것이 아니라 새로 창조한 긍정적 생각으로 채웁니다. 구체적인 방법으로 연습해볼 수도 있습니다. 직접 화이트보드에 부정적 생각을 썼다가 지우세요. 그리고 그 자리에 새로운 긍정적 생각을 적으세요.

또한 스스로 연민에 사로잡히지 않도록 주의하세요. 이제는 당신도 생각이 어떤 힘을 갖고 있는지를 잘 알게 되었을 것입니다. 생각의 힘은 인정사정없지요. 최근에 나는 마법에 관한 영화를 보았습니다. 나는 그런 종류의 영화를 좋아합니다. 그 영화에서는 불길한 징조로서 불쌍한 새 한 마리가 유리창에 부딪히는 장면이 부각되었습니다. 나 역시 그 장면을 인상 깊게 보았는데, 다음날 집 밖에 나갔을 때 영화와 같은 일을 경험하게 되었습니다. 죽은 새 한 마리가 문앞에 있었던 것입니다. '저주일까?' 이런 경우에 많은 사람들은 으스스하게 여기고는 스스로 곤란에 빠지는 프로그램을 짤 것입니다.

그러나 감사하게도, 나는 오랫동안 생각의 힘을 다뤄왔던 터라 이것이 내가 전날에 본 영화의 강한 인상 때문임을 즉각 이해했습니다. 나는 늘 내 곁에서 내 생각에 반응하며 좋은 징조를 보여주는 신께 감사드렸고, 그 새를 정성껏 묻어주었습니다. 이처럼 미래를 추측하는 대신에 일어난 사건을 역추적하여 행복을 선택하는 것이 중요합니다.

당신 자신이 행복하지 못하도록 막는 것이 무엇인지를 생각해보라. 놀랍게도, 당신은 누군가에 의해서 강제된 쓰레기밖에 찾을 수 없으리라. 그것을 던져버리라. 필요한 것만 남기고 스스로 행복해지라! 행복이야말로 우리가 이 세상에서 누려야 할 것이다.

당신의 머릿속에 평생 쌓여온 쓰레기 더미를 치워버리는 것이 중요합니다. 모든 댐을 부수고 의식적으로 현실을 조종하기 시작하세요. 당신이 이루고 싶은 대로 당신의 미래를 의식적으로 모델링하세요.

내 지인의 아주 비싼 차가 부서졌습니다. 그녀는 내게 울면서 전화해서 자신이 저주를 받은 것인지를 확인해달라고 했습니다.

그녀를 투시해보며 나는 씩 웃었지요. 그리고 '두 번씩이나! 가차

없이 저주받았군!' 하고 혼자 생각했습니다. 그 사고가 나기 이틀 전에 그녀의 차가 빙판길에 미끄러졌었지요. 그녀는 깜짝 놀랐고, 자신의 차가 부서지는 모습을 자세히 상상해보게 되었던 겁니다. 나는 그녀에게 정말 그랬느냐고 재차 물은 후에 이렇게 말해주었습니다. "웬 저주 타령이야? 왜 그딴 상상을 해서 네 인생에 불필요한 골칫덩이를 끌어들인 거지?"

불행히도 사람들은 약한 척하고, 사악한 괴물을 두려워하며, 자신의 불행은 다른 누군가의 탓이라고 믿습니다. 그러나 이것은 약하고 불행한 사람들의 방식입니다. 나는 그런 방식을 고수하는 사람들이 기쁘고, 풍요롭고, 행복한 가정을 꾸리는 모습을 보지 못했습니다.

내가 본 행복한 사람들은 자각과 기쁨, 사랑, 아름다움, 고귀한 행동양식과 번성하는 삶의 길을 선택했습니다. 이 모든 일에는 책임이 뒤따릅니다. 그러니 싸우기 시작하십시오! 무엇보다 먼저 자신과 싸우세요. 자신의 과거, 자신의 현재, 그리고 자신의 미래와 싸우세요.

내 생각에, 사람들은 두 가지 큰 실수를 저지릅니다. 첫째는 자기 자신이 아니라 드러난 문제 혹은 부정적 생각들과 싸우는 것입니다. 둘째는 긍정적 생각이 실제로 어떤 것인지에 대해 감을 잡지 못하는 것입니다. 이 빤한 실수를 미연에 방지하려면 그 이면을 탐구해둘 필요가 있습니다.

첫 번째 실수부터 살펴봅시다. 당신이 어떤 투쟁을 벌이든, 그것은 당신이 붙들고 씨름하고 있는 바로 그 문제를 더욱 악화시킬 뿐입니다. 왜일까요? 당신이 뭔가에 집중할 때, 당신의 집중된 에너지는 그것에 투입됩니다. 그러므로 그것은 더욱 커집니다. 이것이 뭔가를 붙들고 씨름하는 일이 부질없는 이유입니다. 그것을 이기기는커녕, 그것에 힘만 더해주기 때문입니다.

많은 사람들이 가난, 알코올 중독, 약물 중독, 질투심, 비만 등과 씨름합니다. 하지만 어떤 결과도 얻지 못하지요. 오히려, 마치 마법처럼 그것들이 당신의 인생 전반을 장악해가기 시작합니다. 지금 당장, 자신의 부정적 생각과 씨름해보세요. 그러면 그것들이 어떻게 당신의 의식을 사로잡는지를 곧바로 알게 될 것입니다!

그럼 우리는 어떡해야 할까요? 씨름하지 말고, 그저 정반대의 방법을 선택하세요.

앞에서도 말했듯이, 나는 부정적 생각과 씨름하지 않습니다. 특별한 노력 없이, 그것들을 그냥 치우고 새로운 생각을 그 자리에 놓습니다. 나는 싸우는 게 아니라 다른 선택을 할 뿐입니다. 나는 약물 중독과도, 알코올 중독과도, 비만과도 싸우지 않습니다. 나는 그저 건강한 삶의 방식을 선택합니다. 이 방법이야말로 간단하고 효율적이지요!

두 번째, 생각의 구조를 바로잡는 것입니다. 많은 사람들이 뇌가 말뜻을 있는 그대로 받아들인다고 생각합니다. 예컨대 당신이 '불친절'이라고 말했다면, 뇌는 그것을 안 좋은 의미로 해석한다는 것입니다. 사실은 그렇지 않습니다. 뇌는 말 뒤에 감춰진 '이미지'만을 취

합니다. 부정否定의 의미를 위해 덧붙는 말들은 잠재의식에 의해 읽히지 않습니다. 즉, 뇌는 '친절'과 '불친절'을 따로 구분하지 않고 그 둘에서 같은 이미지를 떠올립니다. 이것이 부주의한 심상화나 확언이 원하지 않던 결과를 불러오게 되는 이유입니다.

내 지인 중에 강아지들이 커가는데 여전히 오줌을 가릴 줄 모른다고 불평하던 사람이 있었습니다. 나는 그녀에게 강아지들을 어떻게 대했느냐고 물었습니다. 그녀가 강아지들에게 "오줌 누지 마!"라고 소리칠 때마다, 머릿속으로 강아지들이 오줌 싸는 모습을 또렷이 그렸을 게 뻔했으니까요. 원인은 명확합니다. 그녀는 자신의 소망을 잘못 정한 것입니다. 그것이 그녀가 소망을 거꾸로 이룬 이유입니다. 그 단어에 의해 실제로 그려지는 이미지가 무엇인지를 파악하는 것이 중요합니다.

마지막으로 '책임'(응답가능성)에 대해 얘기할 차례입니다.

좋지 않은 생각은 원숭이도 나무에서 떨어지게 한다.

이 장에서 우리는 책임감을 발달시키는 것을 간접적으로 도와주는 일에 관해 얘기하고 있습니다. 책임감을 발달시키려면 자각이 무엇인지, 그리고 자각을 흩뜨리는 주범들은 어떤 것들이 있는지를 알아야 합니다.

행복하게 살고, 올바른 길을 선택하고, 매 순간에 책임지려면 자각능력을 발달시키는 것이 중요합니다. 자각이란 당신의 진짜 소망과 외부에서 강요된 소망을 분별하는 것입니다. 인생에서 예비 타이어 따위는 던져버리세요. 매 순간 폐 깊숙이 신선한 공기를 들이마시며 살아가세요.

앞서 말했듯이, 우리의 길을 막아서는 댐들이 있습니다. 자유로운 흐름을 막는 댐들을 일시에 치우려면, 그중에서도 가장 오래되고 근본적인 장벽부터 무너뜨려야 합니다. 이 장벽이 무너지면, 그 쏟아져 내리는 강물에 휩쓸려 이후의 작은 댐들은 저절로 무너질 것입니다. 그때 우리는 크고 거침없고 풍요로운 강의 모습을 되찾을 것입니다. 생명력과 기쁨이 우리를 가득 채울 것입니다.

내 생각에, 우리의 주된 장벽은 단 세 가지로 압축됩니다. 그러니 그것들만 없애면 큰일은 다한 셈이지요.

이 세 장벽은 다음과 같습니다.

— 두려움

— 고정관념

— 불만

이제 우리는 각각의 장벽들의 실체가 무엇인지, 그것을 무너뜨리고 에너지가 자유로이 흐르게 하려면 어떻게 해야 하는지를 알아볼 것입니다. 그것들은 우리의 에너지 흐름을 막습니다. 그것들을 제거할 때, 당신은 당신 자신이 얼마나 강력한 힘을 가졌는지 알게 되고 항상 미소 띤 얼굴로 행복을 느낄 것입니다.

우리를 망쳐놓는 첫 번째 장벽은 두려움입니다. 그것은 그 자신이 살아남기 위해 우리의 에너지 대부분을 끊임없이 뺏어갑니다. 그것은 우리의 주의를 사로잡는 것을 좋아하고, 결정적인 순간마다 여지없이 우리 앞을 막아서지요.

두려움의 실체는 무엇일까요? 두려움은 비누 거품과 같습니다. 그것은 우리가 인지할수록 더욱 부풀려집니다. 즉, 그것은 환상입니다. 두려움은 오직 우리가 그것에 중요성을 부여하기 때문에 효력을 발휘합니다. 따라서 진짜 위협은 존재하지 않습니다. 그것은 단지 우리의 머릿속에만 있습니다. 우리가 해야 할 일은 두려움이 고작 환상일 뿐임을 인정하고, 중요성을 부여하는 일을 멈춤으로써 그 비누 거품을 터뜨리는 것뿐입니다.

우리의 주의가 그것에 에너지를 먹여줍니다. 우리가 두려움을 떠올릴 때마다 그것은 커지고 힘을 얻습니다. 우리가 꼼짝 못할 때까지 강력해지지요. 오직 우리가 주의를 거둘 때에야 그 두려움은 힘을 잃습니다.

당신의 두려움이 환상이라는 사실을 받아들이려면 그 한계 너머로 확장해가는 것이 중요합니다. 당신은 두려움을 그저 거들떠보지 않음으로써 극복해야만 합니다. 그것으로부터 의식적으로 주의를 거두세요. 그러면 어느새 그것이 흔적도 없이 사라져 있음을 알게 될 것입니다.

어릴 적부터 나는 두려움이 어떻게 작용하는지를 알았습니다. 나는 아주 수줍음 많은 소년이었습니다. 대개 거의 모든 두려움이 수줍음에서 왔습니다. 우리에게 제공되는 주된 교육이 수줍음을 만든 것입니다. 우리의 모든 "아마도"와 "아마 아닐 거야"가 부모와 그 주변인들의 본을 받아 형성되었습니다. 하지만 문제는 내가 너무 수줍어서 그것이 나를 항상 불안하게 함으로써 애를 태웠다는 데 있습니다.

　나는 남들의 평가를 중요시했기 때문에 사람들과 소통하는 데 큰 두려움을 느꼈습니다. 초등학교에 가서는 교단에 불려 나가 대답할 때마다, 말을 더듬고 얼굴은 달아오르고 말문이 막혔지요. 나는 두려움으로 완전히 얼어붙었습니다.

　조금 더 나이가 들면서, 나는 소녀들에게 끌렸지만 이성교제는 늘 한심하게 끝을 맺었습니다. 그때의 나는 온갖 열등감과 두려움에 짓눌린, 자신감이라고는 찾아볼 수 없는 놈이었습니다.

　이성과의 관계에서 좋은 결과가 전혀 없었기에, 나는 지금까지의 방식이 어리석은 것이었음을 진심으로 받아들였습니다. 그리고 그것을 극복하기로 결심했지요. 직관에 따라서, 나는 상대가 어떤 소녀라도 좋으니 이리저리 재지 않고 교제를 해나가겠다고 마음먹었습니다. 그때 내가 무엇을 감당하겠노라 선택한 것인지 이해가 되십니까?

　그동안 나는 이성과 만날 때마다 애를 썼지만 늘 퇴짜를 맞았습니다. 그래서 이런 생각에 사로잡혀 있었지요. '그러면 그렇지, 또 퇴

짜야!' 하지만 마음을 바꿔먹은 후로 이성과의 접촉에 자신감이 붙었고, 어느덧 나는 두려움이 스스로 자취를 감추었음을 알아차렸습니다.

내가 어떻게 이 문제를 극복한 것일까요? 나는 두려움에 별다른 의미를 두지 않음으로써 그것을 극복한 것입니다. 누구나 두려움과 관련된 비슷한 경험을 갖고 있을 것입니다. 당신은 직관을 따름으로써 그것을 극복할 수 있습니다.

사람들은 한 가지 두려움을 극복하더라도 곧 또 다른 두려움이 나타날 것으로 생각합니다. 그러나 언제나 문제의 핵심은 같습니다. 단지 그 외양만 다를 뿐입니다. 그러니 두려움에 주의를 둠으로써 그것을 키우는 일을 멈추고, 의식적으로 현실을 직면하여 당당히 인생을 즐기세요.

우화 하나.

여행 중이던 한 남자가 뜻밖에 천국에 가게 되었다. 천국에는 소원을 이루어주는 나무가 한 그루 자라고 있었다. 그 아래에 앉기만 하면, 어떤 소원이든 즉각 이루어지는 나무였다.

피로에 지친 그 남자는 그 나무 아래 누워서 잠을 청했고, 깨어나자마자 이런 생각을 떠올렸다. '배가 고프네. 뭘 좀 먹으면 좋겠군.'

그러자 아주 맛있는 음식이 당장 눈앞에 나타났다. 그 남자는 너무 배가 고팠기에 그 음식이 어디서 왔는지를 생각할 겨를도 없이 먹기 시작했고, 그것은 아주 맛이 있었다. 배고플 때는 아무 생각도 안 나는 법 아닌가?

배를 채운 후에, 그는 주위를 둘러보았다. 그는 만족감을 느꼈고, 그러자 다른 생각이 떠올랐다. '이제 뭘 좀 마셨으면 좋겠는데…'

천국에는 금주법이 없기 때문에 훌륭한 포도주가 당장 눈앞에 나타났다. 그는 나무 그늘에서 쉬면서 천천히 포도주를 마시다가, 천국의 시원한 바람이 불어오자 문득 이 상황에 놀라기 시작했다. '이게 대체 무슨 일이지? 꿈인가, 생시인가, 아님 귀신에 홀린 것일까?'

그러자 바로 귀신들이 나타났다. 귀신들은 그의 상상대로 끔찍하고 잔인하고 추잡했다. 그는 떨면서 생각했다. '귀신들이 이제 나를 죽일 거야.'

그러자 귀신들은 정말로 그를 죽였다.

이 우화에는 큰 교훈이 있습니다. 당신의 마음은 소원을 이뤄주는 나무이고, 당신이 무엇을 생각하든 조만간 그것은 정말로 이루어질 것입니다!

생각을 물질화하는 방법을 배우는 시기는 당신의 두려움이 다 사라진 이후라야 합니다. 그렇지 않다면, 당신이 두려워하는 것들이 당

신의 현실이 될 것입니다. 그럴 필요는 없지 않겠습니까? 그러니 먼저 당신의 길을 가로막는 장애물부터 전부 제거하세요.

우리가 가진 거의 모든 두려움은 우리의 부모가 유년기에 무의식적으로 심어준 것입니다. 그 예로, 사교에 관한 두려움을 들 수 있습니다. 특히 소녀들의 경우는 좀더 심각하지요. 어릴 적부터 소녀들은 "쉬워 보이면 안 된다"는 말을 귀가 닳게 듣습니다. 남자들은 언제 돌변할지 모르니 주의해야 하고, 첫 데이트에서 어떤 행동을 해서는 안 되는지 등등…

소녀들이 자라나는 동안, 이 모든 두려움과 프로그램이 내면에 깊이 새겨져 성격의 한 부분으로 고정됩니다. 결국 그녀는 자신도 모르게 딱 그런 위험한 남자에게 끌리는 동시에 두려움에 빠지고, 엄마와 할머니의 이론을 실제 자신의 경험으로써 완성시킵니다. 반대로 진심으로 바라던 이상형을 만날 때, 즉 첫눈에 반한 상대를 사귈 때도 엄마의 경고가 머릿속에 떠오르지요. "여자는 그렇게 쉽게 행동하면 안 돼! 그러면 그들은 너를 바지저고리로 알고 가볍게 볼 거야!"

이렇게 그녀는 이성과의 관계를 자신만의 경험으로 소화하는 대신에 엄마의 경험을 그대로 물려받게 됩니다. 두 번이나 이혼을 했던, 바로 그 엄마의 경험을 말이지요!

이것은 간단하고 보편적인 하나의 보기에 불과합니다. 나는 더 심한 경우도 목격했지요. 남자에 대한 공포심 때문에, 남자들과 대화라도 나누게 되면 발작까지 일으키곤 했던 소녀가 있었습니다. 그러나 그 모든 두려움과 프로그램이 그녀 자신의 것이 아니라 엄마의 것이라는 것을 이해했을 때, 비로소 그녀는 남자들과 소통을 시작했고 그로부터 큰 만족을 얻었습니다. 누구와도 잘 통하는 성격인 그녀는 좋은 짝을 만나 벌써 3년째 행복한 결혼 생활을 꾸리고 있습니다. 게다가, 그 둘의 교제는 그녀가 먼저 다가가서 시작된 것입니다.

　행복을 찾으려면 당신 자신의 비누 거품들을 터뜨리는 것을 두려워해서는 안 됩니다. 자신의 한계 너머로 가서 그저 행복을 즐기세요.

　이와 같은 식으로 우리의 부모는 외부 세계에 대한 두려움도 우리에게 주입했습니다. 우리는 유년기 초기부터 세상이 무섭다는 소리를 되풀이해서 들어왔습니다. "밖에 나가면, 늙은 마녀가 너를 데려갈 거야!" 아름다운 동화 대신에 우리는 섬뜩한 이야기들을 잔뜩 들었습니다. 누군가가 어딘가로 잡혀가서 얼마나 잔혹한 일을 당했는지에 관한 이야기 말입니다. 그래서 집 밖에 나간 아이는 모든 것을 두려워하지요. 그에게 세상은 한없이 두려운 곳이니까요. 아이는 독특한 상황을 끌어들임으로써 또다시 그 부모의 이론을 진실로 굳힙니다.

　나는 일본 사람들의 훈육방식을 좋아합니다. 몇몇 정보를 접하고 나서 나는 그들의 지혜를 진심으로 존중하게 되었고, 왜 일본의 젊은이들이 앞서 가는지를 즉시 이해했습니다. 일본의 부모는 자신의 경험을 아이에게 가르치지 않습니다. 아이들의 삶은 그 부모들의 삶과 전혀 관계가 없기에, 그들은 아이가 자신의 실수와 경험을 통해 스스

로 배우도록 도울 뿐입니다.

그들은 아이를 훈육하는 데 자신들의 에고를 개입시키지 않습니다. 아이들이 자신들과 같아지기를 원하지 않는 것이지요. 그들은 아이들이 자유롭게, 그 어떤 형식이나 금기에 갇히지 않고 자신이 원하는 것은 무엇이든 시도할 수 있게 허용합니다. 오염되지 않은 투명한 의식을 갖고, 어떤 상황에서든 자발적으로 선택하고 결정하는 법을 배우도록 합니다. 즉, 그들은 아이들의 순수하고 깨끗한 의식을 자신의 두려움과 '세상은 이래야만 한다'는 신념으로 오염시키지 않는다는 뜻입니다. 그들은 아이가 뭐든지 스스로 터득하게끔 합니다.

예를 들어, 우리는 대부분 어린 시절에 전기 콘센트에 손가락을 집어넣지 못하게 교육받았습니다. 전기에 감전되어 죽을 수도 있으니까요. 그때 우리는 어떻게 했던가요? 훼방꾼이 사라지기만을 기다리지 않았던가요? 그리고 집에 혼자 있을 때면 온갖 실험을 하기 시작하지 않았던가요?

일본에서는 부모들이 12볼트 전압의 특별한 전기 콘센트를 가지고 있습니다. 전혀 위험하지 않지요. 그들은 아이들을 억압하는 대신 직접 시험해보도록 콘센트를 내줍니다. 한 번만 겪어보면 아이는 결코 다시는 콘센트에 손을 대지 않을 테지요. 동시에 콘센트를 두려워하지도 않게 됩니다. 아이들은 그저 새로운 경험을 하나 갖게 된 것뿐입니다.

내 경우에는, 어린 시절에 불장난을 좋아했습니다. 나는 부모님이 안 계실 때마다 그 짓을 했지요. 아이들과 어떤 방식으로 소통할 것인지는 당신의 선택입니다. 그들의 실험과 모험을 당신의 경험으로 오염시키겠습니까? 아니면 그들이 자신만의 경험을 갖도록 허용하시겠습니까?

　2년 전에 나는 휴가지에서 한 쌍의 멋진 젊은 연인을 만났습니다. 우리는 함께 휴가를 보내기로 했지요. 산 속에 위치한, 풍경이 아름다운 퍄티고르스크Pyatigorsk라는 도시였습니다.

　이야기를 나누다가 나는 여자에게 고소공포증이 있다는 사실을 알게 되었습니다. 나는 그녀를 도와주고자 했습니다. 당연히 두려움을 극복하는 우리의 방법을 이용해서 말입니다. 우리가 머무는 곳 가까이에 2층짜리 헛간이 하나 있었는데, 헛간 바깥에는 지붕으로 올라가는 사다리가 있었습니다. 사다리를 타고 지붕에 올라갔을 때, 나는 그녀의 두려움이 얼마나 큰 것인지를 이해할 수 있었습니다. 그녀는 떨어져 죽을까봐 벌벌 떨며 사다리 난간을 꽉 움켜쥐었지요.

　마침내 우리는 지붕 위에 올라갔습니다. 그녀는 곧 숨이 멎을 것처럼 보였습니다. 나는 얼른 내려가려는 그녀를 여러 번이나 붙잡아야 했지요. "봐. 여긴 그냥 2층일 뿐이야." 나는 이런저런 이야기를 하면서 그녀를 편안하게 진정시켰습니다. 우리는 지붕 위에 앉아서 대화를 나눴습니다. 이윽고 그녀는 긴장을 풀었지요. 그다음에 나는 지붕 가장자리에 앉아서 지붕 아래를 내려다보거나 별을 바라보라고 했습니다. 또 한 차례 그녀에겐 공포가 밀려왔습니다. 그러나 마침내

그녀의 두려움은 서서히 줄어들었고, 우리는 함께 지붕 끝에 앉을 수 있었습니다.

그녀의 작은 세계가 거품처럼 터지고, 새롭고 놀라운 세상이 그녀 앞에 열렸습니다. 스스로 긴장을 풀고 지붕 끝에 앉도록 자신을 허용했을 때, 그녀에게는 엄청난 기쁨이 찾아왔습니다. 한없는 행복감이었지요. 그녀는 두려움이 환상이라는 사실을 깨닫고 더는 두려움에 떨지 않기로 선택했습니다.

다음 날에 그녀의 남자친구에게 그 모습을 보여주었습니다. 우리는 두려움 따위는 날려버린 채로 높은 산꼭대기에 올라가 하늘과 땅이 하나로 어우러진 멋진 풍경을 보았습니다. 그때 이후로도 나는 그들과 연락을 주고받고 있는데, 그녀는 종종 자신이 산에 올라가서 높은 바위 위에 얼마나 편하게 걸터앉아 즐기는지를 이야기합니다.

처음에는 낮은 곳에서, 그리고 당신이 신뢰하는 사람 앞에서 시작하세요. 두려움을 극복하는 원리는 하나입니다. 그저 그것에 주의를 두지 않으면 됩니다.

자신의 알껍질을 깨고 나와 세상을 바라보라. 그리고 그저 즐기라.

나 역시 끔찍한 두려움을 극복한 경험이 있습니다. 나는 대중연설 공포증이 있었습니다. 그것은 죽음의 공포 다음으로 두려운 것이었습니다. 나는 사람들 앞에 설 때마다 얼굴이 빨갛게 달아오르고 말을 더듬었습니다. 두려움이 나를 꼼짝 못하게 만들었지요. 내게는 사람들이 나에 대해 어떻게 생각할지가 중요했습니다.

　내가 성장해서 어느 정도 성과를 이루었을 때, 나는 그것을 나누기 위해 친한 사람들과 세미나를 열기 시작했습니다. 나로서는 대단한 일이었습니다. 내가 알고 있는 것들을 사람들 앞에서 말할 때, 내 얼굴은 토마토처럼 빨개졌습니다. 내가 알고 느낀 바를 사람들에게 전달하는 것이 쉽지 않았습니다. 왜냐하면, 그때 나는 나의 두려움과 싸우고 있었기 때문입니다.

　하지만 세미나를 열 때마다 나는 매번 나 자신을 극복했고, 시간이 흐를수록 두려움이 사라져가는 것을 느낄 수 있었습니다. 나는 더는 불필요한 중요성을 부여하지 않고서 그저 내가 좋아하는 일을 하기 시작했습니다. 지금 내가 세미나에서 이런 이야기를 하면 듣는 사람들이 도리어 놀라곤 합니다. 하지만 나의 첫 세미나에 왔던 사람들과 학교에서 나와 함께 공부했던 사람들은 분명 나를 '토마토 강사'로 기억하고 있을 것입니다.

　우리에게 필요한 것은 오직 자신의 두려움을 인식하고 그 틀을 넘어서는 것뿐입니다. 매번 그것을 넘어서기만 하세요. 그것과 투쟁하지 말고, 그저 넘어서세요. 두려워도 앞으로 나아가세요. 그것에 대해서 생각하지 말고, 대신 당신이 원하는 것을 하세요. 그러면 당신의 작은 세계, 즉 거품이 터지면서 자유의 기쁨을 맛보게 될 것입니다. 당신이 한 번 그것을 느끼면, 그 일이 도화선이 되어 새로운 승리

가 또다시 끌려올 것입니다.

어둠에 대한 두려움… 이 수수께끼 같은 두려움은 어린 시절부터 존재해왔습니다. 이것은 부모가 우리에게 강요한 것이 아니라 우리 스스로 만들어낸 것입니다. 나는 종종 어둠을 두려워하는 사람들에게 물어봅니다. "도대체 무엇이 그렇게 두려운가요? 단순히 빛이 없기 때문에 두려운 건가요?"

대부분의 사람들은 어둠 속에서 어떤 괴물이나 귀신을 만들어내기 시작합니다. 혼자 있을 때면 공상 속에서 어떤 이미지들을 불러오면서 '혹시나…' 하고 가정하기 시작하지요. 예컨대 과거에 공포영화에서 봤던 이미지들 말입니다. 어둠에 대한 두려움은 대개 이런 식으로 형성되지요.

나도 어린 시절에 공포영화를 즐겨 봤습니다. 그리고 혼자 집에 있을 때면 공포에 사로잡히곤 했지요. 나는 어둠 속에서 뭔가가 튀어나올까봐 무기를 만들어서 안고 자곤 했습니다. 하지만 커가면서 그런 두려움을 내려놓게 되었습니다.

나는 여러분에게도 그런 두려움을 넘어서라고 말하고 싶습니다. 그것을 한 번, 두 번, 세 번 넘어서다 보면 그것은 저절로 떠날 것입니다. 우리가 더는 중요성을 부여하지 않기 때문에 스스로 떠나는 것입니다. 우리가 더는 그것에 먹이를 주지 않기 때문에, 두려움 없이 지금 여기에 살기로 선택했기 때문에 말입니다.

가슴 밑바닥까지 어둠을 두려워했던 나의 지인도 내 충고를 따랐습니다. 첫날은 상상 속에서 공포를 직면했지요. 그의 상상은 이미지들을 바다처럼 끝없이 만들어냈습니다. 하지만 마침내 그는 신뢰하고 내려놓았습니다. 둘째 날은 좀더 쉬웠지요. 이미지가 줄어들었고, 두려움은 사라지기 시작했습니다. 셋째 날에는 모든 것이 끝났습니다. 그는 어둠 속으로 성큼성큼 걸어 들어가서 잠자리에 들었습니다. 두려움에 더 이상 먹이를 주지 않고 그것을 넘어서는 일은 이처럼 쉽습니다.

　자신의 알껍질을 깨고 나와 세상을 바라보라. 그리고 그저 즐기라.

　다른 사람 혹은 세상이 두려울 때면, 이제는 많은 사람들이 알고 있는 다음의 사실을 기억하십시오. 당신이 개를 두려워할 때, 개는 그것을 위협으로 느끼고 당신을 물려 듭니다. 꿀벌도 마찬가지입니다. 사람에게서 먼저 위협을 느끼지 않는다면 꿀벌은 절대 침을 쏘지 않습니다. 당신이 두려움을 느끼면 그것이 꿀벌에게 전달됩니다. 그러니 꿀벌을 두려워하지 마세요. 대신 꿀벌을 사랑으로 찬미하세요. 그러면 꿀벌은 당신을 훑어보고는 휙 날아가 버릴 것입니다.
　이 세상의 모든 것을 두려움이 아니라 사랑으로 마주해야 합니다. 그러면 세상은 우리에게 편안하고 안전하고 사랑과 기쁨이 가득한 곳이 됩니다. 두려움을 가지고 어두운 길거리를 걸어가면 범죄자가 그것을 느끼게 될 것이고, 그들에게 당신은 먹잇감이 될 것입니다.

반대로 당신이 사랑을 품고 걸어갈 때는 뭔가 자연스럽고 엄마 같은 친근한 느낌을 풍길 것입니다. 그들은 가족처럼 느껴지는 사람을 해치려 들지 않을 것입니다. 무엇이 올바른 삶의 전략인지를 따져보고, 그것을 선택하세요.

외로움으로부터 도망가지 말라. 그 안으로 빠져들어 즐기고, 사랑하라. 그리고 있는 그대로 내버려두라.

외로움을 두려워하는 사람들이 많습니다. 그들은 외로움으로부터 달아나려 합니다. 누군가와 대화를 나누거나, 일터로 달려가거나, 책을 읽으면서 그것을 피하려고 하지요. 그들은 그들의 내면을 잡아먹는 한없는 공허함을 채우고자 합니다. 사실 그들은 외로움이 두려운 게 아니라 자기 자신과 함께 있기를 두려워하고, 자기 자신이 진정으로 누구인지 알아차리는 것을 두려워합니다. 그들은 내면의 세계에 깊이 들어가 그 안을 정돈하기를 두려워하는 것입니다.

홀로 있을 때라야 우리는 내면에 숨어 있는 문제와 두려움을 진정으로 이해하기 시작합니다. 외로움이란 자연스러운 것이며 심지어 유용한 것입니다. 동양인들은 우리가 이 세상에 홀로 왔으며, 홀로 떠날 것이라고 흔히 이야기합니다. 나도 그 말에 동의합니다.

자신으로부터 달아난다는 것은 어떤 느낌일까요? 많은 사람들이 그리하듯 산 속으로 또는 아쉬람으로 떠난다고 해도, 당신은 결코 자기 자신으로부터 벗어날 수 없습니다.

당신이 당신 자신으로부터, 자신의 문제로부터 달아날 때마다 그

것은 눈덩이처럼 불어납니다. 그것이 곧 산사태처럼 당신을 덮쳐올
것입니다. 그러니 달아나는 일을 멈추세요. 자기 자신을 있는 그대로
받아들이세요. 자신의 문제를 해결하세요. 불필요한 내면의 쓰레기
를 던져버리세요. 그러면 당신은 홀로 있을 때, 즉 자기 자신과 함께
있을 때 편안함을 느끼게 될 것입니다. 당신은 두려워할 필요가 없습
니다. 당신은 홀로 있는 것을 즐기게 되고, 외로움을 피하기 위해 다
른 사람과 친교를 맺을 필요도 없어집니다.

　우화 하나.

　　한 젊은이가 현자에게 찾아와 외로움을 어떻게 벗어날 수 있는
지를 물었다.

　　현자가 말했다. — 내가 그 외로움으로부터 그대를 건져주겠다.
하지만 우선 사흘간의 시험을 통과해야만 한다.

　　그 젊은이는 거기에 동의했다.

　　첫날, 현자는 젊은이의 눈을 싸매서 아무것도 보이지 않도록 했
다. 그 시험은 정말 참을 수 없을 만큼 힘들었다. 특히 젊은이에게
뭔가를 가져오라고 시켰을 때 더욱 그랬다.

　　다음날은 현자가 그 젊은이의 귀를 꽁꽁 묶어 아무것도 들리지
않게 했다. 젊은이는 마치 자신이 귀먹은 사람이 된 듯 느꼈다.

셋째 날은 창문도 없는 어두운 방에 젊은이를 가두어놓았다. 젊은이의 인내심은 정말로 거의 한계에 달해 있었다.

마침내 모든 시험이 끝났고, 젊은이는 소리쳤다. ― 이 모든 시험을 통과했다니 정말 기쁘네요. 자, 이제 당신은 나를 어떻게 도와주시겠습니까?

현자가 물었다. ― 그대는 여전히 외로움을 느끼는가?

젊은이가 답했다. ― 솔직히 말해서 느껴지지 않아요. 세상은 전혀 문제가 없군요. 이토록 많은 소리와 빛깔들이 있다니 정말 놀라워요.

현자는 말했다. ― 해와 달과 별을 볼 수 있고 땅과 바다가 주는 것들을 즐길 수 있다면, 우리는 결코 외롭지 않다.

젊은이가 걱정했다. ― 하지만 또 외로움이 찾아오면 어떡하죠?

현자는 웃으며 답했다. ― 그러면 다시 찾아오게. 내가 다른 시험을 또 만들어줄 테니.

이제 우리는 두려움으로부터, 그리고 우리 자신으로부터 달아나기를 멈추고, 강해지고, 열려 있게 되었습니다. 우리는 두려움과 직면할 수 있습니다. 우리는 단지 두려움에 중요성을 부여하지 않음으로써 매 순간을 즐기며 살기 시작합니다. 우리는 맑은 눈과 가슴으로 세상을 바라봅니다. 그래서 세상은 아무 문제 없는, 우리가 어린 시절에 보았던 모습을 되찾았습니다. 우리의 삶에 더 이상 적은 없으며, 오직 사랑과 세상에 대한 신뢰만이 존재합니다. 우리는 우리 자신을 세상의 일부로 느끼고, 세상도 우리를 돌보기 시작합니다.

비행공포증이나 다른 탈것에 대한 공포증도 많은 사람들의 삶에서 큰 자리를 차지합니다. 나는 비행기가 이륙할 때 신에게 기도하는 승객들의 모습을 많이 보았습니다. 추락하는 비행기 속에는 무신론자가 없다는 말이 있지요. 비행기가 착륙하면 마침내 착륙했다는 안도의 한숨과 함께 박수를 치는 사람들도 있습니다.

그래서 나는 그들에게 비행기를 탈 때 무슨 생각을 하는지를 물어봤습니다. 거의 모든 사람이 같은 이미지를 묘사했지요. 매번 이륙할 때마다 그들은 비행기가 폭발하고 모두가 죽는 그림을 그렸던 것입니다. 이 이미지들은 거기에 동반하는 느낌들과 함께 세밀하게 그려졌습니다. 즉, 그들은 한 번 비행하는 동안 머릿속에서 여러 번이나 이런 사건들을 겪는 것이지요. 나는 매번 이런 일을 겪느니, 정말 때가 왔을 때 딱 한 번 죽음을 맞이하는 편이 한결 쉽지 않을까 생각합니다.

나는 그런 순간에 비행기 추락과 관련된 이미지들을 머릿속에서 지워버리고, 대신 신이 비행기를 사랑으로 감싸고 있는 이미지를 상상하기를 권합니다. 그러면 비행기는 최종목적지에 부드럽고 신속하게 도달할 것이며, 승객들은 모두 편안함을 느낄 것입니다.

어떻게 생각하세요? 만일 당신이 비행이 아무 문제 없이 성공적으

로 끝날 것임을 명확히 알고 있다면 추락의 두려움이 사라질까요? 분명 그렇습니다. 우리는 내면의 신을 신뢰하고 이완하기 시작할 것입니다. 그때 우리는 우리 자신과 모든 것이 잘 되리라는 계약을 맺는 셈입니다. 그리고 그것은 실현될 것입니다.

나의 한 친구는 비행기 타는 것을 두려워했습니다. 그가 나에게 비행의 두려움을 말했을 때, 나는 매번 이륙할 때마다 긴장을 풀고 '어차피 이 몸은 언젠가 때가 오면 사라질 것이 아닌가' 하고 마음먹으라고 권했습니다. 모든 것은 신의 의지에 달렸습니다. 그 친구는 내 말뜻을 알아차리고 그렇게 하기 시작했지요. 그는 신을 믿기 시작했고, 이제는 편안하고 즐거운 느낌으로 비행기를 탑니다. 그는 신을 믿고, 신의 현존을 느낄 수 있게 되었습니다.

이것이 바로 우리가 사랑을 배우고 세상을 신뢰하는 방법입니다. 이제 우리는 모든 댐과 둑을 허물고 우리의 참모습을 기억하기 시작합니다. 우리는 열려갑니다. 사랑이 우리의 온 존재를 감쌉니다.

이제 드디어, 가장 널리 퍼져 있는 두려움을 이야기할 차례입니다. 그것은 죽음에 대한 두려움입니다.

신이 생명을 주었고, 그것을 다시 거두어 갈 것이다. 그러니 죽음을 미리 두려워하지 말라. 어차피 때가 되면 찾아올 것이니…

사실, 사람들은 죽음을 두려워하는 것이 아니라 불확실성을 두려워하는 것입니다. 몸이 죽은 다음에 어떤 일이 일어나는지는 아무도 모르지요. 영혼이 존재할까요? 영혼은 불멸할까요? 두려움의 원인은 죽음 자체가 아니라 우리의 이런 의문인 것입니다.

　안타깝게도 사람들은 매 순간 자신의 삶을 충분히 음미하며 살지 못합니다. 죽음 그 자체는 두려운 것이 아닙니다. 내 생각에, 죽음이란 단지 액체에서 기체로의 형태 전환일 뿐입니다. 나는 죽음을 그렇게 정의합니다.

　죽음을 맞이할 때, 죽는 것은 오직 우리의 몸입니다. 나는 그것을 더러운 옷에 비유합니다. 일터에서 집으로 돌아와서 옷을 벗을 때, 아쉬워서 우는 사람이 있겠습니까? 그저 옷일 뿐인데요. 죽을 때도 마찬가지입니다. 우리는 단지 옷을 벗어놓고 더 멀리 나아가는 것입니다.

　우리는 죽음에 대한 두려움을 극복해야 합니다. 우리는 죽음을 더 나은 방식으로 활용할 수 있습니다. 그러려면 죽음을 다루는 법을 배워야 합니다. 그때 죽음은 당신을 진지하게 도와주는 조력자가 될 것입니다.

　어떤 순간이든 죽을 수 있다는 사실을 받아들일 때, 우리는 더 이상 죽음을 두려워하거나 미래를 위해서 뭔가를 남겨두려고 하지 않을 것입니다. 우리는 최선을 다해 지금 이 순간을 살기 시작할 것입니다.

　이런 인식의 전환을 통해 우리는 매 순간 응답하며 사는 법을 배

울 수 있습니다. 누군가에게 사랑을 이야기할 때, 미래의 불확실성이나 부끄러움 때문에 더는 머뭇거리지 않을 것입니다. 사랑하는 사람에게 지금 당장 사랑한다고 말하세요. 그 사람을 껴안으세요. 누가 압니까? 지금 하지 않으면, 그런 기회가 다시는 없을지도 모르잖습니까?

이 깨달음은 나에게 처절하게 다가왔습니다. 안타깝게도 나는 이 교훈을 나 자신의 경험을 통해 배워야만 했지요. 하지만 그것이 내게는 최선이었습니다. 나는 평생 이 교훈을 기억할 것입니다. 이것은 내가 나의 길을 갈 수 있도록 이끌고 도와주고 있습니다.

어머니를 여의었을 때, 나는 겨우 열일곱 살이었습니다. 그 사건은 나에게 참으로 비극이었습니다. 어머니는 나이에 비해 너무 일찍 세상을 떠나셨지요. 나는 어머니와 함께한 순간들을 충분히 누리지 못하고 '더 재미있는 것들'을 찾아다녔지요. 많은 사람들이 지금 그렇게 하고 있듯이 말입니다. 나는 어머니에게 꽃을 드리며 사랑한다고 말할 시간이 앞으로도 충분히 있으리라 생각했지만, 현실은 그렇지 않았습니다.

그때 이후로 나는 내 삶을 다시 돌아보았습니다. 이제 나는 내가 느끼거나 생각하는 것을 사람들에게 말하는 것을 두려워하지 않습니다. 진정으로 나는 매번 숨을 들이쉴 때마다 그 숨이 마지막일 수도 있음을 알아차리고 있습니다. 상황을 되돌아보고 '내가 성공할 수 있을까?'라고 의심하는 대신, 나는 내가 성공하리라는 진지한 믿음을 갖고서 그저 그 일을 할 뿐입니다. 그리고 신의 도움으로써 모든 일이 완벽하게 이루어지고 있습니다.

　자, 이렇게 우리는 더 이상 죽음을 두려워하지 않고 그것이 단지 변형일 뿐임을 인식하게 됩니다. 그리고 죽음을 삶을 즐기는 도구로서 사용하기 시작합니다. 호흡이 들어오고 나가는 매 순간 두려움과 후회 없이 행동하는 것을 즐길 때, 우리의 세상은 다채롭고 밝게 빛날 것입니다. 우리는 우리의 삶에 충만하고, 이 충만함을 사람들과 나눕니다.

　이처럼 우리가 모든 두려움을 넘어설 때, 삶의 가장 강력한 댐 하나가 사라집니다. 그것들은 더 이상 우리를 마비시키지 못합니다. 우리는 거대한 에너지가 밀려오는 것을 느낍니다. 그 에너지는 지금껏 우리가 두려움과 투쟁하느라 허비했던 것이지요. 우리는 이 에너지를 세상의 이로움을 위해 사용하기 시작합니다. 우리는 이 에너지가 우리의 소원을 가장 빨리 성취하는 데 사용되도록 허용합니다. 그러면 우리의 삶은 모든 사람이 자각하고 쓰는 동화처럼 바뀔 것입니다.

　우리가 곧 내면에서 인식하게 될, 두려움에 비해 결코 작지 않은 두 번째 댐은 고정관념입니다. 불행하게도 우리의 마음은 모든 것을 습관으로 만들어버리는 경향이 있습니다. 마음은 게을러서 일일이 주의를 기울이길 싫어합니다. 그러므로 마음은 일상의 행동을 자동화합니다. 그래서 우리가 가슴이 없는 로봇처럼 되는 것이지요. 우리

는 의식적으로 참여하는 대신에 많은 자동프로그램들을 만들어놓습니다.

일터에 출근할 때를 생각해보세요. 당신은 그 순간 주변의 어떠한 것도 인식하지 않고, 매일매일 습관적으로 틀에 박힌 대로 늘 가던 길을 그대로 다니고 있지 않습니까? 우리는 자신의 습관에 너무 깊이 빠져 있어서 맛을 느끼지도 않고 먹습니다. 먹는 순간에조차 계속 다른 생각에 빠짐으로써 음식을 먹는 기쁨에 가 닿을 수 없는 것이지요.

가장 끔찍한 것은 사랑을 나누는 행위조차 습관이 된다는 것입니다. 그때는 사랑과 기쁨이 없고, 그저 정해져 있는 결과에 도달하기 위한 일련의 움직임이 있을 뿐입니다. 그래서 신성한 행위의 친밀함과 신비로움은 사라져버리지요.

바로 이런 잠자리 습관 때문에 사람들은 성에 대한 흥미를 잃고 있습니다. 그 결과 남자들은 성욕이 낮아지고, 여자들은 30세 이후론 좀체 오르가즘을 느끼지 못합니다. 그래서 남녀관계에 흔히 문제가 일어납니다. 사실 남녀관계에서 가장 중요한 것은 다양한 측면에서 사랑을 표현하는 것이지요. 그러나 자동적인 반응이 일어나는 곳에서는 사랑이 표현될 수 없습니다. 사랑은 정해진 틀 속에서 살아남지 못하고 사라지는 법입니다.

결론은, 습관이 지배하는 곳에는 사랑과 기쁨도 없다는 것입니다. 정말로 로봇은 즐길 줄 모릅니다. 물론 그들은 즐기는 척할 테지요. 그러나 로봇이 겉보기에는 감정을 표현하는 것 같아도 정말 감정 그 자체를 경험하는 것은 아닙니다.

　나는 여러분이 스스로 막아놓은 댐을 강력하고 단호하게 깨뜨리기를 바랍니다. 여러분이 모든 자동적인 행동과 고정관념의 틀을 넘어서 새로운 삶의 방식과 전략을 창조하기를 바랍니다. 그러면 세상은 자발적인 행위의 기쁨으로 다시 가득 찰 것이며, 우리 마음의 습관에 의해서 더는 조건 지워지지 않을 것입니다. 우리가 해야 할 일은 단지 삶 속에 새로운 것을 더 많이 가져오는 것입니다. 그러기만 하면 많은 새로운 느낌과 가능성이 자연스럽게 더해질 것입니다.

　나는 여러분이 타인에 의해 강요된 삶, 규칙에 따르는 삶을 더는 살지 않고 원하는 대로 자신의 삶을 살고 창조하기를 권합니다. 단 하나의 규칙만 남겨두세요. 그 규칙은 우리를 신의 지혜와 함께 나아가도록 해줄 것입니다. 그것은 다음과 같습니다. ─ 당신이 대접받기 원하는 대로 다른 사람을 대하라. 이 규칙을 받아들이면 우리는 바보 같은 짓을 하지 않게 됩니다.

　이 규칙은 우리가 세상과 하나라는 사실을 인식하도록 도와줍니다. 우리 모두가 동일한 것의 한 부분이라는 사실, 즉 이 세상에서 신의 일부이자 신의 사랑의 일부로서 존재한다는 사실 말입니다. 그로써 우리는 타인의 규칙에 따라 살기를 멈추고 어린 시절에 그랬던 것처럼 우리 자신만의 규칙을 창조하게 됩니다. 자유로움과 기쁨으로써, 우리 자신의 삶을 깨끗한 도화지 위에 펼치기 시작합니다. 우리

가 고정관념을 깨뜨리면 내면의 자유가 충만히 일어나며, 그것은 우리에게 기쁨과 행복을 위한 힘을 제공합니다.

모든 규칙을 깨라. 모두가 당신의 행복을 비웃게 내버려두라.

이 말은 무슨 뜻일까요? 이제 많은 사람들이 당신은 잘못 살고 있고, 잘못 걷고 있고, 잘못 일하거나 잘못된 어떤 것을 하고 있다고 말하기 시작할 것입니다. 당신이 단지 다른 사람들과 다르다는 이유만으로요. 하지만 무시하고 그저 자신의 삶을 즐기세요!

다른 사람들처럼 산다는 것은, 다시 말해 다른 사람들처럼 고통받으며 슬픈 얼굴을 하고 걸어간다는 뜻입니다. 선택은 항상 당신의 것입니다. 군중의 법칙을 따라 살든, 아니면 의식적으로 선택하며 자신만의 것을 창조하든 말입니다. 스티브 잡스나 빌 게이츠가 사회의 고정관념에 기초한 낡은 길을 따라갔다면 우리는 먼 거리에서 서로 대화를 나눌 수 없었을 것입니다. 사람들이 새로운 실험을 하지 않았거나 새로운 문제해결 방식을 찾아내지 않았다면, 많은 것들이 17세기와 똑같은 모습으로 남아 있었을 것입니다.

당신 내면의 천재를 찾으세요. 당신의 삶을 더 나은 것으로 변화시킬 수 있는 많은 아이디어를 발견하기 위해서는 단지 세상을 다른 각도로 보기만 하면 됩니다. 기억하세요. 당신이 항상 같은 길만을 걸어간다면 같은 종착지에 도달할 수밖에 없다는 것을. 당신은 이미 그곳에 도착해봤고, 그곳이 탐탁지 않습니다. 그러니 새로운 생각과 새로운 행동을 선택해서 '행복'이라는 이름의 다른 곳으로 가봅시다. 마음이 평범하고 일상적인 방식으로 작동하도록 내버려두면 우리의 습관은 항상 같은 사건만을 창조해낼 것입니다. 불교에서 말하는 '카르마'는 그렇게 형성되는 것입니다. 그러나 전과 다른 식으로 행동한다면 다른 결과를 얻지 않겠습니까?

　우화 하나.

　한 왕국에 강력한 힘을 가진 마법사가 살고 있었다. 어느 날 그는 마법의 약을 만들어 그 왕국의 사람들이 모두 마시는 샘물에다 풀었다. 한 번 그 물을 마신 사람은 즉시 미치게 되는 약이었다.

　다음날 아침, 그 왕국의 모든 사람이 샘물을 마시고 미쳐버렸다. 단, 왕족만은 그 마법사가 들어갈 수 없는 궁전에 있는 샘물을 마셨기에 다른 사람들처럼 미치지 않았다.

　나라 전체가 혼란에 빠지자 왕은 질서를 회복하려고 애쓰면서 많은 포고령을 내렸다. 그러나 신하들은 포고령이 이상하다면서 오히려 왕이 미쳤다고 생각했다. 그들은 소리를 지르며 궁궐로 달려가 왕위에서 물러나라고 요구했다.

　좌절한 왕은 퇴위하기를 원했다. 그러자 왕비가 와서 말했다.
　— 우리도 같은 샘물의 물을 마십시다. 그러면 우리도 그들처럼 되겠지요.

그래서 그들은 그 물을 마셨다. 왕과 왕비는 미치는 약이 들어 있는 물을 마시고는 즉시 이상한 말을 하기 시작했다. 그러자 신하들도 퇴위 요구를 철회했다. 왕이 다시 지혜를 되찾았으니 계속 이 나라를 다스리도록 해야 하지 않겠는가?

그 나라에는 다시 평화가 찾아왔다. 비록 백성들이 다른 나라의 백성들처럼 행동하지는 않았으나, 어쨌든 왕은 끝까지 나라를 통치할 수 있었다.

오랜 세월이 지난 후에, 마법사의 증손자가 지상에 있는 모든 물을 오염시킬 수 있는 마법의 약을 만들었다. 그가 그 약을 물에 타자 곧 지상의 모든 물이 오염되었다. 사람들은 물 없이는 살 수 없기 때문에, 머지않아 세상에 정상적인 사람은 단 한 명도 남지 않게 되었다. 온 세상이 미쳐버렸고, 아무도 그 사실을 알아차리지 못했다.

그렇지만 때때로 이 약에 영향을 받지 않는 사람들이 태어났다. 그들은 정상으로 자라서 다른 사람들에게 그 행동이 미친 거라고 설명하려고 애썼다. 그러나 대다수의 사람들은 오히려 그들이 미쳤다고 생각하고, 그들의 말을 이해하지 못하고 있다.

나는 학창시절부터 고정관념을 깨기 시작했지요. 나는 어릴 때에도 다른 사람들처럼 살고 싶지 않았습니다. 칙칙한 옷을 입고 슬픈 표정을 한 사람들의 모습이 내게는 낯설었지요. 러시아 남부의 작은 마을에서 자라면서, 나는 고정관념이 어떤 것인지를 잘 알게 되었습니다. 모든 사람은 다른 사람들처럼 살아야 합니다. 다르게 행동했다가는 위협을 당할 수도 있으니까요.

그러나 나는 고정관념을 깨기를 좋아했습니다. 그래서 종종 학교에서 위협을 당했지요. 하지만 그것은 나의 반항을 더욱 강화시켜줄 뿐이었습니다. 나는 누구의 도움도 청하지 않고 홀로 저항했습니다. 지금도 그렇게 하고 있지요. 나는 다만 세상의 색채가 좀더 밝고 선명하기를 바랄 뿐입니다. 그래서 많은 사람들이 나처럼 세상의 아름다움과 가치를 볼 수 있기를 바랍니다.

정말로, 신은 우리에게 태어날 때부터 자유를 주었습니다. 모든 사람이 정장을 입으면, 나는 정장을 입는 대신 캐주얼 정장을 입습니다. 만약 사람들이 캐주얼 정장을 입는다면, 나는 셔츠를 입습니다. 나는 한껏 밝은색의 옷을 입는 것을 두려워하지 않으며, 머리 모양이나 머리카락 색깔도 여러 가지로 실험해봅니다. 나는 내 머리에 모든 색깔을 실험해봤습니다. 초록, 빨강, 금색, 짙은 밤색… 나는 나 자신을 찾고 실험하는 데 아무런 거리낌이 없습니다.

아, 나는 얼마나 나 자신과 내 가까운 사람들의 고정관념 깨기를 좋아하는지요! 언젠가 할로윈날, 아버지는 내가 모호크식 머리 모양(머리의 가운데만 띠 모양으로 머리카락을 남겨두는 머리 모양, 역주)을 하고 그것을 초록색으로 물들이는 것을 도와주기조차 하셨답니다. 올 A 학점의 모범생이 그런 머리를 하고 학교에 갔을 때 선생님의 얼굴을 여러분도 봤

더라면!

나는 수업시간에도 그 모습으로 있었습니다. 그리고 졸업무도회에서는… 더욱 대단했습니다! 모든 선생님이 나만 쳐다보았지요. 청바지에 긴 부츠를 신고, 하얀 셔츠를 허리까지 풀어헤치고 빨간 넥타이를 매고 나타났으니까요. 식순이 끝난 후 나는 교장선생님께 꽃을 드렸습니다. 오, 여러분도 그 모습을 봤어야 했는데!

어떤 상황에서든 드러난 문제를 보는 대신, 고정관념을 벗어난 창조적인 마음으로 해결책을 찾는 편이 더 도움이 됩니다. 사실 어떤 상황이든 거기에는 열 가지 이상의 해결책이 있습니다. 그러나 마음이 일상적인 방식으로 작동할 때는 한두 가지 방법밖에 떠오르지 않습니다. 그리고 협소한 마음은 늘 문제를 일으키기 마련이지요.

나는 여러분이 문제의 틀에서 벗어나 행복하기 바랍니다. 여러분의 마음이 문제를 바라보는 대신 즉시 해결책을 찾아내도록 훈련시키세요. 그러려면 어떻게 해야 할까요? 매일 스스로 연습하세요. 당신이 원하는 일을 하세요. 이전에 해보지 않은 일을 하세요. 뭐든 새로운 행동을 하세요. 자발적으로 움직이세요. 그러면 사람들은 당신에게 흥미를 느낄 것입니다. 왜냐하면, 당신은 이제 예측가능하지 않기 때문이지요. 당신은 늘 새롭고 생명력을 발산하며 아이디어가 샘솟습니다.

우리는 삶의 모든 습관을 하나하나 단계적으로 인식합니다. 그리고 의식적으로 그것과는 다른 방법으로 행동하기 시작합니다. 예를 들면, 그냥 이를 닦는 것이 아니라 왼손으로 이를 닦습니다. 혹은 이가 하나하나 더 깨끗해지고 하얘지는 것을 상상하며 창조적인 생각의 스위치를 켭니다.

모든 새로운 행동은 대뇌피질에 새로운 신경세포의 연결고리를 만듭니다. 그러면 우리의 지성은 더 넓어지고 민감해지지요. 그것을 통해 우리는 더 넓은 세상을 보게 됩니다. 그로써 투시능력과 예지능력이 부드럽게 발달하지요. 모든 것은 고정관념을 깨는 단순한 행동에서 시작됩니다.

왼손으로 먹고 글을 쓰는 일을 시작해보세요. 그러면 우뇌가 발달하고, 그것은 당신의 건강과 정신에 좋은 영향을 끼칠 것입니다. 일하러 갈 때도 색다른 길을 택해 보세요. 음식을 먹을 때도 실험해보세요. 거기에도 역시 많은 습관들이 붙어 있습니다.

나는 끊임없이 실험합니다. 나는 음식을 만드는 것을 좋아합니다. 그러나 결코 요리법을 읽지 않습니다. 나는 서로 어울리지 않는 것처럼 보이는 재료들을 섞습니다. 과일과 채소, 신 것과 단 것, 짠맛과 매운맛… 나는 이 조합이 맛있을지 없을지를 선입견으로 판단하지 않기 때문에 모든 종류의 맛을 창조합니다.

나는 의도적으로 새롭게 혼합해봅니다. 오직 그렇게 해야만 새로운 것을 발견할 수 있으니까요. 그런데 보통 사람들은 어떻게 하지요? 토마토와 망고가 어울리지 않는다고 생각합니다. '과일과 채소라니, 사람이 어떻게 그걸 먹을 수 있단 말인가?' 하지만 당신은 한

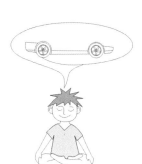

번도 그 조합을 맛본 적이 없었습니다. 사실 그것은 대단히 멋진 맛입니다. 최소한 나에게는!

한번은 명상 후에 풋사과에 매운 양념을 발라 먹고 싶었습니다. 시도해보았더니 정말 맛이 좋았지요. 여러분도 실험해보세요. 그러면 첫째로, 당신만의 창조성과 표현력이 생겨날 것입니다. 둘째로, 당신은 더 많은 새로운 것들을 얻고 삶 속에 행복을 가져오게 될 것입니다.

여러분에게 내 친구에게 일어났던 우스운 일을 하나 들려주고 싶습니다. 습관과 무의식적인 행동으로써 자기 자신을 '벌주었던' 이야기입니다. 그녀는 이 이야기를 소셜 네트워크에 올렸습니다.

일주일 전에 뭔가 이상한 일이 나에게 일어났다! 그것은 금요일도 아니었고 13일도 아니었다. 그저 평범한 날이었다! 3주의 휴가가 끝난 후 일곱 번째 되는 날일 뿐이었다.

말 그대로, 그 일의 어떤 부분도 내가 의도한 것은 아니었다.

그날의 아침은 평소와 똑같이 시작되었다. 아침 식사, 샤워, 옷 입기 등등… 나는 차에 올라타고 달렸다. '엘도라디오'에서 흘러나오는 노랫소리~ 그리고 그라즈단스카야 거리에선 차가 막혔고 고속도로에선 시속 120킬로미터로 달렸다. 모든 것이 계획에서 어긋나지 않았다. 모든 것이 일상 그대로였다.

컴퓨터, 비밀번호, 채팅창에서 몇 번의 인사. 일을 시작하기 전에 화장실에서의 작은 행사.(너무 자세히 써서 미안!)

만약에 이때 화장실에 앉아 있지 않았다면 내가 어떻게 나의 끔찍한 실수를 발견할 수 있었겠는가? 출근 준비 과정을 거치는 동안 내 두뇌가 만들어낸 이 실수를!

나는 신발을 짝짝이로 신었던 것이다!

어떻게 그걸 몰랐을까? 어떻게? 내 발에 눈길을 주지 않는 습관을 지녔기에 그것을 놓쳤던 걸까? 보통 나는 하늘을, 다른 사람들을, 그리고 꽃과 잔디와 아름다운 차를 바라보며 다닌다. 그런데 발은? 게다가 나의 발인데? 안 돼! 이걸 화장실에서야 발견했다니!

형제자매들이여! 나는 활화산처럼 폭발하는 나의 생각과 감정을 억누르기가 힘들었다. 평소와 다름없던 멋진 순간에 갑자기 내 발이 우스꽝스러운 '틀린 그림 찾기' 문제였음을 알게 된 것이다!

내가 현실을 받아들이는 데는 상당한 시간이 걸렸다. 이것은 내 생애에서 한 번도 상상해본 적 없는 일이었다. 집에서 15킬로미터나 떨어진 비즈니스 센터 4층 화장실에 짝짝이 신발을 신고 있는 내 모습… 그것도 전혀 특별할 일 없는 평일 11시에!

내가 짝짝이 신발을 신고 온종일 돌아다녀야 한다는 사실 외에는, 평소와 전혀 다를 바 없는 하루였다. 나는 눈을 닦고 내 발을 다시 보았다. 마치 내가 잠을 자고 있는 것처럼 느껴졌다. 나는 이 꿈을 어떻게든 바꿔보려고, 또는 이 꿈에서 깨어나려고 애를 썼

다. 나는 내 볼을 꼬집고, 손뼉을 쳤다.

나는 신발가게로 날아가고만 싶었다.(짝짝이 신발을 신고 신발가게로 들어가는 것도 우습긴 마찬가지지만.) 나는 시간을 되돌려 집으로 돌아가서 신발을 바꿔 신고 싶었다. 나는 3주로는 불충분했던 휴식을 내 두뇌에게 주기 위해서 휴가 때로 다시 돌아가고 싶었다. 하지만 나는 여전히 짝짝이 신발을 신은 광대로 무대 위에 서 있었다.

그 순간 이후 무언가가 변했다!

일단, 나는 단정한 여자의 이미지를 의심할 여지 없이 박탈당했다. 한 시간 반 동안이나 낄낄거리는 웃음소리를 피할 수 없었다. 우리는 어린 시절부터 "미소를 다른 사람과 나누라!"는 말을 듣고 산다. 그래서 나의 '획기적인 창작' 이후에 얼마 지나지 않아 우리 편집부 직원들은 모두 함께 배를 잡고 웃었다. 어떤 사람들은 직접 자기 눈으로 이 모습을 확인하고 이 한바탕 웃음을 함께 나누고 싶어서 한 층을 걸어올라오기도 했다.

바뀐 것은 그것만이 아니었다. 실제로는, 모든 것이 바뀌었다.

나는 더는 '평소의 나'가 아니었다. '짝짝이 신발을 신은 나'였다. 내 주변의 사람들은 '내 짝짝이 신발을 힐끗거리는 사람'으로 바뀌었다. 사무실은 '내 짝짝이 신발이 걸어다니는 사무실'이 되었다. 다가오는 미팅은 '내 짝짝이 신발이 중심이 되는 미팅'으로 보였다. 점심을 먹으러 나가는 것은 '누가 내 짝짝이 신을 알아보지 않을까?'라는 실험으로 보였다.

그리고 나의 가장 시급한 작업은 짝짝이 신발을 신고 앉아 〈생각, 여성의 행복을 창조하기〉라는 책에 대한 홍보문을 쓰는 일이었다. 나는 마치 미친 사람이 되어 정신병원의 한가운데 앉아 있는 느낌이었다. 병원장은 편집장이었다! 나는 짝짝이 신발을 신고 앉아 '여자의 행복'이라는 주제에 집중하려고 애쓰고 있었다! 그것은 내가 짝짝이 신발을 신고 있다는 사실을 인정하는 것만큼이나 어렵고 우스꽝스러운 일이었다.

그때, 황금빛 말을 탄 나의 멋진 왕자님이 나타나 그 불명예를 멈추어주었다. 그는 일단 실컷 웃은 다음에, 영웅답게 자기 일을 집어던지고 집으로 가서 내게 제대로 된 신발을 갖다 주었다. 신데렐라의 유리구두는 아니지만, 내가 간절히 기다려온 신발이었다.

이것이 바로 신이 오늘 하루 동안 나의 두뇌를 간지럽힌 방식이었다! 그 교훈은 충격적이었다. 나는 단 하루 동안 다음의 사실을 이해하게 되었다.

1.　나는 패턴에 따라 살고 있다. 물론 내가 로봇이라는 말은 아니다. 아침에 평범한 행동을 할 때, 나의 지성은 쉬지 않는다. 그러나 나는 지금 여기로부터 어딘가 먼 곳에 있다. 삶의 매 순간은 중요하다. 그리고 매 순간 우리에게 주어진 시간은 줄어들고 있다! 그런데 나는 그 시간을 0퍼센트로 살고 있다. 얼마나 끔찍한 일인가! 현재에 존재하지 않는다는 것은 얼마나 끔찍한가! 불행하게도 과거는 이미 지나갔고, 미래는 아직 오지 않았다. 그 둘에는

아무 의미도 없다. 아마도, 평소와 다른 방식으로 매일 아침을 보
낸다면 모든 것이 달라질 것이다. 비단 아침 시간만이 문제가 아
니다. 우리는 삶의 매 순간을 100퍼센트로 살아야만 한다. 그러면
삶은 맛있고 달콤한 것으로 자각될 것이다!

2.　바보 같은 상황보다 더 기쁘고 유용한 것은 없다! 나는 진
지하게 모든 사람에게 짝짝이 신발을 신어보길 권한다. 그러면 그
순간 즉시 두뇌의 모든 능력이 제자리를 찾게 될 것이다. 그때 당
신은 우스운 농담이 펼쳐지는 현실보다 더 실재 같은 것은 없다는
사실을 이해하게 된다.

나는 이런 상황이야말로 당사자로 하여금 자기 자신을 제대로 인
식하게 만든다고 확신합니다. 누구나 이와 비슷한 상황을 겪을 것입
니다. 문제는 우리의 무의식과 습관에 있습니다. 그것들이 문제의 열
쇠입니다. 두뇌는 반응으로 살기 시작하지요. 자극이 오면, 두뇌는
반응합니다.

실생활의 예를 들어볼까요? 상대방이 소리치기 시작하면, 우리도
그에 대한 반응으로 똑같이 소리치기 시작합니다. 곧이어 말다툼이
이어지지요. 그러나 만일 우리가 평범한 반응 대신 그 사람을 껴안고
이렇게 말한다면 어떨까요? "내 사랑, 진정해… 나는 당신을 사랑
해"라고요. 습관에 먹이를 주지 않으면 다툼은 사라집니다. 그 대신
사랑과 기쁨이 찾아올 것입니다.

내 친구 중 하나는 남편과의 관계에 문제가 있다고 불평했습니다.
그들은 결혼한 지 5년이 되었는데, 계속 오해가 일어나서 다툼이 끊

이지 않았지요. 결국 같이 사는 것이 견딜 수 없는 지경이 되었습니다. 문제는 반복되는 반응에 있습니다. 나는 그녀에게 다투는 동안 일상적인 행동 패턴을 따라가지 말고 자기 자신을 지켜보라고 권했습니다. 일종의 유체이탈처럼 몸 밖으로 빠져나가서 옆에서 그 과정을 지켜보라고요. 그러면서 그 문제의 핵심이 무언지 알아차리라고 했습니다. 그런 다음에 몸 안으로 돌아와서 남편과 자신을 위해 전에는 하지 않았던 일탈행동을 하도록 권했습니다.

나중에 그녀가 말했습니다. "이전에는 몇 시간이고 지루한 싸움을 하면서 상처를 받았어요. 하지만 이제 나는 현명해졌죠. 나는 싸움이 시작되자마자 그에게 키스를 퍼붓고 침대로 끌어당기거든요." 그 결과 그들의 싸움은 열정적인 사랑으로 끝을 맺게 되었습니다. 그들은 모든 공격성을 사랑으로 변형시켰지요. 그녀가 습관대로 행동하지 않았기에 문제가 사라진 것입니다. 공격성이나 눈물로 반응하는 대신 사랑으로 반응한 것이지요. 어떤 무기도 사랑 앞에서는 소용이 없습니다.

우화 하나.

한 제자가 붓다에게 물었다. ― 만약에 누군가가 저를 때린다면, 어떻게 해야 할까요?

붓다는 이렇게 대답했다. ― 만약 나무에서 시든 나뭇가지가 떨어져서 그대를 때린다면 그대는 어떻게 할 것인가?

제자가 말했다. ― 뭘 어쩌겠습니까? 그것은 그저 우연히 제가 나무 아래 앉아 있었고, 시든 나뭇가지가 떨어진 것뿐이지 않습니까?

붓다가 말했다. ― 그렇다면 똑같이 하라. 누군가가 제정신이 아닌 상태에서 화가 나서 그대를 때린다면, 그것은 나무에서 나뭇가지가 떨어지는 것과 같은 것이다. 거기에 마음을 빼앗기지 말고 그저 아무 일도 일어나지 않은 것처럼 그대의 길을 가라.

이 우화를 글자 그대로 이해하지는 마세요. 우화는 항상 은유적입니다. 우리는 속뜻을 깊이 들여다보고 이해하는 법을 배워야 하지요. 어떤 사람이 당신에게 소리 지를 때, 그것은 그의 일상적인 습관일 수도 있고 그런 식으로 당신에게 사랑을 요구하는 것일 수도 있습니다. 또는 단지 주의를 끌기 위한 시도일지도 모르지요. 어쨌든 그에게 사랑과 주의를 보내세요. 그러면 당신은 그가 예기치 않게 정원에 핀 아름다운 장미처럼 피어나는 모습을 보게 될 것입니다.

습관과 무의식이 내가 아는 어떤 사람의 목숨을 앗아갈 뻔했던 예가 있습니다. 그녀는 늘 하던 것처럼 백일몽을 꾸며 집으로 돌아가고 있었지요. 그녀는 지금 여기에서 상황을 지켜보고 있지 않았습니다. 단지 습관대로 길을 가고 있었던 것이지요. 그래서 신호등 앞에 멈추어서 파란불이 켜질 때까지 기다렸다 길을 건넜습니다. 건너라는 신호인 파란불에요. 하지만 그 순간 차 한 대가 빨간 불임에도 불구하고 브레이크를 제때 밟지 못하여 그녀를 치었습니다. 그녀는 바닥을 데굴데굴 굴렀고, 다행히도 다리가 부러지는 정도로 그쳤습니다.

습관, 그것이 문제입니다. 그녀는 주변을 둘러보는 대신 파란불만 보고 서둘러 움직였습니다. 신호등이 사람을 치는 것을 본 적 있습니까? 신호등에 왜 그렇게 중요성을 부여합니까? 그 순간에 주변을 살펴보고 적절히 행동했어야 하지요. 그러려면 습관과 고정관념을 청산하는 방법으로써 자각을 발달시켜야 합니다.

아래에 당신 자신의 틀을 넘어서 효과적으로 고정관념을 극복하는 방법이 있습니다. 이 방법들은 모두 내가 직접 실험해본 것입니다. 나는 여러 번이나 이 방법들로부터 도움을 받았지요. 이 연습을 한 이후로 내 삶은 더 밝아지고 더 풍요로워졌습니다. 중요한 점은 새로운 시도를 두려워하지 말라는 것입니다. 그것이 완전히 새로운 것이라고 해도, 그것에 대한 주변 사람들의 시선에 대해서 생각하지 마세요. 당신이 어떻게 하든 그들의 눈에는 별나 보일 것입니다. 모든 사람을 만족시킬 수는 없습니다. 모두가 자기 자신만의 눈으로 당신을 바라보니까요. 아래의 연습이 당신의 기쁨이 되게 하세요! 온전한 당신 자신으로서 존재하세요.

다른 사람들의 승인을 받기 위해 온전히 존재하기를 멈춘다… 이런 가치관에

따라 행동하는 것은 이미 학교에서 질리도록 하지 않았는가?

어느 날 나는 노숙자처럼 옷을 입었습니다. 그냥 흉내만 낸 것이 아니라, 실제로 그런 사람이 되어 그 느낌을 충분히 경험해보고자 했습니다. 나는 일부러 옷을 찢고, 더럽게 만들고, 거기에 양파즙을 뿌리고는 그 옷을 입은 채 길바닥에 누워서 잤습니다. 그리고 다음날 아침에, 당연히 이도 닦지 않은 채로 빈 병을 주우러 그 주변을 돌아다녔지요.

얼마나 특별하고 재밌던지요! 나를 경멸하는 행인들의 모습을 여러분도 봤더라면… 나는 그들의 얼굴에서 생각을 읽을 수 있었지요. '저렇게 젊고 건강한 사람이 어쩌다 저 지경에 이르렀을까?' 그들로서는 나를 바라보는 것이 얼마나 끔찍했을까요?

그날 나는 세상에 대해서 많은 것을 발견했습니다. 다른 사람들과 다르다는 것이 얼마나 힘든지 알게 되었지요. 얼마나 많은 사람이 본질을 보지 못하고 겉모습만 바라보는 데 익숙해 있는지도요. 사실 나는 사춘기 때부터 계속 똑같은 말들을 들어왔습니다. "그 나이에 네가 세상과 인생에 대해 알면 얼마나 알겠니?"

그날 내 마음에는 큰 전환이 일어났습니다. 외모는 중요한 것이 아닙니다. 안에 있는 것이 중요하지요. 내면에 빛과 기쁨을 간직하고, 사람들이 그것을 느낄 수 있도록 하는 것이 중요합니다. 사람들은 종종 안에 무엇이 들어 있는지는 생각지도 않고 아름다운 포장지에만 현혹됩니다. 그러고는 나중에 자신이 선택한 것에 실망하곤 합니다.

만일 당신이 외모를 보고 누군가와 사랑에 빠진다면, 그 사랑은 곧 지나가버릴 것입니다. 왜냐하면, 모든 것은 변하기 때문입니다. 사람들은 나이가 들면서 저마다 다른 방식으로 아름다워집니다.

길을 따라 걸으며 사람들에게 하루종일 사랑에 대해 이야기해보세요. 사람들에게 시를 읊고 노래를 불러주세요. 처음에는 자신의 고정관념이 튀어나오려는 것을 알아차리게 될 것입니다. 하지만 그것을 극복하면, 즐기는 삶이 얼마나 멋진지를 알게 될 것입니다! 사람들에게 사랑에 대해 이야기하고 시를 읊어주는 것은 얼마나 멋진 일입니까! 당신은 지하철에서 아이들에게 동화를 들려주고, 무료로 쇼를 보여줄 수도 있습니다. 이 모든 것이 고정관념과 집단사고를 깨뜨립니다.

길거리에서 "꼬끼오~" 하고 소리 지르고, 한쪽 발로 깡충깡충 뛰어보세요. 이 모든 것이 당신에게 새로운 신경세포의 연결고리를 만들어줄 것입니다. 그리고 또한 자유로움을 느끼게 해줄 것입니다. 당신은 더는 다른 사람이 자신을 뭐라고 생각할지를 걱정하지 않을 것입니다. 그저 삶을 즐길 뿐이지요!

당신은 석고붕대를 하면 신게 되는 신발을 신거나 바보 같은 복장을 입고 밖에 나갈 수도 있습니다. 머리에 쇼핑백을 쓰고 돌아다닐 수도 있고요. 나와 내 여동생은 지하철 벤치에 앉아 상상의 테니스를

친 적이 있습니다. 당신 또한 지하철에서 마술을 할 수도 있고, 심지어는 머리가 떨어져 나갈 만큼 크게 웃을 수도 있지요. 지나가는 사람에게 바보 같은 질문을 던질 수도 있습니다. 영화가 끝날 때 벌떡 일어나 "앙코르" 하고 외칠 수도 있습니다!

여자들이라면, 남자들에게 꽃을 선물해보세요. 비밀을 말하자면, 남자들은 그런 것을 좋아한답니다.

인간관계에 대한 모든 고정관념은 사라져야 합니다. 많은 갈등이 그것으로부터 오기 때문이지요. 세대에서 세대를 거쳐, 그리고 입에서 입을 거쳐 얼마나 어리석은 의무들이 우리까지 전해져 내려왔습니까? 남자들은 가족을 먹여 살려야 하고, 쓰레기봉투를 밖에 내놓아야 하고, 강해져야 합니다. 수천 년 이상 된 관습들이지요. 여자들은 집에 있어야 하고, 요리하고, 아이들을 키우고, 집 안을 청소하고, 남편에게 순종해야 합니다. 나는 성별의 차이를 믿지 않습니다. 나는 영혼은 성별이 없다고 믿습니다.

마음의 고정관념을 따라 행동하는 것이 아니라 가슴 밑바닥에서 우러난 사랑으로써 다른 사람들을 돕고, 서로 지지하고, 모든 금기를 깨뜨려야 합니다. 모든 금기는 인위적으로 만들어진 것이고, 모든 고정관념은 뭔가를 기꺼이 하지 않으려고 하는 나 자신을 위한 핑곗거리입니다. '나는 여자니까 그것은 내 의무가 아니야.' '나는 남자니깐 그걸 하지 않을 거야.'

행복한 인간관계를 원한다면 모든 금기를 전부 떨쳐버리고, 오직 자신의 영혼이 말하는 대로 서로 도우며 모든 일을 함께하세요.

당신은 영화를 거꾸로 돌려볼 수도 있습니다. 이렇게 하면 정신적인 유연함이 발달합니다. 글을 쓸 때는 오른쪽에서 왼쪽으로, 혹은 뒤에서 앞으로 쓰세요. 좋다 나쁘다 평가하지 말고, 거꾸로 시와 소설을 쓰고 그림도 그려보세요. 그저 즐거움을 위해서 그렇게 하세요. 무엇을 하든 전에 하지 않던 방식으로 하세요. 다만 '다른 사람에게 대접받고 싶은 대로 다른 사람을 대접하라'는 규칙을 지키고, 불필요한 문제를 야기하지 않기 위해 국내법의 테두리 안에서만 그렇게 하세요.

　삶을 힘들게 하는 또 다른 멋진 고정관념은 미신입니다. 세대에서 세대를 거쳐 우리의 부모들이 전해온 '조상의 지혜'는 우리를 틀 안에 가둡니다. 이 낡고 불필요한 고정관념은 사실상 프로그램들입니다. 그것들은 어린 시절에 우리에게 주입되었지요. 그리고 삶 속에서 어떤 조건이 충족되면 우리는 그것을 믿고 실행에 옮기기 시작합니다. 예컨대 검은 고양이를 보게 되면 그것이 불운을 뜻한다는 생각이 절로 떠오릅니다. 당신은 그 프로그램을 활성화해서 그 위에 자신의 현실을 건설합니다. 당신은 불운을 향해 당신 자신을 몰아갑니다. 결국 그런 일이 정말로 당신에게 일어나고, 당신은 그 프로그램의 효과를 확인하는 것이지요. '어머니 말씀이 옳았구나.'

　당신 안에 있는 모든 미신을 역추적해서 이런 고정관념들을 제거하는 것이 중요합니다. 그것들을 부수고 다시 프로그램하세요. 어떻

게 하느냐고요? 불운의 징조를 만날 때마다 반대로 "행복이 온다"고 말하세요. 스스로 프로그램을 다시 쓰고, 그것을 자신의 무의식 속에 입력하세요. 그러면 이 징조는 맞아떨어지기 시작하고, 시간이 흐를수록 점점 더 큰 행복을 불러올 것입니다. 부모의 두려움에 따라 살기를 멈추고 마음의 고정관념을 거절하는 것은 단순하면서도 멋진 일이지요.

당신 자신에게로 돌아오세요. 나는 그렇게 했습니다. 우리 가족은 미신을 아주 많이 믿었습니다. 내 머릿속은 미신의 프로그램들로 가득 찼었지요. 나는 그것의 방향을 반대로 돌려놓으려고 애를 써야 했습니다. 여러분은 지금까지 검은 고양이가 길을 가로지르면, 어릴 때 내가 그랬듯이 단추를 꼭 쥐거나 다른 사람이 먼저 그곳을 통과할 갈 때까지 기다렸을 것입니다. 하지만 고양이의 저주 따위는 핑계일 뿐입니다! 모든 것은 마음의 장난입니다. 그것들을 의식적으로 가지고 노는 것이 중요합니다. 당신 스스로 규칙을 만들고, 그것에 따라 사세요.

나는 모든 고정관념과 미신을 반대로 해석하는 것을 나의 규칙으로 삼았습니다. 심지어 666은 내가 좋아하는 숫자가 되었지요. 왜 그런지 설명해볼까요? 오래전부터 666은 사악하고 부정적인 악마의 숫자로 여겨졌습니다. 그러나 이 숫자를 정말 나쁜 것으로 만든 것은 무엇일까요? 아무것도 아닙니다. 그것은 가짜 도그마입니다.

나는 창조주(신)를 믿습니다. 그는 모든 것을 창조했지요. 경전들을 보면 신이 풀잎 하나하나까지 전부 창조했다고 쓰여 있습니다. 그 말은, 곧 신이 666이라는 숫자 또한 창조했다는 뜻입니다. 그렇다면 이 숫자에 무슨 잘못된 구석이 있겠습니까? 신이 만든 것이라면, 왜 우리가 두려워해야 합니까? 단지 사람들의 미신일 뿐, 근거는 아무 데도 없습니다.

내 생각에, 모든 것은 신으로부터 왔습니다. 남김 없이 모든 것이 말이지요. 따라서 모든 것이 내게 기쁨과 행운을 가져옵니다. 오래전에 나는 많은 사람들의 삶을 망친 모든 불운한 징조들이 실은 단지 행복과 번영을 위한 가능성이라고 믿기로 결정했습니다. 당신도 그것들을 다시 프로그래밍할 필요가 있습니다.

깨진 거울, 빈 양동이, 검은 고양이… 이 모두는 행복과 사랑과 돈이 찾아오리라는 징조입니다. 나는 그런 것들을 만날 때마다 행복과 달콤한 일들이 찾아올 징조로 여깁니다! 나는 새로운 프로그램을 짭니다. 그러면 그것은 곧 작동하기 시작하지요. 나의 내면세계는 더 깨끗해지고, 더 아름다워지며, 부정적인 프로그램이 없으니 사랑으로 가득 찹니다. 정말 단순한 원리입니다! 단지 그렇게 하기만 하면 됩니다.

대부분의 사람들이 매일매일 자신을 저주하고 불행과 불운으로 프로그램하고 있다고 상상해보세요. 거울 하나가 깨지면 7년 동안 재수가 없다니! 어린 시절에 나는 이 말을 얼마나 두려워했는지 모릅니다. 그러나 지금은 거울을 백 개라도 깰 수 있지요. 그 각각의 거울

이 7년간의 행복과 사랑과 돈을 보태줄 테니까요.

누구나 이렇게 할 수 있습니다. 더욱 성공하고, 더욱 행복해질 수 있습니다. 모든 불필요한 것들을 집어던지세요. 틀과 금기로부터 벗어나 새롭고 행복한 삶을 시작하는 것이 중요합니다. 그저 삶을 의식적으로 이해하고, 사랑과 기쁨으로써 사세요.

방금 우리는 오랫동안 우리의 삶에 해를 끼쳐온 커다란 댐을 하나 더 무너뜨렸습니다. 이제 우리의 강물의 힘은 더욱 커졌고, 소망을 실현하는 쪽으로 방향을 돌릴 수 있게 됐습니다. 당신의 소망과 생각이 더 빠르게 실현될 것이니 목표를 정확하게 하세요!

자, 이제 마지막 댐입니다. 이전 댐들보다 크지도 작지도 않지만, 더 견고한 댐이지요. 그것은 불평불만의 댐입니다. 삶 전체를 통틀어 우리는 불평불만을 쌓아왔고, 이 댐을 강화해왔습니다. 그리고 그것이 이제는 습관이 되었습니다. 우리는 온갖 이유를 들어서, 심지어 전혀 중요하지 않은 이유로도 화를 내지요.

불평은 우리의 정신 안에 있는 거대한 장벽입니다. 그것은 끊임없이 우리를 과거로 돌려보내고, 같은 감정을 반복해서 경험하게 합니다. 내 생각에, 끊임없이 불평하는 사람들은 등에 거대한 똥자루를 지고 있는 것과 같습니다. 그것은 무겁고 냄새나지만, 던져버리기 어렵지요. 그래서 그들은 평생 악취와 함께 그것을 짊어지고 걸어갑니다.

여러분은 불평이 우리의 에너지에 얼마나 심한 손상을 주는지를 상상하지 못할 것입니다. 불평은 아주 파괴적이지요. 그것은 우리를 내면에서부터 무너뜨립니다. 심지어 암(종양)은 일종의 불평과 부정적인 느낌들의 덩어리로 해석될 여지가 있지요.

　그 모든 것을 흘려보내야 합니다. 이 똥자루를 한 방에, 영원히 날려버리세요. 그리고 편안하고 즐겁게 삶 속으로 걸어가세요! 때때로 우리는 화를 내면서 저세상 사람들에게조차 불평을 늘어놓습니다. 상상해보세요. 지금은 살아 있지도 않은 사람들을 내면에서 계속 붙잡고 있는 우리의 모습을 말입니다.

　그 모두를 용서하고 흘려보내는 것이 중요합니다. 그러려면 어떻게 해야 할까요? 이제 그 해결책에 대해서 이야기해봅시다.

　　당신 외에는 그 누구도 당신을 배신하거나, 공격하거나, 화나게 할 수 없다.

　당신의 삶은 당신 스스로 만들고, 선택하고, 책임져야 할 것입니다. 그렇다면 누가 이 모든 불평불만을 만들었습니까? 당신이 분개하기로 선택한 이 모든 상황은 누가 만들었을까요? 바로 당신 자신입니다. 그렇다면 누구에게 불평해야 할까요? 무엇을 위해서 그래야 하는 것일까요? 우리가 그것을 끌어당겼고, 그래서 우리가 그런 상황을 맞게 된 것입니다. 우리는 이 교훈을 이해하고 나아가야 합니다. 이 똥자루를 벗어 던지고, 가볍게 나아가세요!

　그리고 매번 화가 날 때마다 기억하세요. 일부러 당신을 화나게 하려고 하는 사람은 아마 없을 것입니다. 당신이 뭔가 마음에 들지

않는다고 느끼는 것뿐이지요. 당신은 뭔가에 불필요한 중요성을 부여하기로 결정하고, 그것에 분개하기로 선택한 것입니다. 단지 기억하세요, 당신이 '내가 지금 분개해야 할까 아닐까?' 하고 생각한 그 결과에 따라 그런 일이 일어난다는 것을. 일은 그렇게 일어나는 법입니다! 문제는 '화나게 하는 사람'에게 있는 것이 아니라 당신에게 있습니다. 당신은 늘 자유롭게 선택할 수 있다는 사실을 잊지 마세요.

이 허튼소리에 주의를 기울이지 않기로, 또 중요성을 부여하지 않기로 선택하세요. 그러면 당신은 행복할 것입니다! 당신 외에는 그 누구도 당신의 공격으로 인해 고통받지 않습니다. 오직 당신만이 피해자입니다. 그렇다면 과연 자신에게 상처를 줄 필요가 있겠습니까? 행복하게 삶을 즐기세요!

과거를 꿈처럼 생각하라. 그러면 그것은 당신을 더 이상 괴롭히지 않을 것이다.

과거는 존재하지 않습니다. 단지 기억의 파편만이 있을 뿐이지요. 그저 생각만이 존재합니다. 때로 그것들은 뒤섞이기도 하고, 분명해지기도 합니다. 어쨌든 기억은 한 조각 꿈과 같습니다. 하지만 여러분은 또다시 거기에 불필요한 중요성을 부여하고, 그것이 중요하며 또 진짜라고 믿습니다.

당신의 모든 불쾌함과 당신을 화나게 하는 사람들을 한낱 악몽으로 여기세요. 긴장을 풀고 그런 꿈들에 중요성을 부여하지 마세요. 지금 여기에 존재하세요. 그러면 당신의 삶은 행복이 넘칠 것입니다.

　　나 역시 예전에는 지나치게 예민해서 내게 상처를 준 모든 사람을 기억했습니다. 심지어 블랙리스트까지 갖고 있었지요. 내가 커서 강하고 힘이 세지면, 감히 나를 모욕했던 모든 사람에게 복수하리라 결심했었습니다. 예민한 성격 때문에 상당히 많은 사람들이 표적이 되었지요. 친척들, 학교 친구들, 같은 아파트에 사는 아이들…

　　나는 아버지도 심각하게 오해하고 있었습니다. 오랫동안 아버지에 대해 분개했지요. 아버지의 이런저런 행동이 이해가 가지 않았습니다. 나는 어린 시절부터 쌓인 부정적인 불평불만의 프리즘을 통해서 그와 대화했습니다.

　　그래서 내 영혼이 성장하기 시작했을 때, 나는 그 누구보다 아버지를 제일 먼저 용서했습니다. 나는 아버지와의 관계를 다시 회복하는 것이 중요하다는 사실을 깨달았습니다. 그 이유가 그에게 있는 것이 아니라 내가 아버지를 있는 그대로 받아들이지 못한 데에 있다는 것을 알았으니까요. 매번 나는 아버지의 행동을 내 입장에서만 판단해왔지요. 나 같으면 그렇게 하지 않을 거라는 생각이 그 토대였습니다. 하지만 아버지는 내가 아니잖습니까? 아버지는 단지 내게 나쁜 일이 일어나기를 바라지 않았을 뿐입니다. 오히려 내가 그것을 내 방식대로만 받아들인 것이 문제였지요.

　　내가 진실을 이해하고 아버지를 있는 그대로 받아들여 모든 과거

를 풀어놓았을 때, 아버지와 나의 관계는 회복되었습니다. 나는 부정적인 기억의 프리즘을 통해 그를 바라보지 않았고, 그로써 내 삶은 변화되고 자유로워졌습니다.

나는 나를 모욕한 모든 사람을 머릿속에서 떨쳐냈습니다. 그러자 사랑과 기쁨을 향한 에너지가 생겨났습니다. 마침내 나는 이전처럼 과거에 기초하지 않고, 오직 지금 이 순간에 기초해서 삶이라는 집을 지어 올리기 시작했습니다.

당신의 과거를 현재로 가져오지 마세요. 그것이 부정적인 것이라면 더 말할 필요도 없습니다. 세상을 과거의 프리즘을 통해 바라보면 똑같은 삶이 창조되기 때문에, 당신은 똑같은 물에 두 번 발을 담그게 될 것입니다.

우리를 화나게 하는 사람들은 왔다가 사라진다. 가슴속에 담아놓지 말라. 용서하고 놓아주라. 용서에는 위대한 힘이 있다.

우화 하나.

승려 두 명이 걸어가고 있었다. 강에 다다랐을 때, 그들은 한 여자를 만났다. 그녀는 그들에게 강을 건너게 해달라고 부탁했다.

계율에는 여자의 몸에 손대는 것이 금지되어 있다. 하지만 그럼에도 승려 중 한 명이 그녀를 어깨에 태워서 건너편으로 데려다주었다. 그러고서 승려들은 여행을 계속했고, 그녀도 자신의 길을 갔다.

한 시간쯤 지나 다른 승려가 더는 참지 못하고 물었다. — 왜 그런 짓을 했지? 우리 계율에는 여자 몸에 손대지 말라고 되어 있잖아.

다른 승려가 대답했다. — 나는 한 시간 전에 그녀를 건네주고 내려놓았는데, 너는 아직도 그녀를 짊어지고 있구나.

과거를 내려놓으세요. 그것은 이미 사라졌습니다. 지금 여기의 삶을 즐기세요. 그러면 삶은 당신에게 매 순간 기쁨을 가져다줄 것입니다. 당신은 무겁고 냄새나는 똥자루를 가지고 다닐 필요가 없습니다. 과거는 과거에 남겨 놓고, 가벼운 손으로 나아가세요. 그래야 당신의 삶이 편안해질 것입니다!

선택은 항상 당신의 몫임을 기억하세요. 당신은 똥자루를 계속 지고 가기로 선택할 수도 있습니다. 지금 여기에서 선택하고, 거기에 대해 책임을 지세요. 어떤 결정을 하든, 당신은 완전히 자유롭습니다. 당신의 삶은 당신 자신이 만드는 것입니다.

나는 아주 예민한 사람을 한 명 알고 있습니다. 사람들이 그녀에게 하는 모든 말과 농담이 그녀의 기분을 불쾌하게 하고 고통을 주었지요. 그녀는 고통을 많이 겪었습니다. 그녀는 반년 동안 우울증에 빠져 구석에만 웅크리고 있었습니다. 우리가 알게 된 것은 그 이후였

습니다. 나는 그녀에게 더는 에고의 장난에 놀아나지 말라고 했습니다. 고통을 해결하는 열쇠는 바로 자기 자신임을 이해하고, 모든 것을 그저 용서하고 내려놓으라고 했습니다.

그녀는 일주일 동안 자기 자신을 들여다보았습니다. 그녀는 마음속에서 벌어지는 전쟁을 완전히 바꿔놓고 싶어했습니다. 그래서 그녀는 모두를 용서했고, 나는 처음으로 그녀의 얼굴에서 미소를 볼 수 있었습니다. 놀라웠지요! 변형이 일어난 것입니다! 그 여자는 번데기에서 아름다운 나비로 탈바꿈했습니다. 그녀는 이제 날기 시작했고, 삶을 즐기기 시작했습니다!

예민한 에고의 영향력은 너무나 큽니다. 에고는 고통받기를 좋아하는 우리 안의 어떤 측면을 말합니다. 에고가 강한 사람에게는 작은 농담조차도 비수처럼 꽂히지요. 그러니 에고를 알아차리고, 자기 자신을 더욱 편안하고 유머러스하게 다루는 법을 배우는 것이 중요합니다. 그러고 나면 누군가가 고의로 당신을 화나게 하려고 할 때조차 당신은 거기에 중요성을 부여하지 않게 됩니다. 당신은 아무 일도 일어나지 않은 것처럼 즐기게 될 것입니다!

사랑과 행복의 길을 따라가기 위해서는, 에고를 다루는 연습을 하면서 오랜 세월 동안 쌓인 과거의 모든 불평불만을 내려놓아야 합니다. 이제 우리는 그 작업을 할 것입니다. 무거운 똥자루를 내려놓는 작업 말입니다.

마음속에 당신을 괴롭힌 사람들의 목록을 만들어보세요. 우리는 그들을 용서할 것입니다. 가장 중요한 것은 눈물과 감정을 억누르지 않는 것입니다. 그 모든 감정이 그들과 함께 사라지도록 허용하세요.

누가 어떻게 나를 화나게 했는가를 상세히 적어보세요. 그리고 모든 상황을 인식하고 연구해보세요. 당신이 어떻게 그것을 끌어당기고 창조했는지를 역추적하세요. 그런 다음 가슴 깊은 곳에서 그들을 용서하세요.

다음 연습에서 나는 누구를 먼저 용서하는 것이 효율적인지를 말할 것입니다. 그를 용서하면 다른 사람들은 자동적으로 용서됩니다. 그저 마음속으로 이 연습을 함으로써, 그 상대방들은 물론이고 그들과 관련된 모든 불평의 장벽들도 무너져 내릴 것입니다. 연습 후에도 어떤 불평이 남아 있다면, 당신은 똑같은 방식으로 다시 작업할 수 있습니다.

처음에는 일단 이 과정을 시작하는 것이 중요합니다. '내가 어떻게 내 가족들에 대해 불평을 늘어놓을 수 있겠어?' 하고 자신을 정당화하지 마세요. 이 과정 안으로 깊숙이 들어가서 가장 세밀한 기억까지도 떠올려보세요. 호흡이 편해지면서 그 사람(가족 일원)과의 소통이 편안해질 것입니다.

용서 연습 (MP3 track 1) ※ 정신세계사 홈페이지(www.mindbook.co.kr)에서 다운로드

우선 어머니를 용서합시다. 그녀를 마주하면서, 우리는 여자와 관련된 모든 불만을 용서할 것입니다. 어머니는 우리를 낳아주고 길러주신, 우리와 가장 가까운 여자입니다. 우리는 갓 태어나 젖을 먹으면서부터 어머니의 영혼을 흡수했지요. 어머니는 우리를 영혼과 사랑에 연결시켜주는 존재입니다. 그녀를 용서하세요. 그러면 우리는 이런 특질들과의 연결성을 회복하게 됩니다.

눈을 감고 충분히 이완하세요. 눈을 감고 어머니에 관한 모든 불만을 떠올리십시오. 말다툼과 오해들, 우리가 해결할 수 없었던 온갖 갈등… 그 모두를 상세히 떠올려보세요.

그런 다음, 눈앞에 어머니가 계시다고 상상해보십시오. 어머니가 이제 저세상에 계시더라도, 그녀를 떠올리고 가슴 깊은 곳에서 우러나는 말을 전하십시오. 그녀의 눈을 바라보며 말하세요.

"어머니, 당신을 용서합니다. 어머니, 사랑합니다."

그리고 마음속에서 그녀를 껴안으십시오. 울고 싶으면 우세요. 당신 자신을 풀어놓으세요. 그 밖의 모든 것이 흘러나오도록 허용하세요.

어머니를 용서한 다음, 계속 나아갑니다.

다음으로 우리는 아버지를 용서합니다. 아버지의 얼굴을 바라보며 우리에게 상처를 주고 고통을 겪게 한 모든 남자를 용서합니다. 아버지는 우리에게 남성의 상징이며, 물질세계와 경제적 풍요의 연결고리입니다. 아버지를 용서하면 돈과의 관계를 회복할 수 있습니다.

눈을 감고 충분히 이완하세요. 이제 눈앞에 아버지의 눈이 보입니

다. 우리는 아버지의 눈을 들여다보면서 아버지가 우리를 화나게 했
던 때와 아버지와의 대화가 불가능했던 모든 순간을 떠올립니다. 우
리는 그때 일어났던 모든 감정을 세밀하게 떠올립니다. 우리는 아버
지의 눈을 들여다보며, 가슴 깊은 곳에서 우러난 진실한 말을 전합
니다.

"아버지, 당신을 용서합니다. 아버지, 사랑합니다."

그런 다음 마음속에서 아버지를 껴안으세요.

다음으로 용서할 사람은 우리 자신입니다. 우리의 모든 실패와 모
든 잘못을 용서합시다. 그 당시에는 다른 식으로 행동할 수 없었기
때문에 그렇게 했었다는 사실을 기꺼이 받아들여야 합니다.

눈을 감고 충분히 이완하세요. 그리고 우리 자신의 눈을 상상해봅
니다. 우리는 모든 것을 세밀하게 회상합니다. 우리 자신에 대한 모
든 불만, 그리고 우리가 내려놓고자 하는 모든 것을 떠올립니다. 상
상 속에서 자신의 눈을 들여다보면서 가슴 깊숙이 이렇게 말합니다.

"나를 용서합니다. 나를 사랑합니다."

그리고 마음속으로 자신을 껴안으세요.

우리는 마지막으로 신을 용서합니다. 우리는 문제가 있을 때나 삶
을 방해하는 사건을 겪거나 가까운 사람들이 죽을 때, 또는 여러 불행
한 경우에 신을 비난하곤 합니다. 그렇게 우리는 신에게서 등을 돌립

니다. 우리는 신과의 이런 관계를 회복할 필요가 있습니다. 우리는 모든 사건이 우리의 선택이었으며 우리가 스스로 그것을 끌어당겼음을 이해해야 합니다. 신을 용서하고, 불평을 내려놓는 것이 중요합니다.

눈을 감고 충분히 이완하세요. 내면의 눈으로 신을 떠올립니다. 누구나 신에 관한 자신만의 이미지를 가지고 있습니다. 당신에게 적당한 이미지를 고르세요. 우리는 신을 비난했던 모든 문제를 세밀하게 회상합니다. 신에 대한 모든 분노를 떠올리세요. 그런 다음 가슴 깊숙이 그를 용서합니다. 사랑을 담아 이야기하세요.

"신이시여, 당신을 용서합니다. 신이시여, 당신을 사랑합니다."

그를 마음으로 껴안고 그와 하나가 되세요. 이 순간부터 신은 우리와 함께하며 어려운 순간마다 우리를 도와줄 것입니다.

가까운 사람들을 용서하는 데서 한 발 더 나아가, 조금이라도 불만의 대상이 되는 모든 사람을 용서하세요. 남편, 아내, 형제자매, 그리고 그 밖의 다른 사람들로 넓혀가세요. 기쁨과 사랑으로써 이 연습에 임하고, 모든 짐은 과거에 놓아두세요.

자, 이제 모든 댐이 무너졌고 우리의 강은 세차게 흐릅니다! 강물이 자갈과 햇살을 즐기며 마음껏, 자유롭게 흐릅니다. 자유로움과 거대한 에너지가 우리를 가득 채우기 시작합니다.

정말 멋진 일이지요! 우리는 이 에너지를 치유와 소망의 성취를 위해 사용할 수 있습니다. 당신은 삶을 지금 이대로의 모습을 창조하고 있는 주체가 바로 자기 자신임을 알고, 그저 삶을 즐기기 시작합니다. 당신의 삶은 지루하고 우울한 것에서 밝고 아름다운 것으로 바꿉니다! 당신은 스스로 태양이 되어서 무지갯빛으로 반짝이는 삶을 살기 시작합니다.

지금 이 순간부터, 삶은 당신에게 달려 있습니다. 자신의 삶을 책임짐으로써, 당신은 삶을 영원히 변화시킨 것입니다.

다시 한 번 기억하세요. 모든 것은, 절대로 모든 것은, 오직 당신 손에 달려 있습니다.

제2장

명상 — 작은 '나'의 한계를 넘어

어딘가 다른 곳에서 기적을 찾는 것을 멈추라. 거울로 다가가 미소 지으라! 세상에서 가장 큰 기적은 바로 당신이다.

명상이란 활력 충만한 가솔린 실린더를 갖춘 스포츠카의 엔진입니다. 나에게 명상은 특별한 의식 상태에 들어가는 것을 뜻하는데, 그 상태에서 나는 조건 없는 사랑을 방사하고 우주와 온전히 하나로 녹아듭니다. 그러고 나면 나의 꿈은 '비탈리 기베르트'의 것이 아니라 우주 그 자체의 것이 됩니다. 내가 온 우주와 하나가 되었기 때문입니다.

명상은 어떤 꿈이라도 그것이 빨리 실현될 수 있게 도와줍니다. 이런 조건 없는 사랑의 상태, 황홀경, 하나됨과 기쁨의 상태에 들어가는 순간, 당신은 가장 높은 주파수의 에너지로 가득 찹니다. 당신이 그 에너지를 자신이 바라는 것에 쏟으면 그것은 아주 빠르게 실현됩니다. 왜냐하면 온 우주가 그것을 원하기 때문이지요.

스포츠카의 엔진에 왜 활력 충만한 가솔린 실린더를 갖다 붙였을까요? 당신이 원하는 것을 아주 빠르게 얻을 수 있기 때문입니다. 당신의 생각은 아주 빨리 물질화됩니다. 명상의 도움으로 당신은 어떠

한 과정도 가속화할 수 있습니다. 생각의 물질화든, 공부든, 혹은 자가 치유든, 명상 상태에서는 모든 것이 훨씬 더 쉽고 단순해집니다.

명상은 당신과 온 세상 사이의 분별을 흐리게 하는 것이다. 오직 당신 외에는, 그 어떤 것도 당신을 속이거나 배신하거나 상처를 주지 못한다. 당신은 온 우주처럼 사랑하고 창조하고 살고 즐기기 시작한다. 온 우주가 바로 당신 안에 있음을 인식하면서.

명상 상태에서 세상은 변화하여 다채로운 빛으로 가득 찹니다. 당신의 느낌은 매 순간 예리해집니다. 당신은 더 잘 듣고, 보고, 느낍니다. 그것은 모든 측면에서 작동하는 일종의 가속기와 같습니다. 기억력도 더 잘 작동하기 시작합니다. 외국어를 배우고 싶다면, 혹은 뭔가 중요한 것을 기억하고 싶다면, 명상 상태가 도움이 될 것입니다.

당신이 자기 자신과, 또한 세계와 하나된 상태에 있을 때, 즉 당신이 명상 상태에 있을 때는 두뇌의 좌우반구가 동시에 작동하기 시작한다는 데 명상의 비결이 있습니다. 두뇌의 좌우반구는 똑같이 작동하면서 조화를 이룹니다. 그런 상태에 있을 때, 두뇌는 문제를 문제로 받아들이지 않고 몇 가지 즉각적인 해결책을 찾습니다. 그래서 명상을 많이 하는 사람들은 항상 즐겁고 생명력으로 가득 차 있습니다.

이 장에서 우리는 이 놀라운 의식 상태에 어떻게 쉽고 빠르게 들어갈 수 있는지에 관해 이야기할 것입니다. 그리고 우리는 말로만 하지 않을 것입니다. 매일매일 명상의 기술을 발달시키고 새로운 삶을 즐기게 하는 연습과제가 충분히 제공될 것입니다.

말보다 행동을 앞세우기 위해서, 지금 당장 연습을 시작하기로 합시다. 마법사와 평범한 사람들 사이의 유일한 차이점은 마법사들이 명상을 많이 그리고 열심히 한다는 것입니다. 그들은 자기 자신에 대해 많은 작업을 합니다. 그리고 우리는 그것이 생각만큼 무거운 짐이 아님을 알게 될 것입니다. 그것은 커다란 기쁨이자 황홀경입니다. 게다가 5분에서 10분간 명상을 하면 마치 세 시간 동안 숙면을 취한 것처럼 기운을 보충할 수 있습니다. 우리의 몸이 그렇게 구조화되어 있으니까요. 그러니 연습하고, 연습하고, 한 번 더 연습하세요.

우선 이완이 중요한데, 이완 없이는 어떤 명상도 불가능합니다. 불행하게도 이완하는 법을 오래전에 잊어버린 사람들이 많습니다. 우리는 야단법석을 하고 뛰어다니며 스트레스를 받습니다. 몸은 스트레스를 받거나 두려움을 느끼면 긴장하고, 그래서 에너지가 자유롭게 흐르는 것을 막습니다. 그래서 우리는 힘을 잃게 되고, 삶의 기쁨도 잃게 됩니다.

그래서 첫 번째 연습은 이완을 위한 것입니다. 이완은 아주 중요합니다. 나는 여기에서 이완하는 법을 자세히 설명할 것입니다. 부록의 명상 음원을 듣거나, 음원이 없더라도 혼자서 명상을 시작하세요.

더 미루지 말고 바로 연습을 시작합시다.

이완 연습 (MP3 track 2)

편안하게 앉습니다. 손과 발이 교차되지 않도록 하고, 등을 똑바로 세웁니다. 양손은 손바닥이 위로 가게 하여 무릎 위에 놓습니다. 이것은 수용하는 자세입니다. 이제 눈을 감습니다.

숨을 깊이 들이쉬고, 내쉬면서 모든 생각을 흘려보냅니다.

숨을 깊이 들이쉬고, 내쉬면서 온몸을 이완합니다. 몸에게 직접 명령하세요. "이완하라. 이완하라."

숨을 깊이 들이쉬고, 내쉬면서 왼쪽 발에 주의를 모으고 그곳을 따뜻하고 밝은 노란 빛으로 채우기 시작합니다. 왼발이 이완되면, 주의를 왼쪽 다리를 따라 위로 올려보내서 정강이와 종아리를 이완합니다. 그곳을 따뜻한 노란 빛으로 가득 채웁니다.

이제 더 위로 올라가 왼쪽 무릎을 이완합니다. 왼쪽 허벅지와 엉덩이도 이완합니다. 왼쪽 다리 전체가 온전히 이완됩니다.

왼쪽 다리 전체가 이완되었습니다. 우리가 아름다운 따뜻한 기분을 한가득 느낄 때, 우리 몸의 모든 세포는 스스로 조정되고 재생됩니다. 온몸이 내면의 기쁨으로 진동하기 시작합니다.

이제 우리는 골반을 이완시킵니다. 골반을 제대로 이완하는 것이 중요합니다. 이 부위는 성적 건강과 몸의 건강을 함께 맡고 있습니다. 그래서 이 부위에서 에너지가 정체되는 것은 바람직하지 않습니다.

우리는 골반을 이완하고 기쁨의 느낌으로 가득 채웁니다. 그 안으로 온전히 들어가서 막힌 곳을 풀어줍니다.

골반이 이완되었으면, 이제 오른쪽 발로 주의를 보내서 그곳을 이완하기 시작합니다.

더 위로 올라가 오른쪽 다리의 정강이와 종아리를 이완합니다. 그곳을 기분 좋고 따뜻한 노란 빛으로 채웁니다.

오른쪽 무릎을 이완합니다.

오른쪽 다리의 허벅지와 엉덩이를 이완합니다.

자, 이제 몸의 아랫부분이 다 이완되었습니다.

이제 우리는 상체를 이완할 것입니다.

아랫배를 이완합니다. 뱃속의 모든 장기를 이완합니다.

가슴을 이완합니다. 그곳을 기분 좋고 따뜻한 빛으로 가득 채웁니다.

등을 이완합니다. 척추를 따라 주의를 올려보내면서, 척추가 똑바로 세워지며 위로 쭉 뻗는다고 상상합니다.

어깨와 팔을 차례로 이완합니다.

그다음에는 목을 아주 충분히 이완합니다. 하루종일 쌓인 모든 부정적인 느낌이 이 부위에 쌓이기 때문에, 목을 이완하는 것은 아주 중요합니다. 우리는 목을 아주 주의 깊게, 확실히 이완합니다. 그곳을 빛과 기분 좋은 느낌으로 가득 채웁니다.

그런 다음 머리를 이완합니다. 얼굴의 근육들을 이완합니다. 우리가 평상시에 사용하고 있는 가면들이 이완되어 사라지고, 밝은 미소가 얼굴에 떠오릅니다.

이제 우리는 완전히 이완되었습니다. 우리는 빛으로 가득 차 있습니다. 오직 온전한 우리 자신만이 남아 있습니다.

우리는 진실하게 모든 것의 창조주인 신, 혹은 우리가 믿는 어떤 존재에게 감사를 드립니다. 우리가 삶에서 가지게 된 모든 좋은 것들에 대해서 감사를 드립니다. 내가 가진 것들에 대해서 나 자신에게 감사를 드립니다. 진실하게, 가슴 깊숙이 우러나는 감사를 드립니다.

이제 숨을 내쉽니다. 길게 숨을 내쉬면서, 힘과 기쁨과 좋은 기운이 가득한 상태에서 눈을 뜹니다.

충분히 이완되었나요? 멋지지 않습니까?

축하합니다. 당신은 명상의 첫 단계를 배웠습니다! 이제 당신은 쉽고 빠르게 스트레스를 해소하고 매일 기분 좋은 분위기에 젖을 수 있는 마법의 세계에 발을 들여놓은 것입니다. 이 연습을 매일매일 하세요. 그러면 날마다 당신은 건강이 좋아지고, 정신이 예리해지고, 가슴이 사랑으로 가득 차는 것을 느끼게 될 것입니다.

내가 명상이라는 놀라운 과학을 어떻게 알게 되었는지, 그리고 이것으로부터 어떤 도움을 받았는지를 알려드리겠습니다. 내가 여러 마법학교를 전전하던 시절에, 명상은 숨겨져 있는 신비한 어떤 것, 오직 선택받은 사람에게만 허락된 것으로 보였습니다. 스승들이 그런 식으로 설명하는 바람에 실체를 알기가 어려웠습니다. 매번 연습하려 하면 할수록 믿음과 소망은 더욱 줄어들었습니다.

마침내, 나는 이 예술을 나 혼자서 배워야 하며 어떠한 스승도 내가 혼자 터득해야 할 것들을 알려줄 수 없다는 사실을 깨닫게 되었습

니다. 나의 힘을 열어줄 열쇠는 나 자신뿐이었지요. 그것은 오직 나
자신만이 내면에 귀를 기울임으로써 찾을 수 있는 것이었습니다.

　그래서 나는 혼자 연습하기 시작했습니다. 그런데, 아, 놀라워라!
명상은 내가 닿을 수 없는 무언가가 아니었습니다. 그것은 몸의 자연
스러운 기능이었습니다. 그저 나 자신의 몸을 생생히 느끼면서 근육
들을 이완하는 것이 전부였습니다. 이때 우리는 좀 떨어져서 우리 자
신의 몸을 관찰해야 하며, 거기에 특별한 중요성을 부여하지 않아야
합니다.

　여러분은 그때 내가 얼마나 놀라운 황홀경을 경험했는지 상상도
할 수 없을 것입니다. 기쁨이 샘솟고, 형언할 수 없는 감정이 휘몰아
쳤습니다. 나는 그런 상태에서 공원을 걸었는데, 바람에 움직이는 잔
디를 바라보니 마치 그것들이 살아 움직이며 내게 말을 거는 것 같았
습니다. 모든 것이 평소보다 더 밝게 빛났습니다! 모든 사물이 생생
히 살아 있고, 기쁨으로 가득했습니다. 그 순간 나는 햇살 하나하나
가 내 몸을 관통하는 것을 느꼈습니다. 단지 지금 숨을 쉬며 살아 있
다는 사실만으로 나는 그토록 고양되었습니다. 그때 나는 많은 문젯
거리를 끼고 있었지만, 문득 그 모두가 사라진 것 같았습니다. 나는
마치 겨울잠에서 깨어난 봄날의 곰처럼 생기로 가득했습니다. 나는
세상을 보았습니다. 마침내 '진짜' 세상을 본 것입니다! 그것은 환상

적이었습니다.

북미 원주민은 사람이 이 세상에 올 때는 깨끗한 종이 한 장과 같은 존재라는 믿음을 갖고 있습니다. 완벽하게 깨끗한 종이 말입니다. 그러나 살면서 그 종이 위에 많은 것들이 기록되고, 마침내는 그 종이가 자기 자신을 감싸는 고치처럼 됩니다. 눈앞에 거울이 하나 나타나서 자기 자신 외에는 어떤 사람도 어떤 사물도 제대로 볼 수 없게 만듭니다. 우리가 진짜 세상을 바라보려면 이 거울을 치워버리고 고치에서 벗어나야 합니다. 그때 당신이 세상을 향해 열리는 것이지, 세상이 당신에게 열리는 것이 아닙니다.

바로 그런 일이 나에게 일어났습니다. 마침내 나는 세상을 향해 열렸습니다. 그 결과, 세상은 내게 모든 아름다움을 보여주었습니다. 세상은 믿을 수 없을 만큼 놀랍고 아름다웠습니다! 우리는 단지 명상을 함으로써 우리 눈앞에서 거울을 치워버려야만 합니다.

나는 이 모든 경험이 너무나 기분 좋게 느껴졌고, 이 방법이 잘 통한다는 확신과 용기를 얻었습니다. 나는 매일 명상을 하기 시작했고, 성격이 매우 온화해졌습니다. 이전에는 감정이 기쁨과 분노 사이를 오락가락했는데, 이제는 늘 고요함의 은총 안에 있습니다. 이 느낌은 마법에 홀린 듯한 기쁨과 같습니다! 매일매일 즐거움을 만끽하는 것은 믿을 수 없을 만큼 멋진 일입니다.

나는 두려움 없이 세상 속으로 들어가기 시작했습니다. 세상은 나에게 더 이상 위험하지 않았습니다. 세상은 나의 가장 친한 친구이자 동맹군이 되었습니다. 그때 나는 온 우주가 나의 길을 돕고 지원하고 있음을 분명히 깨달았습니다. 여전히 내게는 정리해야 할 것들과 열어야 할 가능성이 있었지만, 나는 이제 혼자가 아님을 느꼈습니다.
온 세상이 나와 함께 있었습니다.

사람들은 누구나 머릿속에 수많은 문제의 해결책을 가지고 있다. 사람들은 누구나 하나의 온전한 우주이다. 당신의 문제에 관한 해결책이 이 우주 안에 없다고 생각하는가? 당신의 내면으로 깊이 들어가라. 그러면 늘 찾고 있던 그것을 발견하게 되리라.

그것이 바로 내가 한 일입니다. 나는 내 안으로 깊이 들어가 그 순간에 나를 괴롭히던 문제들의 생생한 해답을 발견했습니다. 명상을 통해서 나는 그 많은 문젯거리가 어디에서 왔는지를 알게 되었습니다. 나는 나 자신이 내 현실을 창조했음을 이해했고, 나 이외에는 그 누구도 거기에 책임이 없음을 알았습니다. 가장 중요한 점은 모든 것을 바로잡는 법을 이해했다는 것입니다. 명상 중에 마치 깨달음처럼, '죄'를 씻어내고 삶을 깨끗한 종이 위에 새로 시작하는 방법이 내게 찾아왔습니다.

그 당시 나는 여전히 죄를 믿고 있었습니다. 명상 중에 나는 죄의식이 어린 시절부터 내게 주입되었음을 알아차렸습니다. 천국과 지옥, 선과 악에 대한 개념들… 내 머릿속에서 세상은 흑과 백으로 나

뉘어 있었고 이 양극이 끊임없이 서로 싸워왔던 것입니다. 거기엔 조화가 없었습니다. 나와 세상 사이의 싸움은 결코 멈추지 않았습니다. 하나님의 영광을 위해서 누군가는 착한 존재일 수 없었고, 그래서 그는 벌을 받아야 했습니다. 이런 모든 관념이 어린 시절부터 내게 주입되었습니다. 그리고 내 안에서 작동된 이런 프로그램들에 따라 나는 살아왔던 것입니다.

나는 그 프로그램들이 나의 것이 아니라 나에게 강요된 것임을 이해하기 시작했습니다. 명상하는 동안 나는 그것들을 삭제했습니다. 나는 마음속에서 그것들이 빛으로 용해되어 사라지는 모습을 상상했습니다. 나는 내가 좋아하는 대체 프로그램들을 입력했고, 그것들은 내가 제대로 살도록 도와주었습니다.

그때 이후로 나는 죄라는 개념을 믿지 않습니다. 나는 오직 하나의 규칙만을 갖고 있는데, 그것은 나를 두렵게 하지 않습니다. 단지 자각의 느낌을 보태줄 뿐입니다. 그 한 가지 규칙은 이러합니다. — "당신이 대접받고자 하는 대로 사람들을 대접하라." 이 규칙을 기반으로 당신은 자신이 세상과 하나로 연결되어 있음을 이해할 수 있습니다. 당신은 세상과 하나이자 그 전체입니다. 그러므로 당신은 누군가를 죽이거나, 뭔가를 훔치거나, 당신이 원하지 않는 바를 다른 사람들에게 행하는 일을 저지르지 않습니다. 대신 당신은 순수하고 친절한 태도로써 살아 있는 모든 것을 사랑으로 대하기 시작합니다.

명상은 나에게 많은 이득을 주었습니다. 명상 덕분에 '분리'라는 환상이 사라졌습니다. 온 세상은 촘촘히 엮여 있어 따로 분리될 수 없는, 하나의 커다란 덩어리로 존재합니다. 나는 아주 미묘한 측면에서는 우리 모두가 연결되어 있음을 이해하기 시작했습니다. 끊임없이 나와 싸워온 사람들조차 이해하기 시작했습니다.

우리는 하나로 연결된 몸체의 서로 다른 일부입니다. 우리의 몸을 살펴보세요. 모든 장기가 조화롭게 작동하고, 서로가 서로를 도우며 서로를 완성합니다. 간이 콩팥과 싸운다고 상상해보세요. 그러면 온 몸이 그것 때문에 고통받을 겁니다. 지금 세상에서는 마치 그와 같은 일들이 벌어지고 있습니다. 다른 사람에게 고통을 주면, 사실은 당신이 먼저 고통받습니다.

당신이 누군가에게 해를 입히고 모욕할 때, 당신은 이 감정과 고통을 가장 먼저 경험합니다. 당신이 모욕하려고 했던 사람은 마지막에야 그것을 받습니다. 결국 우리는 우리 자신에게 가장 나쁜 일을 하는 것입니다.

명상을 하세요. 그러면 당신은 이 단순한 사실을 쉽게 이해하게 될 것입니다. 우리는 더는 다른 사람의 규칙에 따라 살지 않게 됩니다. 우리는 더 현명해지고, 더 나은 선택을 하며, 더 깊은 본질을 이해하게 됩니다. 무엇보다도 모든 책임이 자기 자신에게 있음을 이해하는 성숙한 태도로 살게 됩니다. 잘 살고 싶다면, 순수한 가슴으로써 더 현명하게 살아야 합니다.

바로 지금, 나는 천국과 지옥이라는 신화를 깨뜨리고 더 이상 그

것을 두려워하지 말도록 여러분께 권합니다. 명상을 통해 이 문제를 탐구하면서, 나는 이 우주에 헤아릴 수 없이 많은 차원의 세상들이 있음을 알게 되었습니다. 가장 낮은 주파수에서부터 가장 높은 주파수에 이르기까지, 다양한 에너지를 가진 다양한 세상이 있습니다. 어떤 곳은 지옥과 같고, 어떤 곳은 천국과 같습니다. 하지만 우리가 관습적으로 알고 있는, 죄를 지으면 가게 된다는 그런 곳은 실재하지 않습니다. 살아 있을 때 당신이 주로 머물렀던 주파수의 동조 현상에 의해서 죽은 다음에도 그와 비슷한 곳으로 가게 되는 것뿐입니다. 만약 늘 화가 나고 공격적이고 고통에 시달린다면, 아마도 당신은 지옥과 비슷한 세상에 가게 될 겁니다. 이것은 단지 주파수의 문제입니다. 나쁜 것도 좋은 것도 아닙니다. 다만 스스로 그렇게 살기로 선택했을 뿐입니다. 그러나 당신이 항상 삶을 즐긴다면, 매일매일 즐거움 속에 머문다면, 순수한 마음과 사랑으로써 삶을 가득 채운다면, 그 결과 당신은 천국과 유사한 곳으로 이끌리게 될 것입니다.

하지만 아무것도 두려워할 필요가 없다는 사실을 기억하세요. 중요한 점은 지금 우리가 어떻게 살고 있는가를 자각하는 것입니다. 사후세계는 어디까지나 나중의 일입니다. 충만한 가슴으로 사랑과 함께 지금 이 순간을 사세요. 해가 뜨고 지는 것을 즐기세요! 햇살 한 가닥 한 가닥과 날마다 바뀌는 달의 모양새를 즐기세요! 가까운 사람들과 기뻐하고, 삶을 행복으로 가득 채우세요!

자만심이 있는 한, 당신은 눈멀어 있다. 다른 사람보다 우월하다고 생각하는 한, 당신은 귀먹어 있다. 두려워하는 한, 당신은 벙어리이다. 눈을 뜨고 주위를 둘러보라. 당신 자신과 이 세상이 하나임을 느끼라. 세상을 향해 말하라. "사랑합니다!" 그리고 수백만 번 되돌아오는 메아리를 들으라.

    오랫동안 나는 종교마다 왜 그렇게 서로 다른 기도법이 있는지를 이해하려고 애썼습니다. 또한 만트라(주문)는 무슨 의미인지, 최면 상태의 황홀경이란 어떤 것인지, 그것이 명상과 유사한지 아닌지를 파악하려고 했습니다. 그리고 경험을 통해서, 나는 그것들이 동일한 상태를 서로 다른 말로 묘사한 것에 불과함을 알게 되었습니다. 황홀경, 기도, 또는 명상 중에 두뇌는 선잠에 든 것과 같은 의식의 특별한 상태에 들어가는데, 그때는 내면과 외면의 경계가 모호해지고 모든 것이 한 덩어리가 됩니다. 이 상태에서 어떤 계시나 지식을 받고 상징을 보는 사람들이 있는가 하면 그저 지복과 황홀경만을 누리는 사람들도 있습니다. 어쨌든 이 모든 표현은 같은 경험을 서로 다른 프리즘을 통해 묘사한 것입니다.

    누구에게 기도하는가는 중요하지 않습니다. 명상을 하든 기도를 하든, 그것 또한 중요하지 않습니다. 정말 중요한 점은 오히려 오래 전부터 잊혀졌습니다. 명상은 기계적으로 하는 것이 아닙니다. 신의 힘에 합류하기 위해서는 무엇보다도, '진지하게' 기도하고 '진지하게' 명상해야 합니다. 마음을 열고 마음의 모든 판단에서 자유로워지

세요. 가슴으로 하세요. 마치 뭔가 거대한 것이 당신을 통해 명상하는 것처럼요. 진지함이야말로 성공의 열쇠입니다. 명상에서든, 삶에서든 말이지요.

내면의 잠재력을 열고 초능력을 발달시키고자 하는 사람들에게는 명상이 가장 좋은 도구입니다. 명상 상태는 초감각적 지각을 가능케 합니다. 하지만 나는 오직 그런 능력만을 추구하는 사람들에게 그것에 집착하지 말도록 경고합니다. 내면의 잠재력을 여는 것 자체는 우리의 목표가 아닙니다. 그것은 단지 지금보다 '좀더' 큰 존재가 되고자 하는 철없는 소망일 뿐이지요. 그러나 명상 중에 당신은 '최대한의' 당신이 됩니다. 우리는 보통의 '작은 나'로부터 '온 우주로서의 나'로 바뀝니다. 이런 상태로 계속 살아가는 것이야말로 우리의 진정한 목표입니다.

나는 이런 무한하고 황홀한 행복감을 추구하는 대신 더 강력하거나, 힘이 세거나, 다른 사람보다 앞서 가거나, 유능한 사람이 되기 위해 두뇌를 혹사하는 사람들에게 다음과 같이 말하고 싶습니다. 나 또한 그런 사람이었고, 그와 똑같은 욕구로부터 출발했기에 그 마음을 충분히 이해할 수 있다고요. 실제로 이런 소망은 우리를 이끄는 등대와도 같습니다. 그것은 자석처럼 많은 사람을 끌어당기지요. 하지만 우리는 더 귀한 것과 부차적인 것을 분별할 줄 알아야 합니다.

유령을 보고, 과거와 미래를 알아맞히고, 사람들을 치유하고, 텔레파시를 하는 초능력은 어떤 일이 있어도 매 순간 온전히 행복할 수 있는 능력에 비하면 아무것도 아니다.

처음에 이 여정을 시작할 때, 나는 힘을 추구했고 강력한 사람이
되고 싶었습니다. 다른 사람들과는 다른, 대중들과는 다른 뭔가 특별
하고 독특한 사람이 되는 것이 나의 바람이었습니다. 게다가 나는 모
든 사람에 대해, 모든 것에 대해 알고자 했습니다. 벽을 꿰뚫어 보고,
생각을 읽고, 손대지 않고 물건을 움직이려고 했습니다. 나는 이런
모든 능력을 계발하려고 애를 쓰고, 열심히 수행하고, 온갖 훈련을
했지만 아무 결과도 얻지 못했습니다. 나는 실망했고, 왜 내가 실패
했는지를 이해하지 못했습니다. '그런 능력은 특별히 선택받은 사람
들에게만 주어지는 것일까? 왜 나에게는 주어지지 않을까? 내가 특
별하지 않다는 뜻인가?' 나는 더욱 노력했지만, 별 의미가 없는 약간
의 성공을 거두었을 뿐입니다.

나는 심지어 내 목숨을 걸고, 내 심장을 멈추었다가 다시 뛰게 해
줄 응급의학과 의사를 찾아보기도 했습니다. 그런 식으로 의학적인
죽음을 경험해보면 색다른 능력들을 얻게 되리라 기대했던 것이지
요. 당시 내 머릿속은 그런 엉뚱한 생각들로 가득 차 있었습니다.

나는 그런 능력들을 계발함으로써 더 강하고 현명한 존재가 되리
라고 생각했는데, 결과적으로 그것은 오히려 나를 어리석게 만들고
고통을 주었습니다. 그래서 나는 이 전략이 아무런 효과가 없다면 내
가 뭔가를 잘못 생각했음을 깨닫게 되었습니다. 나는 전략을 수정했

습니다. 지금껏 말한 내용들처럼, 단지 내 한계를 무너뜨리고 내면의 댐을 부수기 위해서 명상하기 시작했습니다. 나는 기쁨과 삶의 즐거움을 느끼기 시작했습니다. 그런데, 아, 놀라워라! 내가 나 자신을 들볶는 일을 멈추자 그토록 원했던 힘이 내게 주어졌습니다.

나 자신을 세상에 내어주고 세상과 하나로 녹아들자마자, 나는 무한한 힘을 얻었습니다. 그저 댐을 무너뜨리는 것만으로 충분합니다. 그러면 내면의 강이 자신의 모든 능력을 드러낼 것입니다. 그것은 태어날 때부터 우리 내면에 숨겨져 있었습니다. 그것들은 스스로 발달하며 점점 더 예리해졌습니다. 능력을 얻는 데 초점을 맞추는 것을 멈춤으로써 나는 올바른 길로 인도받았고, 더 큰 아름다움과 기쁨을 경험했습니다. 특별한 능력은 단지 부수적인 것에 불과하므로 목표 그 자체가 될 순 없습니다.

명상을 통해서, 나는 다른 사람들의 생각을 알고 더 많은 것을 보고자 하는 나의 갈망이 어디에서 비롯되었는지를 추적해보았습니다. 내 어린 시절의 콤플렉스가 그 원인이었지요. 나는 다른 사람들에게 속는 것이 두려워서, 그들의 생각을 미리 앎으로써 나 자신을 보호하고자 했던 것입니다.

내면을 깊숙이 파고 들어가 보세요. 그러면 당신은 많은 장애물을 캐내게 될 것입니다. 그것들에 먹이를 주어 영양을 공급하지 마세요. 그것들을 영원히 제거하세요. 내면을 깨끗이 하고 외부를 치장하지 마세요. 외부를 치장하면 할수록, 당신은 더 많은 댐을 만들게 됩니다. 그것들을 치워버리세요. 그러면 당신의 강은 자유롭게 흐를 것입니다.

가슴을 열라, 그러면 온 세상을 보게 되리라.

나는 모두에게 이 책에 나오는 명상이나 자신이 알고 있는 명상을 매일 실천하라고 권합니다. 최소한 5분씩이라도 '매일' 하는 것이 중요합니다. 명상을 삶의 일부로 만드세요. 곧 그 훈련 덕분에 여러분의 마음은 활짝 열릴 것이고 '어디로 가야 할까', '어느 쪽을 택해야 할까' 하는 질문이 더 이상 일어나지 않을 것입니다. 당신의 가슴은 항상 당신에게 신호를 줍니다. 그저 매일매일 노력함으로써 당신은 삶의 가치를 재발견하고, 오늘이 마지막인 것처럼 위엄과 사랑으로써 최선의 삶을 살 수 있게 됩니다.

명상을 하면 할수록, 당신은 인생의 모든 영역에서 좋은 결과를 더 많이 얻게 될 것입니다. 당신의 생각은 더 빨리 물질화되며, 당신은 삶으로부터 많은 행복감을 얻음으로써 점차 원하는 것들이 하나둘씩 사라집니다. 그러니 잠깐이라도 매일 명상하는 것이 중요합니다.

하지만 지나치게 하지는 마세요! 이것은 운동하는 사람들에게는 익숙한 지침입니다. 오랫동안 운동을 하지 않다가 갑자기 많이 하면, 다음날 통증이 와서 반년간은 운동을 할 마음이 생기지 않습니다. 그러므로 조금씩 매일 하는 것이 좋습니다. 머지않아 기쁘게 명상하는 습관을 얻게 될 것입니다. 명상이 잘 될 것입니다. 장애물들은 모두

저절로 떨어져 나갑니다. 억지로 하지 말고, 기쁨과 즐거움으로써 하는 것이 중요합니다.

여러분의 눈앞에서 새로운 삶이 시작되고 변화해갈 것입니다! 당신의 삶은 오직 당신의 손에 달려 있습니다. 그리고 당신은 삶을 개선하거나 새롭게 만들 수도 있는 많은 도구를 이미 알고 있습니다.

명상으로 빠르게 상처가 치유된 내 친구의 예가 있습니다. 그 친구는 자동차 사고를 당했는데, 자기 스스로 그 일을 끌어당겼음은 두말할 필요가 없겠지요. 우리는 생각이 현실에 미치는 영향을 이미 잘 알고 있습니다. 어쨌든 여기서 중요한 것은 그것이 아닙니다. 지금은 그 상황을 어떻게 다루는가가 더 중요합니다.

그 친구는 다리가 여러 군데 부러졌습니다. 의사들은 아무리 운이 좋아도 최소한 반년은 누워 있어야 한다고 말했습니다. 나는 그에게 매일 명상하라고 권했습니다. 기억하시겠지만, 명상하는 동안에는 모든 것이 활성화됩니다. 세포가 재생되고, 자가치유력이 향상됩니다.

내 친구는 실험해보기로 했습니다. 밑져야 본전이니까요. 혹시라도 도움이 될지 모르는 일 아닙니까? 그는 매일 아침저녁으로 10분간 명상했습니다. 온몸을 이완하고 빛으로 가득 채웠지요. 그러자 훨씬 기분이 좋아졌고, 에너지가 솟구쳐 오름을 느끼기 시작했습니다. 그가 두 달 만에 목발 없이 걸었을 때 모두가 놀랐습니다. 엑스레이를 찍어보니 다리는 완전히 회복되어 있었습니다. 실제로 그렇게 되리라고 믿는 것이 핵심입니다. 그는 진심으로 믿었으며, 그 믿음에 따라 다리는 놀랍도록 빠르게 치유되었습니다.

명상은 멋진 상태를 경험하게 해줍니다. 이전에는 알코올과 담배와 약물을 사용했던 사람들이 건강한 삶을 위한 노력으로 명상을 통해 몸의 자연치유력을 활성화하기 시작했습니다. 그들은 자신이 부작용 하나 없이 어떻게 이런 황홀경을 체험할 수 있는지 의아해합니다.

많은 약물 중독자들이 이 사실을 알고 약물 대신 명상을 시작하고 있습니다. 그들은 마침내 나쁜 습관을 완전히 내려놓게 될 것입니다. 앞에서도 말했듯이, 명상의 황홀한 상태는 약물에 의한 것과 비슷하거나 오히려 더 나을 수 있는데, 명상 후에는 공허감 대신에 커다란 충만감이 찾아옵니다. 내 지인들 중에도 명상 덕분에 습관을 고친 사람들이 많습니다. 그들은 영혼이 강하고 용감한 사람들인데, 자신의 나약함을 직면함으로써 중독을 이겨냈습니다.

계속 같은 습관을 고집하는 약물 중독자들은 그다지 오래 살아남지 못할 것이다. 삶의 다른 방식을 선택하는 것은 아름답다. 그때 우리는 우리의 삶을 완전히 바꾸게 된다.

나의 경우처럼 찬란하고 밝지만은 않은 과거를 가졌음에도 지금 이 순간에 기꺼이 변화할 준비가 되어 있는 사람을 나는 진심으로 존경합니다. 만일 여러분이 아는 사람이 안 좋은 것에 중독되어 있더라도 겁내지 마십시오. 그는 아직 길을 잃지 않았습니다. 누구나 지금

즉시 변할 수 있습니다. 우리가 가진 것은 오직 지금뿐입니다. 먼저 당신 자신을 변화시키세요. 그리고 강요하지는 말되, 도움을 필요로 하는 사람을 기꺼이 도와주세요. 명상은 스스로를 돕기 위한 것입니다. 오늘은 당신의 기쁨을 위한 날입니다! 날마다 자연의 기쁨과 함께하세요! 그저 즐기고, 그저 사랑하세요. 그저 온전히 살아가세요.

명상의 또 다른 효과는 조건 없는 우주적인 사랑의 경험입니다. 믿을 수 없을 만큼 아름답고 환상적인, 조건 없는 사랑의 참된 느낌을 누구나 한 번쯤은 경험해보았을 것입니다. 첫사랑에 빠졌던 때를 떠올려보세요. 사랑하는 사람을 보는 순간 당신의 심장은 멈춥니다. 당신은 내면에서 커다란 황홀경을 느낍니다! 세상은 수천 번 보았던 그 모습 그대로이지만 더 이상 평범하지 않습니다. 평범한 세상은 녹아버렸습니다. 색채는 더욱 밝아지고, 소리는 더 풍부하고 아름다워졌습니다. 당신은 즉각 이 느낌이 사랑임을 알았습니다. 사랑은 지상에서 가장 신비롭고, 아름답고, 정신이 나간 듯한 느낌이지요.

내 생각에는 사랑이야말로 세상에서 가장 강력한 마법입니다. 지상에서 이보다 더 강한 것은 없습니다. 사랑에 빠졌을 때는 밥을 안 먹고 잠을 안 자고도 며칠 밤낮을 버틸 수 있지요.

당신은 흠뻑 취해 있습니다. 당신의 모든 것을 상대방을 위해 내던질 수도 있습니다. 그가 나의 사랑을 원하는지 아닌지에 대한 일말의 의심이나 두려움도 없습니다. 단지 우리는 행동하고, 그 행동으로 상대방을 놀라게 할 뿐입니다. 우리는 아이디어가 샘솟습니다. 창조적인 능력들이 깨어납니다. 우리는 그림을 그리거나 시를 쓰거나 노래를 짓고 싶어집니다. 사랑이 얼마나 놀라운 것인지 찬찬히 살펴보세요.

사랑은 미치는 것과 같습니다. 하지만 사랑에 미치는 것은 얼마나 아름다운지요!

그래서 나는 명상의 가장 중요한 요소 중 하나가 사랑이라고 생각합니다. 나는 미래를 모델링할 때, 세상과 하나된 상태에 들어가고 아무 조건 없이 세상을 사랑합니다. 그것은 놀라운 황홀경입니다! 당신은 사랑의 기쁨 속에 있습니다. 그리고 바로 그 상태에서 당신은 이 힘을 당신이 바라는 바에 맞춥니다. 그 소망은 재빨리 성취될까요? 물론입니다! 당신은 그 소망에 강력하고 유쾌한 에너지를 주입합니다. 오직 사랑으로써 말입니다.

나는 여러분에게 내게 사랑이 어떤 의미인지를, 기쁨으로 가득 찬 삶을 살려면 왜 사랑이 꼭 필요한지를 알려주고 싶습니다.

내가 사랑을 알게 된 것은 비교적 최근인 6년 전입니다. 나는 사랑의 불길에 매혹되는 것이 두려웠습니다. 나는 내 친구들이 사랑의 고통을 겪는 모습을 보아왔습니다. 그들이 하는 정신 나간 행동들을 빠짐없이 보았지요. 정말로 나는 사랑이 몹시 두려웠습니다.

하지만 사랑을 마주하고 그것에 빨려들게 되자… 그날부터 나는 사랑 없이는 이제 살 수 없음을 깨달았습니다. 나의 삶은 사랑을 알기 이전과 그 이후로 나뉩니다. 사랑에 빠지자 내 안의 모든 가능성

이 꽃을 피우기 시작했습니다. 환상적인 경험이었습니다. 사랑은 우리를 더욱 성장시키고, 자연스러운 방식으로 우리를 더 아름다운 존재로 변형시킵니다.

정확히 말하면, 이제 사랑은 평생 나를 따르는 믿음직한 동맹군이 되었습니다. 사랑이 있는 곳에서는 모든 일이 훌륭한 결과를 낳습니다. 내가 사랑으로 시작한 일은, 그게 무엇이든 원래 기대했던 것보다 훨씬 더 큰 결과를 불러옵니다.

사랑은 우리가 온통 의미로 충만한 삶을 살도록 돕는다.

내가 깨달은 또 하나의 진실, 사랑은 우리가 흔히 생각하듯 어떤 특별한 사람이 주변에 있기 때문이 아니라 우리 자신이 사랑에 준비되어 있기에 솟아난다는 것입니다. 물론 상대방이 특별한 사람인 것도 사실이지만요. 어쨌든 어느 순간에 가슴이 열리면서 거대한 에너지가 우리에게 밀려들기 시작합니다. 이 순수하고 빛나는 에너지의 홍수는 세상에서 가장 부드러운 느낌입니다. 우리 안에서 가장 좋은 것을 일깨우는 이 느낌… 이것이 바로 조건 없는 사랑입니다. 이 놀라운 순간에는 우리 주변의 모든 사람이 사랑스럽게 보입니다! 가슴을 열고 이 거대한 에너지가 우리를 통과해 흐르도록 허용하세요. 우리를 일깨우고, 온 세상을 우리 안에 품게 해주는 이 느낌에 푹 빠지세요.

우리가 사랑에 빠질 준비가 되었을 때, 이 아름다운 느낌에 마음을 열 때, 그것은 우리를 완전히 뒤덮습니다. 놀라운 일이지요!

조건 없는 사랑이란 대체 무엇일까요? 당신이 사랑에 빠졌던 때를 기억해보세요. 또 당신이 사랑했던 그 사람을 떠올려보세요. 분명 그 사람이 당신 입맛에 맞지 않게 행동할 때도 많았을 것입니다. 하지만 그 사람이 곁에 있을 때, 당신은 세상에서 가장 큰 행복을 경험했습니다.

그와 사귀기 시작했을 때, 당신은 친구들에게 이렇게 말했습니다. "얘들아, 그는 정말이지… 너희는 말해도 모를 거야!" 그러면 그들은 이렇게 대답했지요. "그는 밥맛없어. 머리도 빨간데다 귀가 너무 커." 하지만 당신은 친구들의 말을 듣지 않고 계속 그를 사랑했습니다. 그의 어떤 단점도 보지 않았습니다. 그 사람은 완벽했습니다! 당신은 그를 있는 그대로 온전히 받아들였기 때문입니다. 이 절대성이 바로 상호관계에서 황홀한 기쁨을 느끼는 열쇠입니다.

그러나 시간이 지나면서 사랑의 절대성은 사라지고 에고가 그 자리를 차지합니다. 에고의 특성은 모든 것을 정의하는 것입니다. '이것은 좋고, 저것은 나쁘다'고 판단하는 것입니다. 에고의 가장 친한 친구는 플러스와 마이너스입니다. 에고는 항상 흠을 잡고 불평하기를 좋아합니다. 상호관계 속에 에고가 등장하면, 즉시 사랑은 조건들 아래로 가라앉습니다. 당신은 즉시 그 사람을 있는 그대로 수용하는 법을 잊어버립니다. 그때부터 당신은 그를 당신 머릿속의 이미지에

맞게 바꾸려고 강요하기 시작합니다. 그의 장점은 줄어들고, 마침내 "나는 당신에게 내 삶의 가장 좋은 시간을 허비했어"라고 불평을 늘어놓는 순간에 이릅니다. 어디서 많이 들어본 이야기 같지요?

하지만 문제는 그 사람에게 있는 것이 아니라 당신의 태도에 있습니다. 당신은 그를 있는 그대로 받아들일 수도, 전적으로 거부할 수도 있습니다. 모든 사랑은 남자가 나쁜 놈이 되고 여자는 바보가 되어 눈물로 끝나고 만다는 전설이 바로 여기서 비롯됩니다. 하지만 우리가 이미 살펴봤듯이, 문제는 그 사람이 아니라 우리 안에 있습니다.

바로 지금 여기에서, 우리는 조건 없는 사랑이 무엇인지를 기억할 것입니다. 우리는 우리 안에 있는 그 원천을 확장해서 그 힘이 우리를 통해 무지개처럼 솟구치도록 할 것입니다. 우리 자신을 일깨우고 우리 주변의 모든 것을 아름답게 꾸밀 것입니다.

조건 없는 사랑의 가장 명백한 예는 어머니의 사랑입니다. 모든 여성의 천성은 성자聖者와 같습니다. 세상에 새로운 영혼을 데려올 수 있는 능력이 있기 때문입니다. 나는 다음과 같은 이야기를 여러 번 들었습니다. 산모들이 모여 있는 병동에 아기가 한 명씩 들어오면, 산모들은 이렇게 생각한답니다. '저 애는 정말 쭈글쭈글하고 못생겼구나.' 그런데 자기 아기를 본 산모는 어김없이 이렇게 생각합니다. '오, 놀라워라! 정말 아름답고 멋지구나. 분명히 이 세상에서 제일 아름다운 아기일 거야.' 아기들은 별반 다를 바가 없는데도 말입니다.

실제로, 여성들은 이런 순간에 조건 없는 사랑을 느끼는 것입니다. 어떤 특별한 모습 또는 속성 때문이 아니라 그저 저절로 샘솟는 사랑 말입니다. 여성은 단지 존재한다는 이유만으로 자신의 아기를 사랑합니다. 하지만 나중에는 에고의 노래가 시작됩니다. 아기는 점차 자라나고, 당신은 오직 아기가 방긋 웃을 때만 혹은 집을 어지럽히지 않고 조용히 앉아 당신을 방해하지 않을 때만 사랑하게 됩니다. 그것의 바탕은 이기주의입니다. 그것에는 사랑의 향기가 없습니다. 조건 없는 사랑과는 거리가 멀지요. 당신은 아이가 자기에게 속한 것이라고 생각합니다. 아이는 당신의 소유물이며, 당신은 아이가 어디에서 왔고 어떻게 행동해야 하는지를 정확히 알고 있다고요. 하지만 그 아이가 자유로울 수 있는 권리는 어디로 가버린 걸까요? 그 아이는 자라나서 어떤 존재가 될까요? 사랑은 어디로 가버렸습니까?

아이가 잘 자라기 위해서는 사랑과 자유가 아주 중요합니다. 아이에게 필요한 것은 값비싼 장난감이 아닙니다. 아이는 관심과 사랑과 돌봄이 필요합니다. 가장 중요한 것은 아이의 행동을 제한하지 않고 온전한 자유를 주는 것입니다. 오직 그럴 때라야 아이는 행복하게 세상에 적응하며 자라날 것입니다. 스스로 자신의 실수를 받아들이고 그것으로부터 배울 수 있기 때문이지요.

영리한 사람들은 다른 사람들의 길을 따르고, 현명한 사람들은 자신만의 길을 선택한다.

그러므로 아이들이 원하는 바를 자유롭게 경험하도록 허용하세요. 그렇지 않으면 그들은 그것을 몰래 가지려 할 것입니다. 지상의 모든 거짓말은 사람들이 진실을 들을 준비가 되어 있지 않기 때문에 존재합니다. 에고로부터 무엇이 찾아오든, 당신이 그것을 평가하지 않고 기꺼이 있는 그대로 받아들일 때는 아무도 당신에게 거짓말을 하지 않을 것입니다.

하지만 우리는 어떤 것들을 받아들이기 어려워하기 때문에 눈먼 고양이 새끼처럼 살아갑니다. 좀더 정확히 이야기하자면, 귀먹은 고양이 새끼처럼 살아갑니다. 우리는 쓰라린 진실보다 달콤한 거짓말을 더 듣기 좋아합니다. 하지만 모든 것을 있는 그대로 수용하는 법을 배우는 편이 훨씬 낫습니다. 그러면 절로 문제가 줄어들 것입니다.

나는 많은 사람들의 비밀을 알고 있습니다. 그들이 흔쾌히 나에게 말해주었기 때문입니다. 나는 결코 그들을 평가하거나 이름표를 붙이지 않습니다. 대신 조용히 그들에게 귀를 기울이고 조언을 해줄 뿐입니다. 나는 그들을 친구로 대합니다. 만약 내가 그들에게 "네가 어떻게 그럴 수 있니? 그건 나빠!"라고 말했다면, 아무도 나에게 마음을 열지 않았겠지요.

다음의 예는 나의 경험일 뿐 아니라 여러분 자신과 여러분의 자식의 삶에서도 쉽게 찾아볼 수 있는 모습입니다. 어린 시절에 나는 모범생이었습니다. 나는 부모님에게 친구들과의 소통에 문제가 있다는 사실을 한 번도 이야기하지 않았고, 내가 그들과 얼마나 자주 싸웠는지도 말하지 않았습니다. 점수가 나빴을 때에는 거짓말도 했습니다. 부모님이 화를 낼 거라는 사실을 알았기 때문입니다. 그들을 화나게 하는 것보다는 진실을 감추는 것이 훨씬 쉬웠습니다. 그럼에도, 다행히 나는 항상 정신을 차리고 있었기에 술이나 다른 자극제들은 나에게 맞지 않는다는 사실을 잘 알고 있었습니다. 그러나 이런 문제로 친구들이 거짓말을 일삼는 모습은 무척 많이 보았습니다. 그들의 부모들은 문제를 더는 숨길 수 없게 된 최후의 순간에야 진실을 알게 되었지요.

나는 여러분이 자녀를 가르치려 드는 일을 그만두기를 권합니다. 그들에게 가르칠 것은 아무것도 없습니다. 대신 나는 여러분이 자녀의 친구가 되기를 권합니다. 아무것도 판단하지 말고, 어른을 대하듯 아이들과 대화하세요. 그렇게 하면 조건 없는 사랑이 더욱 강해지고, 좋은 관계가 평생 지속될 것입니다.

당신의 어린 시절을 회상해보세요. 가족들이 뭔가를 하지 못하게 당신을 막았거나 오해했을 때, 당신은 얼마나 많이 상처받았습니까? 그것이 당신에게는 가장 큰 배신이었습니다! 온 세상이 무너지는 느낌이었지요. 가장 가깝고 소중한 사람들이 당신을 지지하기는커녕 도덕적인 비난만을 쏟아냈습니다. 그러니까 당신이 부모에게서 배운 바가 또다시 당신의 아이에게 전해지지 않도록 현명하게 대처하세요. 당신의 어린 시절에 일어난 일을 기억하세요. 그러면 아이와 어떻게 대화해야 하는지를 알게 될 것입니다. 판단 없이, 조건 없이 사

랑하는 것이야말로 모든 관계에서 가장 훌륭한 조력자입니다. 조건 없는 사랑은 부모와 자녀의 관계, 남편과 아내의 관계, 더 나아가 온 우주의 토대입니다.

우리는 종교적인 책 또는 인간의 본성에 관한 가르침을 읽을 때마다 "영적으로 가장 고귀한 행위는 조건 없는 사랑이다"라는 말을 만나게 됩니다. 바로 지금, 명상 연습을 통해서 이 아름다운 느낌을 배워봅시다.

이것은 조건 없는 사랑, 새로운 사랑을 위해 우리의 가슴을 열게 해주는 명상입니다. 우리는 사랑을 이 세상에 가져오는 법을 배울 것입니다. 우리는 우리의 에고를 이해하고 그것을 비워냄으로써, 에고의 습관에 의해서 억압되어온 사랑이 우리의 내면으로 쏟아져 들어오게 하여 이 세상과 하나되는 온전한 기쁨을 누릴 것입니다.

'우주적인 사랑' 명상 (MP3 track 3)

편안히 앉아 등을 똑바로 세우고, 손과 다리가 겹치지 않도록 합니다. 손바닥을 위로 향하게 하고, 양손을 무릎 위에 놓습니다. 이것은 모든 것을 받아들이는 자세입니다.

눈을 감습니다.

숨을 들이쉬고, 내쉬면서 숨과 함께 모든 생각을 내보냅니다.

숨을 깊이 들이쉬고, 내쉬면서 늘 하듯이 온몸을 이완합니다.

숨을 깊이 들이쉬고, 내쉬면서 우리는 가슴속으로 들어갑니다. 심장이 뛰는 소리에 귀를 기울이세요. 심장이 더 빨리 뛰든 느리게 뛰든 신경 쓰지 마세요. 그저 심장을 지켜보세요.

심장은 우주를 향해 나 있는 문입니다. 수많은 차원을 향해 열릴 수 있는 문입니다. 그 문을 통해 우리는 온 우주로 뛰어듭니다. 온 우주가 우리 안에 있습니다. 우리는 내면의 그 공간이 얼마나 큰지를 깨닫고 깜짝 놀랍니다. 수십억 개의 별들이 보입니다. 별들은 더없이 아름답습니다. 우리는 그것들을 평가하지 않습니다. 그저 있는 그대로 찬미하고 즐깁니다.

당신 우주의 일부분은 어둡게 보일 수 있습니다. 그것은 당신이 당신 자신에게도 숨기고 있는, 스스로 받아들이지 않고 있는 어떤 것입니다. 지금 당신은 아무것도 판단하지 않습니다. 그저 그런 부분이 있음을 알고, 있는 그대로를 사랑으로 받아들입니다. 그것은 좋은 것도 나쁜 것도 아닙니다. 그냥 지금 이 순간 주어진 것일 뿐입니다. 당신 안에 있는 모든 것은, 그 어떤 순간에라도 더 나은 것으로 얼마든지 변할 수 있습니다.

당신은 당신의 존재 그 자체로부터 거대한 기쁨과 황홀경을 느낍니다. 당신은 당신의 내면에 있는 온 우주에 대해 조건 없는 사랑을 느낍니다. 당신은 그저 있는 그대로의 당신으로서 이미 훌륭합니다! 당신은 다른 누군가가 될 필요가 없습니다. 지금 그대로 사랑받기에

충분합니다. 그런 조건 없는 사랑이 지금 여기에 있습니다.

당신은 온 우주에 대한 조건 없는 사랑을 느끼면서 이 상태에 잠시 머무릅니다. 그런 다음, 그 느낌을 그대로 유지하면서 숨을 길게 내쉬고 활짝 미소 지으며 명상을 마칩니다.

멋진가요? 황홀하고 기쁜가요? 명상이란 이렇게 단순한 것입니다. 명상과 사랑은 우리는 놀라게 합니다. 그런 명상을 매일 한다면 어떨까요? 우리의 삶이 동화처럼 바뀌지 않을까요?

처음에 잘 되지 않는다고 짜증 내지 마세요. 당연한 일입니다. 운동을 처음 시작한 사람은 여러모로 서툽니다. 하지만 매일 꾸준히 운동하다 보면 허약했던 사람도 곧 건강해집니다. 명상의 원리도 이와 같습니다. 사랑과 기쁨으로써 매일 연습한다면 당신은 분명히 성공할 것입니다. 만약 처음부터 성공했다면, 대단한 일입니다! 잘하셨습니다! 당신은 새로운 실험에 활짝 마음을 열 준비가 되어 있었습니다. 당신은 이 아름다운 느낌에 온전히 빠져들기를 두려워하지 않았습니다.

안타깝게도, 많은 사람들이 비슷한 실수를 저지릅니다. 그들은 사랑하기를 두려워합니다. 사랑에 한 번 데인 적이 있어서 또다시 같은 덫에 빠질까봐 겁을 내는 것입니다. 하지만 이제 우리는 그런 경험을 끌어당긴 장본인이 바로 우리 자신임을 압니다. 그리고 그 이후로 사랑의 불꽃을 다시 일으키지 않은 장본인도 바로 우리 자신임을 압니다. 나뭇가지 두 개만 있어도 우리는 불을 피울 수 있습니다. 그러니까 두려워하지 마세요. 사랑은 세상에서 가장 아름다운 것입니다! 오래전부터 나는 사랑 없이 사는 것보다는 죽는 편이 더 낫다고 생각했습니다. 사랑은 나에게 가장 강력한 마약입니다. 사랑이 없다면 나는 분명 죽고 말 것입니다.

사랑이 고통이라고 누가 말했던가? 누가 그것이 위험하다고 했는가? 그렇다. 때로 사랑은 고통스럽고, 위험하고, 쉽지 않다. 그러나 오직 겁쟁이들만 그렇게 말한다. 그 모든 사소한 핑계에도 불구하고 사랑은 세상에서 가장 아름다운 것이다. 그러니 서로 사랑하라. 그리고 동화 같은 세상을 살아가라.

나는 사랑이 없는 삶은 비겁하다고 생각합니다. 사랑 없이는 어떤 모험도, 기쁨도 불가능합니다. 만사가 우울하고, 오늘은 늘 어제와 똑같을 것입니다. 그러나 사랑이 있다면 모든 것이 살아납니다! 창밖이 영하 40도일지라도 모든 곳에서 봄이 느껴집니다. 아름다운 노래가 가슴에서 울려 퍼집니다.

그러니 과거의 고통은 잊어버리세요. 수천 번 사랑의 고통을 겪더라도, 나는 또다시 사랑에 빠질 것입니다. 나는 사랑하고 황홀감을 느낄 것입니다! 나는 사랑에 빠지는 것을 지겨워하지 않을 것입니다. 사랑에 빠질 때, 나의 삶은 시처럼 아름다워집니다. 기꺼이 사랑에 빠지고, 가슴이 시를 쓰게 하세요. 우리가 학교에서 배운 것을 능가

하는 그런 시를!

우화 하나.

어느 햇살 좋은 날, 잘생긴 젊은이가 도시 한가운데 광장에 서 있었다. 그는 자랑스럽게 그 근처에서 가장 아름다운 심장을 뽐냈다. 그는 그의 완벽한 심장을 진심으로 찬미하는 군중에 둘러싸여 있었다. 그의 심장은 긁힌 자국 하나 없고 쭈그러지지도 않았다. 모든 사람이 지금까지 본 적 없는 가장 아름다운 심장이라는 데 동의했다. 그 젊은이는 아주 자랑스러워하며 행복감으로 빛났다.

갑자기 한 늙은이가 군중 속에서 나타나 젊은이에게 말했다. ― 내 심장이 자네 것보다 훨씬 더 아름답다네.

군중은 그 늙은이의 심장을 바라보았다. 그것은 온통 흉터투성이에 피멍이 들어 있었다. 어떤 부분은 떨어져 나가 다른 이의 심장으로 대체돼 있었고 완벽하게 맞지도 않았다. 가장자리 어떤 부분은 찢겨 있었다. 몇몇 부분은 아예 조각이 떨어져 나간 것이 분명해 보였다.

군중은 그 늙은이를 응시하면서 도대체 왜 자신의 심장이 더 아름답다고 말했는지를 궁금해했다.

젊은이는 늙은이의 심장을 바라보며 크게 웃었다. ― 노인장, 아마 농담이시겠죠? 당신의 심장을 내 것과 비교하시다니? 내 것은 완벽해요! 하지만 당신의 것은 상처와 눈물로 범벅돼 있군요!

늙은이가 대답했다. ― 그래, 자네의 심장은 완벽해 보이는군. 하지만 나는 심장을 서로 바꾸자면 절대 사양하겠네. 보게나! 내 심장에 있는 상처들은 내가 사랑했던 한 사람 한 사람의 흔적이라네. 나는 내 심장을 한 조각씩 꺼내어 그들에게 주었지. 때로는 그들이 내게 사랑을 되돌려줄 때도 있었다네. 그들 심장의 한 조각으로 내 심장의 빈자리를 채우도록 말일세. 한데 서로 다른 심장의 조각들이라 완벽히 들어맞진 않아 지금 내 심장은 가장자리가 약간 찢겨 있지. 그래도 우리가 나눴던 사랑을 기억하게 해주니 나는 더없이 좋다네. 물론 내 심장 조각만 받고 자기 것은 내주지 않은 사람들도 있었어. 그래서 내 심장에 빈 구멍들이 보이는 거라네. 사랑을 나누어줄 때, 반드시 그것을 되돌려받으리라는 법은 없어. 이 구멍들은 나에게 아픔을 주지만, 그들의 사랑을 생생히 기억나게 해준다네. 나는 언젠가는 그 심장 조각들이 내게 돌아오리라는 희망을 품고 있지. 내가 왜 내 심장이 더 아름답다고 했는지를 이제 알겠는가?

군중은 꼼짝 않고 서 있었다. 젊은이는 흠칫 뒤로 물러섰다. 젊은이의 눈에서는 눈물이 떨어졌다.

젊은이는 늙은이에게 다가갔다. 그리고 자신의 심장에서 한 조각을 떼어내 떨리는 손으로 늙은이에게 건넸다. 늙은이는 그 선물을 받아 자신의 심장에 붙였다. 늙은이도 자신의 누더기 같은 심장의 한 부분을 떼어내 젊은이의 심장에 생긴 구멍을 메웠다. 그

조각들은 서로 완벽하게 맞지는 않았다. 가장자리의 어떤 부분은 튀어나왔고, 어떤 부분은 찢겨 있었다.

젊은이는 자신의 심장을 바라보았다. 이미 불완전해졌지만, 이전보다 더욱 아름다워 보였다. 늙은이의 사랑이 그를 감동시켰다. 그들은 서로 껴안고 나서 함께 길을 떠났다.

여러분이 만일 자신의 길을 찾고 있다면, 어디에서 공부하고 어디에서 일할 것인지 가슴을 따라 선택하세요. 머리는 도움이 되지 않습니다. 어린 시절에는 머리를 따르라고 주입받았지만 머리가 아닌 오직 가슴만이 우리에게 옳은 신호를 줄 것입니다. 가슴을 신뢰하고 용감하게 그 길을 따라가는 것이 중요합니다. 처음에는 쉽지 않겠지만, 오직 용기와 사랑만이 처음에 나타날 수 있는 모든 어려움을 극복하는 데 도움이 됩니다.

나는 왜 어려움이 나타날 것이라고 말할까요? 왜냐하면, 처음에는 가슴의 소리를 듣기가 쉽지 않기 때문입니다. 우리는 오랫동안 가슴을 따르는 법을 잊은 채 머리의 사리분별만을 따랐습니다. 그러니 처음에는 머리가 가슴의 작업을 방해할 것입니다. 그러나 결국 모든 것은 제자리에 맞아떨어지고 사랑이 당신을 남김 없이 사로잡을 것입니다.

머리를 항복시키는 편이 우리에게 훨씬 유용합니다. 왜 그런지 설명해드리지요. 당신이 뭔가를 할 때, 예컨대 새로운 사업을 시작할 때 그것이 성공하리라는 믿음을 주는 것은 바로 사랑입니다. 나는 친구들이 사업을 시작하는 모습을 수없이 보아왔습니다. 그러나 나 자신의 경험을 포함해서, 사업을 시작하면서 이익부터 따지게 되면 첫 출발부터 아예 싹이 잘리는 경우가 대부분이었습니다. 그들 자신이 사업 그 자체에는 조금의 관심도 두지 않았기 때문입니다.

그때 이후로 나는 어떤 일도 이익을 따져 시작하지 않는다는 규칙을 갖게 되었습니다. 오직 사랑으로써 해나가기로 다짐했지요. 그리고 거기에 힘이 있습니다! 지금까지는 이 규칙이 훨씬 효율적이었습니다.

예를 하나 들어보지요. 나는 사람들을 돕기 시작했을 때, 그 일이 미치도록 좋았습니다. 나는 그것을 생계를 위해 돈을 버는 일로 생각하지 않았습니다. 머지않아 내 일에 대한 나의 사랑이 너무나 커져서, 그것이 나를 채울 뿐 아니라 주변 사람들까지 사로잡았습니다. 점점 더 많은 사람이 이 사랑을 느꼈고, 돈은 부수적인 효과로 저절로 들어왔습니다.

일을 할 때 돈에 초점을 맞춰서는 안 됩니다. 돈은 그 일에 대한 사랑의 결과로서 부수적으로 찾아오는 것입니다. 아이들을 키울 때도 마찬가지입니다. 계획대로 키워지는 게 아니라 사랑의 부수적인 결과로서 아이가 자라나는 것입니다. 적어도 나는 그렇게 생각합니다.

친구들이 그들의 사업이 성공할지 어떨지를 알고 싶어서 나를 찾아올 때, 나는 질문 하나로 모든 문제를 해결해줍니다. "당신은 이

사업에서 이익부터 계산하고 있나요? 아니면 돈을 받지 않고서라도 그 일을 사랑으로 할 수 있는 준비가 되어 있나요?" 만약 사람들이 그 일을 돈을 받지 않고도 기쁨을 위해서 할 수 있다고 답한다면, 그 것이 바로 그들이 갈 길입니다. 만약 그들이 돈을 위해서 선택했다면 성공할 가능성은 희박해지지요.

안타깝게도, 우리는 사랑하지 않는 일에 자신을 혹사시킵니다. 사 랑 없이 잠자리를 하듯, 우리는 돈을 받기 위해서 직장에 나갑니다. 기쁨이 없으니 우리는 경직되고 그 일을 미워하게 되지요.

사실 우리는 다른 것을 꿈꿉니다. 그 꿈을 따르기 위해서는 엄청 난 용기가 필요하지요. 때때로 가족들의 반대를 무릅써야 할 때도 있 습니다. 하지만 그 결과, 당신이 사랑하는 일과 꿈은 자연스러운 기 쁨으로써 백 배의 보상을 해줄 것입니다. 또한 사랑하지 않는 일로 얻을 수 있는 금액보다 더 많은 돈이 들어올 것입니다. 사랑하는 일 을 할 때, 우리는 그것에 100퍼센트 전력을 다합니다. 하지만 자신을 강요할 때는 10퍼센트의 에너지밖에 쓰지 못하니 효율이 아주 낮습 니다.

나는 현 시대의 전 세계적 또는 국가적 위기들은 사랑하는 일을 자발적으로 찾아 하는 사람이 거의 없기 때문에 일어난다고 생각합 니다. 만일 모두가 자기 자리에 있다면, 어떤 국가라도 지금보다 몇 배 나은 결과를 얻을 것입니다. 진실로 모든 것이 조화로울 것입니 다. 체제는 강건해질 것이며, 모든 사람이 100퍼센트 전력을 다해 일 할 것입니다.

사랑은 에너지이다. 어떤 대상에 맞춰지든, 그것을 화려한 무지갯빛으로 빛나게 만들고 세상에서 가장 좋은 향기가 나게 한다. 이 에너지를 당신의 인간관계, 사업, 가족, 그리고 원하는 모든 것에 쏟으라. 온 세상이 향기로 달콤해지게 하라.

많은 사람들이 집에서 화초를 키웁니다. 여러분이 집을 잠시 떠나게 되어 이웃이나 친척에게 꽃에 물 주기를 부탁했던 때를 떠올려보세요. 그때까지는 여러분이 살아 있는 것으로 대하며 사랑으로써 물을 주었기에 화초들이 꽃을 피우고 향기를 내뿜었지요. 하지만 여러분이 나중에 집에 돌아와서 보면 화초들은 이전의 모습을 거의 잃었을 것입니다. 향기나 꽃은 말할 것도 없지요. 이웃이 여러분과 똑같이 물과 비료를 주었겠지만, 문제는 사랑입니다. 화초가 꽃을 피우고 아름다운 향기로 방 안을 가득 채우게 해주는 것은 사랑 덕분입니다. 여러분이 이틀만 돌보면 그것들은 다시 새로워지겠지요!

사랑, 그것은 생명의 원천입니다! 항상 이 사랑의 상태에 머무는 법을 배운다면 우리의 삶은 성공할 것입니다. 이 에너지를 우리가 바라는 것에 의식적으로 맞춘다면 그것은 당연히 곧 실현될 것입니다.

우리가 명상 상태에 들어가서 사랑에 잠겨 있을 때, 이 세상은 더 나은 것으로 변화하기 시작합니다. 명상하는 가운데 우리는 의식적으로 삶을 변화시킵니다. 이전에는 바깥일에 90퍼센트의 에너지를,

내면의 일에 고작 10퍼센트의 에너지만 썼다면 이제는 그 관계가 역전됩니다.

여러분이 해야 할 일은 꿈이 실현되리라 믿는 것뿐입니다. 여러분의 생각은 재빨리 주변 상황을 변화시키기 시작합니다. 멋진 일이지요! 우주와 하나됨으로써, 여러분은 신과 공동창조자가 되어 삶을 더 나은 것으로 변화시킵니다. 여러분은 이제 환경에 좌우되는 사람이 아닙니다. 여러분은 스스로 환경을 만드는 사람입니다. 여러분은 의식적으로 자신의 삶을 감독합니다. 어떤 순간들은 흘려보내고 또 어떤 순간들은 더 깊이 음미하면서 거기서 큰 기쁨을 얻습니다.

사랑할 때 당신 자신이 얼마나 큰 힘을 얻게 되는지 당신은 상상조차 하지 못할 것이다. 그 순간에 당신은 신성으로 가득 차 있다.

나는 여러분이 삶을 방해하는 환경을 창조하길 멈추고 명상을 통해 의식적으로 현실을 조종하기를 권합니다. 찰흙으로 온갖 모양을 빚어내듯이, 원하는 모든 것을 창조하고 그것을 가지세요.

우화 하나.

한 제자가 스승에게 찾아와 말했다. — 스승이시여, 저는 지쳤습니다. 너무나 버거운 시련과 어려움을 겪었습니다. 저는 늘 흐름에 거슬러서 달려왔고, 이제 더는 힘이 없습니다. 어떻게 해야 할까요?

대답 대신 스승은 비슷한 냄비 세 개에 물을 담아 불 위에 올려놓고 하나에는 당근, 다른 하나에는 달걀, 세 번째에는 커피를 넣었다. 시간이 좀 흐른 후에, 스승은 물에서 당근과 달걀을 꺼내고, 커피는 컵에 부었다.

스승이 제자에게 물었다. ─ 무엇이 바뀌었는가?

제자가 대답했다. ─ 계란과 당근은 삶아졌고, 커피는 물에 녹았습니다.

스승이 말했다. ─ 아니다, 그것만이 아니다. 잘 보아라. 딱딱한 당근은 삶아져서 부드럽고 으깨어질 수 있게 되었다. 반대로 깨지기 쉬운 액체였던 달걀은 딱딱해졌다. 그것들은 모양은 바뀌지 않았으나 끓는 물에 의해서 재질이 바뀌었다. 사람도 마찬가지다. 외면이 강한 사람은 약해진다. 오직 연약하고 부드러운 사람만이 단단하고 강해지는 것이다.

제자가 물었다. ─ 그렇다면 커피는요?

스승이 답했다. ─ 오, 이것이 가장 흥미롭지! 커피는 새로운 환경에 녹아서 그 자체를 변화시켰다. 끓는 물을 멋진 향이 나는 음료로 바꾼 것이지. 환경에 의해서 바뀌는 게 아니라 스스로 환경을 바꾸는, 그래서 세상을 좀더 새롭고 좋은 곳으로 바꾸는 특별한 사람들이 있다. 그들은 어떤 상황에서도 이로움과 지혜를 이끌어내지.

명상 덕분에 우리는 그 어떤 것과도 싸우지 않는 사람이 됩니다. 세상을 완전히 수용하고 사랑하게 됩니다. 커다란 힘과 기쁨으로 가득 찹니다.

우리는 오직 우리가 심은 씨앗대로 열매를 거두리라. 그러니 사랑을 심으라.

이 규칙을 기억하고 용감하게 삶을 따라가세요. 가슴의 길을 걸으면, 늘 행운과 성공이 따라올 것입니다. 또한 매 순간 기쁨이 찾아올 것입니다.

점점 더 많은 문제를 끌어당겨 삶을 곤경에 빠뜨리던 한 친구가 있었습니다. 싸움이 일어나도 일행 중에서 그 친구만 병원 신세를 졌지요. 돈 문제를 비롯해서 온갖 고민거리가 끊이지 않았습니다. 그보다 더 불행한 사실은, 한 번도 연애에 성공한 적이 없었다는 점입니다. 그는 점차 사회성을 잃어갔으며 술에 의존하기 시작했습니다. 이런 상황을 알고 나서, 나는 그에게 '빛의 근원' 명상을 매일 하라고 권했습니다. 그리고 한 달 후, 그는 예전의 그가 아니었습니다. 그는 5월의 장미처럼 피어났고, 온 거리에 향기를 뿜어내고 있었습니다! 그는 직장을 바꾸었고 마침내 사랑에 빠졌습니다. 곧 아기까지 갖게 되었지요.

이것이 바로 일이 일어나는, 꿈이 실현되는 방식입니다! 가슴의 희망을 잃지 말고, 모든 것이 잘 되리라는 믿음을 갖는 것이 중요합니다. 그러면 정말로 그런 일이 일어납니다.

'빛의 근원' 명상 (MP3 track 4)

편안하게 앉습니다. 손바닥이 위를 향하게 하여 양손을 무릎 위에 올리고, 눈을 감습니다.

숨을 깊이 들이마시고, 내쉬면서 모든 생각을 흘려보냅니다.

숨을 깊이 들이마시고, 내쉬면서 완전히 이완하세요.

숨을 깊이 들이마시고, 내쉬면서 내면에서 빛나는 통로를 발견하세요. 그 통로는 우리 몸을 통과해서 위로 또 아래로 몸의 한계를 넘어 뻗어 나갑니다.

숨을 들이쉬고, 내쉬면서 그 내면의 통로가 부드럽게 확장되도록 합니다.

한 번 더 숨을 들이쉬고, 내쉬면서 내면의 통로가 더욱 확장되게 합니다. 그 통로가 더욱 확장되어 마침내 우리 몸보다 조금 더 넓어지도록 허용하세요.

이제 몸의 느낌이 사라지면서 나 자신이 그 커다란 빛의 통로로 느껴집니다. 그 빛은 무척 밝고 강렬합니다.

모든 부정적인 것들이 우리에게서 씻겨 나간다고 상상합니다. 모든 부정적인 프로그램과 질병들이 사라집니다. 우리의 삶을 망친 사람들로 여겨지는 사람들도 전부 씻겨 나갑니다. 우리는 지금 이 세상

에서 오직 빛과 기쁨과 사랑의 통로가 되었습니다. 우리는 사랑의 느낌과 행복감이 우리 몸을 통과해 흐르는 것을 느낍니다. 세상에 존재하는 모든 선함과 풍부함을 나 자신의 것으로 느낍니다.

이 느낌에 귀를 기울입니다. 이 느낌 속에 푹 잠기고 녹아듭니다. 오직 황홀경과 기쁨으로서 존재합니다. 이런 기쁨과 조화로움에 온전히 잠긴 상태에서, 숨을 깊게 들이쉬며 몸을 원래의 상태로 돌려놓습니다.

이제 눈을 뜨고 세상을 바라봅니다. 마치 다시 태어난 것처럼, 지금 여기의 기쁨 속에서 세상을 받아들입니다.

여러분도 이제는 황홀경이 무엇인지를 충분히 느끼셨겠지요. 그것은 언제나 나를 매혹합니다. 이 명상이 여러분을 더욱 행복하게 해주고, 여러분의 삶을 기쁨과 사랑으로 가득 채워주길 희망합니다. 이 명상이 여러분이 주변 사람들과 조화로운 관계를 맺도록 도와주길 희망합니다.

가까운 사람들과 사랑과 기쁨이 가득한 신뢰관계를 유지하는 것은 참으로 중요한 일입니다. 다음에 나오는 문장들은 좋은 관계를 위한 실마리를 알려줄 것입니다. 관계를 개선하고, 삶의 새로운 전략을 세울 기회를 줄 것입니다. 다른 사람들의 느낌에 민감해지고, 기쁨 안에서 그저 삶을 살 수 있도록 도와줄 것입니다.

사회의 견해에 근거해서 지금 자신의 모습보다 더 낫게 보이려고 애쓰지 말라. 그저 자기 자신으로서 존재하라. 다른 사람이라면 단점으로 보였을 것들도 가슴을 따르는 사람에게서는 커다란 장점으로 바뀌어 보인다.

모든 인간관계는 카드로 쌓아올린 집과 같다. 큰소리를 치고, 문을 쾅 닫고, 테이블을 내려치는 것만으로도 그 집은 부서진다. 많은 사람들은 단단한 토대 위에 튼튼한 집을 지어야 한다는 사실을 모르고 무너진 집 위에 또 새집을 짓는 실수를 범한다. 당신은 과거의 모든 불평불만을 던져버리고, 튼튼한 기초 위에 완전히 새로운 집을 지어야 한다.

모든 사람은 깊이를 알 수 없는 바다와 같다. 안타깝게도, 우리는 그 무한한 깊이에 주의를 기울이지 않고 오직 파도만을 바라보곤 한다.

어제의 그가 어떤 사람이었는지, 지금껏 그가 얼마나 많은 죄를 지었는지는 중요하지 않다. 지금 여기에서 그가 어떤 존재인지가 중요하다. 지금 이 순간, 있는 그대로의 그를 사랑하고 받아들이라. 상호이해의 거대한 힘은 여기에 있다.

모든 사람을 무지개로 바라볼 수 있다면, 당신 가까이에서 그들은 화려한 색채로 빛날 것이다.

누군가가 당신을 질책하거나 화내거나 공격한다면, 오히려 긍정적 태도를 취

함으로써 그에게 감동을 주라.

인간관계가 복잡하게 꼬였는가? 가장 좋은 방법은 거기에서 빠져나와 거리를 두고 바라보는 것이다. 그것으로 **충분하다는** 사실을 이해하면 이미 문제는 해결된 것이다! 만약 그를 사랑한다면, 떨어져 바라봤을 때 느낀 사랑을 유지한 채로 관계 속으로 다시 들어가라.

당신 스스로 행복하라. 그리고 다른 사람들에게 **훌륭한** 본보기가 되어라. 그것이 당신의 길이다.

이 간단한 조언들을 통해 당신은 가까운 사람들이나 동료들과의 관계 또는 의사소통을 개선하는 데 도움을 얻을 것입니다. 명상은 당신이 틀에 박힌 방식으로 반응하지 않도록 해줍니다. 또한 당신 자신의 행동을 의식적으로 자각할 수 있는 능력을 줍니다. 그것이야말로 인간관계에서 가장 중요한 열쇠입니다.

그러므로 무엇보다도 당신 자신을 향한 조건 없는 사랑을 키우세요. 이것이 최우선 과제입니다. 왜냐하면, 우리는 종종 자신을 사랑하지 않기에 현실을 있는 그대로 받아들이지 않기 때문입니다. 우리는 불행에 대해 자신을 책망하고 자신과 갈등합니다. 그럴 때는 내면의 통합과 조화가 불가능합니다.

명상은 당신이 다른 사람의 반쪽이 아니라 온전한 전체가 되도록 해줍니다. 그때 당신은 스스로 충만한 존재이자 삶의 주인이 됩니다. 더 이상 감정들이 당신을 여러 조각으로 나누지 않습니다. 당신은 매 순간 최고의 상태에 머물 것입니다. 이제는 당신이 삶을 다루지, 삶이 당신을 다루지 않습니다. 이것은 아주 귀중한 진실입니다.

인간관계에서는 각자가 숨을 쉴 수 있게 허용하는 일이 아주 중요합니다. 자유는 꼭 필요한 것입니다. 자유가 없는 모든 관계는 감옥과도 같습니다. 사람들은 스스로 그 속에 갇힌 채로 왜 사랑이 이렇게 고통스러운지를 의아해하지요.

고통은 상황을 거부하기 때문에 옵니다. 상황을 받아들이고 그것과 투쟁하지 않을 때, 당신의 내면은 어떤 갈등도 일으키지 않습니다. 하지만 뭔가를 거부할 때, 당신은 고통받고 당신의 내면이 분열합니다. 이런 내적 갈등은 결국 외부로 표출될 것입니다.

내면의 갈등을 멈추세요. 당신 자신과 주변 상황을 받아들이고 평화 속에서 살기 시작하세요. 그러면 당신은 직장에서든 가정에서든 모든 관계가 사랑으로 가득 차는 모습을 보게 될 것입니다! 사람들은 당신의 현존 앞에서 마음을 열고, 당신을 신뢰할 것입니다. 이처럼 영혼의 수준에서 서로 하나가 되는 것은 무척 중요합니다.

우화 하나.

스위치는 자그마하고, 검고, 납작했다. 반면 전구는 크고 밝았으며, 놀랄 만큼 아름다운 멋진 샹들리에를 입고 있었다. 그러니

스위치가 전구와 사랑에 빠진 것은 놀랄 일이 아니었다. 스위치는 전구가 쾌활하고 정신없게 켜져 있을 때도, 부드럽게 생각에 잠겨 꺼져 있을 때도 좋아했다. 넓은 테두리의 샹들리에 속의 전구의 모습은 얼마나 매력적인지!

하지만 스위치는 고통스러웠다. 전구는 방 한가운데 놓여 있지만, 스위치는 구석에 처박혀 있었다. 스위치는 한숨밖에 나오지 않았다. 전구가 교태를 부리며 윙크해도 그 둘은 결코 함께 있을 수 없었다.

이 방에서 창문은 존재감이 없었다. 아무도 창문이 있는지조차 모를 정도였다. 사람들은 창문을 바라보면서도 이렇게 말했다. "오늘은 날씨가 참 좋군." "봐, 저기에 우스꽝스러운 강아지가 한 마리 있어." 창문에 대해서는 아무도 좋은 이야기를 한 적이 없었다. 아마도 때때로 꾸짖기는 했을 것이다. "창문이 또 더러워졌군."

창문은 짜증이 나고 화가 났다. 창문의 눈에는 먼 친척뻘인 전구의 운명이 항상 자신보다 더 나은 것 같아 보였다.

창문이 입을 열었다. ― 내 말 좀 들어봐, 스위치 친구…

사실 스위치와 창문은 결코 친구가 아니었다. 오히려 서로의 말에 의심을 품는 사이였다.

창문은 강요하듯 반복해서 말했다. ― 들어봐, 스위치 친구. 네가 지금 누구에게 빠져 있는지 알고는 있는 거야? 전구가 너 없이는 못 산다는 사실을 정말 모르고 있는 거야?

스위치는 홍당무가 되었다. 가슴이 콩닥콩닥 뛰었다. 사랑하는 대상이 화제에 오르면 늘 그렇게 되는 법이다.

창문은 더욱 흥분하며 말했다. ─ 너는 그녀의 왕이자 보스이자 리더야. 네가 원하면, 그녀는 빛날 거야. 네가 원하지 않으면, 그녀는 힘없이 꺼질 거야. 그녀는 너의 명령에 따라 움직여. 그런데 왜 괴로워하니? 그녀는 너의 하인이고 노예야. 이런 멍청한 녀석…

스위치는 놀라서 멈칫 뒤로 물러섰다. ─ 너 뭐라고 했어? 어떻게 감히 그녀를 그런 식으로 말할 수 있어?

스위치가 흥분하자 정말로 즉각 전구의 불이 꺼졌다. 이에 창문은 더욱 신나서 떠들어댔다. ─ 이제 확실히 알았니?

스위치는 진실을 듣기 위해 전구를 향해 물었다. ─ 정말로 너는 나에게 의존하고 있니?

전구의 빛이 희미해졌다. 전구는 한숨을 쉬며 말했다. ─ 그래, 사실이야. 너는 원하는 대로 나를 조종할 수 있어. 이제 이 사실을 알았으니, 우리의 사랑은 구속으로 바뀌게 되겠지…

창문이 심술궂게 덜그럭대며 말했다. ─ 바로 그거야! 구속이 돼야지. 안 그러면 너희들 한숨 소리에 내가 잠을 못 자.

그러자 스위치가 웃으며 말했다. ─ 그게 무슨 말도 안 되는 소리야? 그럼 정말로 우리가 떨어져 있지 않다는 거네? 우리가 늘 연결되어 있다는 거지? 우리가 함께 있기로 운명 지어져 있다는

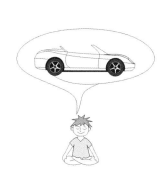

거지? 지금부터 우리는 더 행복해질 거야. 원하는 게 있으면 내게 말만 해. 놀고 싶으면 밝게 빛나게 해줄게. 피곤하다면 쉬게 해줄게. 나는 너의 빛을 지켜주는 수호자가 될 거야!

창문이 소리쳤다. ─ 이런 바보 같은 놈들!

사람들도 할 말이 떨어지면 종종 이렇게 소리를 지르곤 한다.

우리는 이미 요점을 파악했지만 이야기를 좀더 이어가자면… 전구는 결코 불이 꺼지지 않았다. 전구는 너무나 오랫동안 빛을 밝혀 모두를 놀라게 했다. 아무도 몰랐던 것이다. 이 전구가 얼마나 사랑받고 있는지를.

참사랑은 구속하거나 가두지 않는다. 그와 반대로, 참사랑은 묶인 두 손을 풀어 그것을 날개로 만들어준다. 그리고 당신은 날아가게 된다. 참사랑은 멀리 떨어진 두 사람을 하나로 만들어준다. 참사랑은 서로에게 끊임없이 놀라움을 준다. 참사랑은 기쁨이며 자유로움이며 황홀함이다. 오직 기쁨과 행복만을 선택하라. 그저 지금 여기에 존재하라. 그리고 당신이 혼자가 아님을 느끼라. 당신은 온 세상과 하나이다.

명상은 우리를 우리 자신으로서 존재하게 합니다. 명상은 '내 안의 나'를 자각하게 해줍니다. 이것은 커다란 힘입니다. 우리 자신에 대한 거짓 견해들, 즉 다른 사람에게서 강요된 견해들을 믿게 만드는 요인들을 자각하고 제거하는 것이 중요합니다. 우리는 사랑으로써 그렇게 해야 합니다.

명상 그 자체는 목표가 아닙니다. 명상은 목표에 이르는 길일 뿐입니다. 우리의 진짜 목표는 친절과 열림과 만족의 상태입니다. 불교에서는 이것을 깨달음이라 부릅니다. 그때 당신은 영원히 고통을 멈춥니다. 당신은 그저 살아 있다는 이유만으로 매 순간 행복합니다. 그 어떤 조건도 이런 당신의 행복에 영향을 미치지 않습니다. 이것을 생각으로 이해하기는 쉽지 않습니다. 그러나 우리의 가슴은 이것이 사실임을 분명히 알고 있지요.

어릴 때 우리는 바로 그런 상태에 있었습니다. 그 말은 지금도 우리가 그렇게 할 수 있다는 뜻입니다. 스스로 그러겠다고 의도하기만 하면 됩니다. 명상은 우리를 놀라운 가슴의 세계로 인도합니다. 거기에서는 모든 것이 가능하지요.

이 느낌이 완전히 뿌리내리면, 당신은 명상 상태에 들어가기 위해서 굳이 노력을 할 필요가 없습니다. 행복한 상태가 이미 당신의 일부가 되었기 때문입니다. 그것은 당신의 삶을 완전히 흡수합니다. 당신은 여전히 당신이 하던 일을 그대로 하겠지만, 모든 일에 신성함과 지극한 기쁨이 깃들 것입니다. 마당을 쓸고, 설거지를 하고, 요리를 하고, 일터에 나가고… 이 모든 것이 명상입니다. 당신은 더 이상 명상을 특별한 것으로 생각하지 않게 됩니다. 그것은 이미 당신의 자연스러운 본성입니다. 당신은 자신이 비로소 고향에 돌아왔음을 분명하게 느낍니다. 멋지지 않은가요!

우화 하나.

언젠가 붓다가 제자들에게 말했다.

― 먼 여행을 떠나 지금 넓은 강물 앞에 서 있는 한 남자를 상상해보자. 강 이편은 위험하고 죽음의 위협이 가득하다. 강 저편은 안전하고 위험하지 않다. 그러나 강을 건널 배도 없고, 건너갈 다리도 없다.

그 남자는 생각했다. '이 강은 물살이 빠르고 넓구나. 여기를 건널 다른 방법은 없어. 하지만 나뭇가지를 충분히 모은다면 뗏목을 만들 수 있겠지. 그 뗏목을 타고 열심히 노력하면 강 저편에 무사히 닿을 수 있을 거야.'

그는 뗏목을 만들어 물에 띄우고, 손과 발을 열심히 놀려 강 저편에 안전하게 도착했다. 강을 건넌 다음 그는 다시 생각했다. '이 뗏목은 내가 강을 건너는 데 정말 큰 도움이 됐어. 이것을 어깨에 짊어지고 여행을 계속하는 것이 좋겠군!'

그 남자가 뗏목을 그렇게 지고 가는 것이 옳을까? 제자들이여, 어떻게 생각하는가? 그 뗏목에 대한 올바른 태도는 무엇일까?

참으로, 그 남자는 이렇게 생각했어야 한다. '뗏목이 내가 건너편 언덕에 도달하는 데 도움을 주긴 했지만, 이제 나는 그것을 놓아두고 내 길을 계속 가야 해!'

이렇게 했을 때, 그는 참으로 뗏목을 올바른 태도로 대한 것이다.

제자들이여, 우리의 공부도 이와 같다. 나의 가르침은 그대들이 계속 가지고 가야 할 소유물이 아니다. 자유를 얻기 위한 일시적

인 수단일 뿐이다. 나의 가르침을 뗏목으로 여기라. 해탈의 피안
에 도달했을 때, 그대들은 그것을 내려놓아야 한다.

어떤 특별한 순간에, 사랑은 당신의 모든 것이 됩니다. 사랑이 이
미 온 세상을 뒤덮고 있기 때문에 사랑을 창조하기 위해 뭔가 노력하
는 일은 아무 의미가 없습니다. 이처럼 그저 매 순간 존재하는 모든
것을 즐기며 사는 삶이 얼마나 놀라울지를 상상해보세요. 당신은 아
무것도 밀치거나 당기지 않습니다. 그저 즐길 뿐입니다. 그것이 참행
복입니다.

하지만 그러기 전에 당신의 머릿속에서 치워버려야 할 것들, 빛과
사랑으로써 변화시켜야 할 것들이 많이 있습니다. 폐에 문제가 있는
한 친구의 이야기입니다. 그녀는 기침을 할 때마다 큰 고통을 겪었습
니다. 그리고 통증이 만사를 부정적으로 보게 만들어 늘 우울했지요.
나는 그녀에게 명상을 하면서 그 우울한 느낌이 언제 시작되는지를
추적해보라고 권했습니다. 그녀는 명상 도중에 그 이유를 분명하게
알게 되었습니다. 이제 그녀가 해야 할 일은 오직 그것을 내려놓고
과거를 용서하는 것뿐이었습니다. 그래서 그녀는 어떤 특정한 상황
과 사람에게 가졌던 불만을 내려놓았습니다. 그런 다음, 나는 호흡할
때는 밝은 빛을 들이마시고 내쉴 때는 폐로부터 탁한 기운을 내보내

는 상상을 하면서 일주일간 명상을 계속하도록 권했습니다. 불과 셋째 날에 그녀는 몸이 훨씬 좋아진 것을 느꼈습니다. 그리고 일주일 후에는 건강을 회복하게 되었습니다.

우리 내면의 에너지는 무한합니다. 그리고 그것은 아직 전혀 탐구되지 않았지요. 나는 당신에게 명상을 지속적으로 실험해보길 권합니다. 시행착오를 겪으십시오. 오직 실험을 통해서 우리는 무엇이 우리에게 좋은지, 어떤 수행이 우리에게 알맞은지를 발견하게 됩니다.

당신은 명상 그 자체의 신성함을 배우게 될 것입니다. 명상은 당신을 치유하고 변화시켜줍니다. 그저 실천하세요! 명상이 당신 삶의 진정한 친구가 되게 하세요. 어디를 가든지 항상 당신을 따라다니게 하세요. 비행기를 타든, 기차를 타든, 공부를 하든, 휴가를 가든⋯ 명상은 참 좋은 소일거리입니다!

나는 요리할 때, 잠자리에 들 때, 영화를 볼 때, 심지어 사랑을 나눌 때도 명상을 합니다. 내게는 모든 것이 명상입니다. 명상이 모든 감각을 예민하게 만든다는 말을 기억하십니까? 그래서 우리는 명상을 언제 어디서나 이용할 수 있습니다.

하지만 그것을 습관으로 만들지는 마세요. 모든 일을 진지하게, 가슴으로부터 우러나온 사랑으로써 하세요. 어떤 일과 사랑에 빠져 깊이 몰입했을 때, 우리의 영혼이 우리를 완전히 새로운 땅으로 인도할 때, 우리가 육체적 조건을 잊고 그저 하나의 영혼으로서 존재할 때, 그 느낌은 참으로 놀랍습니다!

당신의 영혼을 감싸고 있는 한낱 고깃덩이 육체에 쓸데없는 중요성을 부여하지 마세요. 오직 가슴을 따라 사세요! 춤추고 기뻐하세요! 당신이 여든 살이 넘었다면, 더더욱 모든 고민을 집어던지고 춤을 추세요! 그 외에 할 일이 뭐가 있겠습니까?

이제부터는 남은 시간 동안 전혀 새로운 삶을 사세요. 음식을 먹을 때도 천천히 씹고, 모든 맛을 경험하세요. 평범한 방식은 그만두세요. 그 대신 모든 일을 명상으로 만드세요. 음식의 맛을 제대로 느끼기 시작하면 만족감을 얻기 위해 과식할 필요가 없어집니다. 정말로 당신은 신성한 명상 가운데 모든 음식의 맛에 만족하게 될 것입니다.

먹기 전에 명상을 함으로써 우리는 음식을 축복하고 우리 자신을 신성과 조율할 수도 있습니다. 그러면 정말로 음식의 질이 좋아질 것입니다. 안타깝게도, 요리를 하면서 짜증을 내거나 화를 내는 사람들이 많습니다. 음식은 그것을 만드는 사람의 감정을 흡수합니다. 그래서 우리의 몸은 그런 상태에서 요리된 음식들을 받아들이는 데 어려움을 겪습니다. 그걸 먹고 나서 당신은 기분이 나빠지고, 그 나쁜 기분을 무디게 하기 위해 더 많은 음식을 먹게 됩니다.

명상과 함께 사랑으로써 요리를 해보세요. 그러면 그 음식을 먹은 사람은, 무슨 영문인지도 모른 채 당신과 더 깊은 사랑에 빠질 것입니다. 당신이 진실한 사랑을 품고 있다면, 그것은 흘러나와 주변 사람들의 가슴으로 전달됩니다. 이제 당신의 주변에는 항상 많은 사람들이 모여들 것입니다. 모든 사람은 사랑과 부드러움을 원하니까요.

대부분의 시간 동안 사랑 속에 머문다면, 그때 우리는 온갖 멋진 것들을 끌어당기는 거대한 자석이 됩니다. 이 상태에서는 모든 일이 좋은 성과를 가져옵니다. 당신을 통해서 신이 그 일을 하는 것이기 때문입니다. 사람들은 이유도 모른 채, 마치 꿀을 찾아 날아드는 벌처럼 당신 주변을 맴돌 것입니다. 당신은 항상 주목을 받는 중심에 있게 됩니다.

이전까지 이성에게 인기가 없었던 사람도 단지 사랑 속에 머묾으로써 주변의 이목을 집중시키는 존재가 될 수 있습니다. 사람들이 몰려든다고 두려워하지 마세요. 그 불편함을 던져버리세요. 나만의 개성으로 내면의 사랑을 표현하는 것은 멋진 일입니다. 그러니 새처럼 자유로워지세요. 당신의 날개가 바람을 타고 걱정으로부터 빠져나와 행복을 향해 날아가도록 하세요. 사랑이 당신의 삶 속에 흘러들어오게 허용하세요.

그때 당신은 지금까지 당신 자신이 사랑 없이 살았다는 사실을 알게 됩니다. 그런 지루한 삶은 다음과 같은 질문을 불러옵니다. "나는 누구일까?" "나는 무엇 때문에 여기에 있는 것일까?" 하지만 이제는 모든 질문이 떨어져 나갑니다. 사랑이야말로 가장 좋은 해결책입니다.

햇빛, 풀, 낙엽, 첫눈뿐 아니라 두 번째, 세 번째 눈도 즐기세요. 당신 주변의 모든 것을 즐기세요. 지금 여기에 사세요! 지금 당신 주변에 있는 바로 그것이 가장 중요합니다! 이 순간을 즐기세요. 온 영혼을 다해 그것을 깊이 즐기세요! 그래야 언젠가 이 세상을 떠날 때가 와도 후회가 남지 않습니다. 참되고 기쁨으로 가득 찬 삶을 살았기 때문입니다.

　　기쁨과 사랑은 가슴에 냉담함, 분노, 슬픔이 없는 사람에게만 찾아온다. 그러므로 가슴을 열고 깨끗하게 정화하라. 그리고 사랑과 기쁨으로써 삶을 즐기라.

　　당신의 머릿속에서 쓰레기를 던져버리세요. 하는 일이 마음에 들지 않는다면 그곳을 떠나세요. 자신을 괴롭히지 마세요. 당신의 가슴이 원하는 일을 찾으세요. 그러면 삶이 스스로 변화하는 모습을 보게 될 것입니다. 직장의 잿빛 일상이 꽃피는 주말의 느낌으로 바뀝니다. 이제 당신은 직장에 일하러 가는 것이 아니라 창조적인 영감을 얻고 휴식을 취하러 갑니다. 창조성과 사랑의 상태에 있을 때, 당신은 피로를 모릅니다. 내면에서 힘과 에너지가 솟아납니다. 당신은 마치 끊임없이 당신 자신을 새롭게 하는 홍수 가운데 있는 것처럼 느낍니다.

　　유명한 음악가, 예술가, 시인은 물론이고 모든 창조적인 사람들은 명상 없이는 아무것도 할 수 없습니다. 그들은 아마도 자신이 좋아하는 일을 하는 동안에 자신도 모르게 명상 상태에 들어갔을 것입니다. 그곳에서는 음악이 저절로 그들의 귀에 흘러들어 갑니다. 또는 마치 신이 그들의 손을 인도하듯 그림이 그려집니다. 또는 마치 수백 명의 천사들을 대신하여 춤을 추듯이 그들의 몸이 움직입니다. 그들은 자

신의 삶과 일에 대한 사랑으로 미쳐 있습니다. 아마도 그것이 성공의 비결 아닐까요? 맞습니다!

지상에서 가장 재능 있는 수백만의 사람들이 사용했던 이 비결을 당신도 사용하세요. 그것은 바로 명상, 즉 사랑의 상태에 들어가는 것입니다. 그 어떤 것에도 당신을 방해할 만한 중요성을 부여하지 마세요. 당신의 사랑이 당신을 위해 모든 일을 해줄 것입니다. 당신이 해야 할 것은 이 상태에 들어가는 것뿐입니다.

자신의 재능을 깨운 사람들은 명상을 한 뒤에 그림을 그리고, 글을 쓰고, 음악과 시를 창조합니다. 놀랍지 않은가요? 오랫동안 갇혀 살아온 이 캡슐을 그저 열기만 하세요. 당신의 원천이 격렬하게 흐르고 환히 빛날 수 있는 가능성을 여세요. 사회의 평가를 두려워하지 마세요. 사람들은 늘 뭔가에 대해 불쾌해하기 마련입니다. 그들은 자기 자신을 두려워합니다. 하지만 당신은 그러지 마세요. 가슴의 길을 따라 용감하게 걸어가세요!

불필요한 관계를 포함한 모든 피상적인 관념을 던져버리세요. 당신은 더 나은 것을 찾지 못할까봐 두려워서, 습관 때문에, 혹은 양육해야 할 '아이들' 때문에 그것을 붙잡고 있습니다. 더 이상 그런 쓰레기들이 당신의 머리를 채우지 않게 하세요!

가슴을 여세요. 아이들은 무엇보다도 사랑 안에서 자라야 합니다. 설령 부모가 헤어지더라도, 아이들이 스스로 아무 문제가 없음을 알고 행복하게 생활한다면 그것으로 충분합니다. 오히려 그것이야말로 아이들이 보아야 할 것입니다. 부모가 서로 싸우고 증오하는 모습 대신 말이지요.

사랑의 순간으로 뛰어드세요. 그것이 평생 동안 당신의 동맹군이 되게 하세요. 그것이 한 곳으로부터 다른 곳으로 계속 확장되어 마침내 당신 주변을 전부 둘러싸도록 하세요. 오래전에 썩어버린 것들은 모두 두려움 없이 내려놓으세요. 그럼으로써 다음의 새로운 관계들이 풍요로워지게 하세요. 홀로 남는 것을 두려워하지 마세요. 당신은 더 나은 관계를 찾게 될 것입니다! 아무리 나이가 많더라도 당신 자신을 존중하세요. 나이는 숫자에 불과합니다. 70세가 되어도 사랑에 빠지고, 오래오래 행복하게 살 수 있습니다. 반면 40세밖에 안 되었어도 자신이 이미 늙었다는 생각에 사로잡힐 수 있습니다. 모든 것은 당신에게 달려 있습니다.

나는 어떤 여자분이 "내가 벌써 쉰 살이야"라고 말할 때 무척 놀랐습니다. 이제 겨우 쉰 살이죠! 그녀는 이제 갓 살기 시작한 것이나 다름없습니다. 적게 잡아도 20~30년 이상의 시간이 남아 있으니까요. 무기력한 불평은 이제 충분합니다. 사랑의 상태에 들어가서 몸에 좋은 음식을 먹고 운동을 시작하세요. 헬스클럽에서 새로운 사랑을 발견하게 될지도 모르는 일입니다.

참고로, 다음 장에서는 누군가를 당신의 가슴에 끌어당기는 법을 이야기할 것입니다. 모든 것이 다 잘 될 것입니다. 사랑은 당신에게 힘을 주고, 당신은 내면으로부터 빛을 발할 테니까요. 당신이 필요로

하는 사람들이 이 빛을 보고 불나방처럼 달려들 것입니다.

이것은 내가 유명해지기 전부터 많이 실험해본 방법입니다. 나는 땀에 젖은 평범한 티셔츠를 입고 헬스클럽에 갔습니다. 그리고 사랑의 상태에 들어갔지요. 그런데 어이쿠! 여자들이 내게 호감을 보이기 시작했습니다! 멋지게 차려입은 남자들이 근처에 우글우글했는데도요. 우리의 영혼은 겉모습을 보지 않습니다. 그 너머 내면에 있는 것을 느낍니다. 당신의 가슴이 뜨거운 불꽃으로 타오르고 있다면, 수백만 개의 초들이 그리로 와서 불을 옮겨붙이고 싶어하겠지요.

그러니 두려워하지 말고 실험하세요. 자신만의 경험을 통해 배우는 것은 멋진 일입니다. 나는 다른 사람들의 말을 잘 믿지 않습니다. 나 자신의 생각도 잘 믿지 않지요. 대신 직접 실험해봅니다. 당신도 내 말이 모두 사실이며 실제로 가능하다는 것을 직접 확인할 수 있습니다. 당신은 끊임없는 행복의 상태에서 살 수 있습니다. 그러기 위해 열심히 노력할 필요도 없습니다. 그저 그렇게 하세요. 그러면 분명 성공할 것입니다.

명상은 또 하나의 강점이 있습니다. 명상은 안타깝게도 우리가 오래전에 잃어버린 '지금 여기'라고 하는 놀라운 순간을 되찾아줍니다. 행복과 기쁨을 향한 문은 지금 여기에서만 열립니다. 따라서 우리는 그 어떤 순간에도 미래를 선택할 수 있습니다.

아이들은 무슨 들은 말이 있어서 지금 이 순간에 집중하는 것이 아닙니다. 아이들은 어떤 일도 나중으로 미루지 않습니다. "지금 당장 그것을 원해!" 그게 답니다. 아이들은 우리의 말에 설득당하지 않습니다. '미래는 존재하지 않는다'는 단순한 비밀을 알고 있기 때문이지요. 무엇 때문에 나중으로 미루겠습니까? 그들은 지금 여기에 온전히 살고 있습니다. 그리고 그들은 어디에 있든 조건 없이 행복합니다.

나는 물웅덩이에 앉아 황홀함을 느꼈던 시절을 기억합니다! 나는 웅덩이를 파면서 모래성을 쌓았습니다. 나는 거기서 나오고 싶지 않았습니다. 거기에 이유 따윈 없었습니다. 그저 그랬을 뿐이지요.

"그냥." 이것이 우리 영혼의 언어입니다. 우리는 지금 여기에서 그냥 행복합니다. 달콤한 사탕이나 멋진 보석이 있어서가 아닙니다. 좋고 나쁨, 기쁨과 슬픔, 사랑과 거부의 이원성의 세계에서 사는 법을 배운 것은 나중의 일이었지요. 하지만 우리가 명상을 하며 조건 없는 사랑을 자각하기 시작한다면, 그것은 마치 어린 시절처럼 어떤 외부적 조건에도 구애받지 않는 행복감을 선물해줄 것입니다.

이미 어른이 된 이후 긴 명상 끝에 다시 조건 없는 사랑을 느꼈을 때, 나는 거의 두 주일이나 황홀경의 상태에 머물렀습니다. 나는 늘 조화 속에 있었으며, 외부의 어떤 것도 그 균형을 깨뜨리지 못했습니다. 물론 사회가 다시 나를 집어삼켰지만, 중요한 점은 내가 다시 그 느낌을 떠올렸다는 사실입니다! 나는 그것이 실제로 가능하다는 것을 확인했습니다.

명상은 깊은 고요와 기쁨을 줍니다. 명상하세요. 그러면 이 대단

한 느낌을 기억하게 될 것입니다. 그리고 그 느낌은 끊임없이 당신을 따라다닐 것입니다.

문제는 잊어라. 그것은 존재하지 않는다. 모든 것은 마음의 장난일 뿐이다. 자기 자신과의 게임을 그만두라. 그저 즐기고, 그저 살라. 당신은 행복할 만큼 충분히 가졌다. 오늘이 마지막인 것처럼 즐기라!

행복하게 살기 위해서는 과거를 평가하지 말고 있는 그대로 받아들여야 합니다. 과거는 좋은 것도 나쁜 것도 아닙니다. 카르마도 부메랑도 돌아오지 않습니다. 지금 여기에서 당신은 생명력으로 충만하며 모두에 대한 사랑으로 흘러넘칩니다. 지금 이 순간의 이 사랑이 모든 과거를 치유합니다. 당신이 그것을 어떤 식으로든 평가하지 않는다면 말입니다. 그리고 당신이 어디로 갈 것인지, 무엇을 할 것인지를 선택하는 것도 지금 여기입니다. 지금 여기에서 당신은 미래를 창조하고 있습니다.

많은 사람들은 과거가 어떤 식으로든 미래에 영향을 준다고 말합니다. 하지만 나는 그 말에 동의하지 않습니다. 과거는 오직 현재에만 영향을 주고, 오직 현재만이 미래에 영향을 줍니다. 그러나 안타깝게도 사람들은 과거를 현재로 끌어온 후에 그것을 다시 미래까지 끌고 갑니다. 이것이 소위 '카르마'라는 것입니다. 그래서 그것은 돌고 돕니다. 과거의 상황들이 어떤 식으로든 미래에 반복됩니다. 이것은 끝없는 순환입니다.

나는 여러분이 지금 여기에서 멈추기를 권합니다. 숨을 내쉬면서,

온 세상과 사랑에 빠진 조화로운 상태로 들어가세요. 그리고 두려움과 의심 없이, 의식적으로, 당신이 원하는 방향으로 나아가세요. 사랑과 기쁨이 없을 때 사람들은 따분함을 느끼고, 그 따분함은 냉담함과 게으름과 의심과 두려움을 불러일으킵니다. 그러나 사랑과 기쁨만 있으면 우리는 더 빠르게 움직이고 더 쾌활해집니다.

　당신의 소중한 나날들을 찬미하라. 거기에 두려움과 불확실함을 위한 시간은 남아 있지 않으리니.

　안타깝게도, 내 삶은 한 번에 나를 이런 깨달음으로 데려오지 않았습니다. 나는 많은 고통을 겪어야 했습니다. 나는 고통에 중독되어 있었고, 그래서 끊임없이 과거와 같은 상황들을 창조했습니다. 마침내 나는 이것이 뻔한 반복임을 알아차렸습니다. 내 과거가 내 현재를 어지럽히고 있음을 이해했습니다.

　그것을 거부하기가 쉽진 않았습니다. 잡다한 생각들이 이리저리 뛰어다녔습니다. 내가 과거에 초점 맞추기를 거부하고 지금 여기에 온전히 머물도록 도와준 것은 스스로 행복하고자 했던 내 소망과 꾸준한 명상이었습니다. 나는 내 생각들을 추적하기 시작했습니다. 만일 그 뿌리가 과거나 미래의 어딘가에 있으면 그것들을 지금 여기의

현실로 다시 되돌렸습니다.

실은 과거도 없고 미래도 없습니다. 과거에 대한 몇몇 기억이 있고, 미래에 관한 몇몇 가정이 있을 뿐입니다. 그것들은 현실과 아무런 관련이 없습니다. 가장 중요한 순간은 언제나 지금 여기입니다. 그래서 나는 내가 생각에 빠져 있음을 알아차리자마자 다시 집중해서 내 몸의 느낌과 주변 상황에 귀를 기울였습니다. 심지어 나 자신을 깨물기도 했습니다. 때로는 고통이 지금 여기로 돌아오도록 도와주기 때문입니다. 그러자 곧 문제들이 저절로 사라지기 시작했습니다.

명상과 지금 이 순간에 대한 집중은 늘 적절한 결과를 가져왔고, 나는 다시 미소 짓는 유쾌한 남자가 되었습니다. 그러니까 당신도 시도해보세요. 당신이 정말로 지금 어디에 있는지를 추적하세요. 한 발짝 떨어져서 자신을 지켜보세요. 당신은 지금 여기에서 온전히 살고 있나요? 아니면 보물을 발견하리라고 생각하면서 과거의 기억이라는 쓰레기 더미를 파헤치고 있나요? 당신은 아무것도 찾지 못할 것입니다. 보물은 오직 지금 여기에 있으니까요!

삶을 온전하고 충만하게 살고 싶다면 지금 이 순간에 사세요. 당장 가족이나 가까운 사람들에게 전화해서 사랑을 표현하세요. 그들에게 진심으로 다가가서 주저하지 말고 당신의 느낌을 말하세요. 그렇게 하면 우리는 참으로 가까워질 수 있습니다. 당신이 지금 가지고 있는 모든 것, 당신을 둘러싸고 있는 모든 것을 존중하기만 한다면 당신은 온전한 기쁨을 누리기에는 늘 뭔가가 부족하다는 결핍감을 없앨 수 있게 될 것입니다. 당신은 지금 여기에서 이미 축복받았습니다! 당신은 이전처럼 과거로부터 미래를 만들지 않습니다. 당신은 신성한 지금 여기로부터 미래를 창조합니다. 당연히 미래의 삶은 더 나은 것으로 바뀔 것입니다.

지금 이 순간을 느끼기 위해서, 그것의 가치와 독특함을 알기 위해서 '현존의 떨림' 명상을 규칙적으로 연습하기 바랍니다. 음원에서는 찾지 마세요. 이 연습은 책에만 있습니다.

'현존의 떨림' 명상

이 명상은 서서 합니다.

눈을 감고, 손은 아래로 내립니다.

숨을 깊이 들이쉬고, 내쉬면서 모든 생각을 내보냅니다.

숨을 깊이 들이쉬고, 내쉬면서 몸을 완전히 이완합니다. 내면의 주의로 몸을 죽 훑으면서 혹시 에너지가 막혀 있는 곳이 있는지 살펴봅니다. 그곳을 이완합니다.

숨을 깊이 들이쉬고, 내쉽니다. 서서히 손바닥에 찌릿찌릿한 느낌이 옵니다. 숨을 들이쉴 때마다 손바닥의 찌릿한 느낌이 더욱 강해집니다. 미약한 전기가 흐르는 느낌, 손이 떨리는 느낌이 점점 더 확실해집니다.

지금 우리는 아무 생각도 하지 않습니다. 우리는 지금 여기에 존재하면서, 오직 손의 떨림과 찌릿함만을 느낍니다.

그 떨림이 아주 강해질 때, 숨을 내쉬면서 양손을 아주 천천히 들어올리기 시작합니다. 그 떨림과 찌릿찌릿한 느낌이 온몸을 통과해서 흘러갑니다.

손을 아주 천천히, 천천히 들어올려서 양손의 손바닥이 땅바닥과 마주보게 하세요.

이 상태를 몇 분간 지속합니다. 그저 숨을 들이쉬고 내쉬면서, 점점 더 강해지는 떨림을 느낍니다.

이제 양손을 천천히 내리면서, 몸의 느낌을 지켜봅니다. 계속해서 떨림이 커지는 것을 느낍니다.

이 떨림이 당신에게 기쁨을 가져올 때까지 여러 번 양손을 올렸다 내립니다.

여기서 중요한 점은 주의의 초점을 머릿속의 생각이 아니라 지금 이 순간의 느낌에 맞추는 것입니다. 이 멋진 연습은 당신이 단단한 내면의 중심을 빠르고 쉽게 찾을 수 있도록 도와줍니다. 이 연습은 슬픈 생각에서 기쁜 느낌으로 스위치를 전환해서 삶의 매 순간을 즐길 수 있도록 도와줄 것입니다.

지금 이 순간 세상을 향해 열려 있는 태도는 아주 중요한 것입니다. 그때 당신은 세상 속에서 가장 귀한 것을 온전히 얻게 됩니다. 보통 우리의 머리는 수많은 생각들로 혼란스러우며, 그래서 주변에 귀 기울일 수 없고, 섬세하게 느끼기는 더욱 어렵습니다. 모든 것이 안

갯속에 있는 듯 보입니다. 당신은 자신이 살아 있는지 꿈꾸고 있는지 확신할 수 없습니다. 내 생각에는 많은 사람들이 그런 상태에 있습니다. 별로 유쾌하지 않은 경험이지요. 그래서 어떻게든 그 수렁에서 빠져나올 활력을 얻기 위해서 역으로 즐겁지 않은 상황이나 고통을 상상하는 것입니다.

주위를 둘러보라. 당신이 가진 모든 것을 찬미하는 것은 얼마나 중요한가. 아침에 일어났을 때, 걱정거리부터 떠올리지 않고 그저 사랑하는 사람의 눈을 바라보며 그 사랑을 표현하고 좋은 날이 되기를 빌어주는 것은 얼마나 중요한가. 어머니와 아버지를 껴안는 것은 얼마나 중요한가. 침묵 속에서 당신의 사랑과 지지를 내보내는 것, 지나가는 사람에게 미소 짓는 것은 얼마나 중요한가. 그러면 어떤 문제든 연기처럼 사라질 것이다. 삶이 변할 것이다. 당신의 딸을 두 팔로 껴안아 들어올리는 것은 얼마나 중요한가. 숲 속의 마귀할멈 이야기 대신 친절한 마법사의 이야기를 들려주는 것은 얼마나 중요한가. 우리의 세상에는 이처럼 더 중요한 일들이 얼마든지 많다. 주위를 둘러보라. 당신이 가진 모든 것을 찬미하는 것은 얼마나 중요한가.

하지만 불행히도, '살아 있다'고 볼 수조차 없는 사람들이 많이 있습니다. 더 정확히 말하자면 그들은 한 번도 '살아 있었던' 적이 없

는 듯 보입니다. 죽음이 다가와 당신 삶의 조각들을 보여줄 때, 좌절과 두려움과 분노와 불만 외에는 아무것도 없는 지경입니다.

부정적인 것들은 모두 던져버리세요! 즐기며 살기 시작하세요. 바로 지금 여기가 당신이 가진 유일한 것입니다. 당신이 만든 미래도, 당신이 후회할 과거도 없습니다. 오직 지금 여기에 사랑이 있을 뿐입니다. 오직 지금 여기만이 진실하며, 다른 것은 모두 환상입니다.

우화 하나.

두 개의 초가 있었다.

불붙지 않은 초가 불타고 있는 친구에게 말했다.

— 너 참 안됐어. 늘 불이 켜져 있으니 생명이 짧잖아. 너는 곧 존재하지 않게 될 거야. 나는 너보다 훨씬 더 행복해. 나는 불이 안붙어서 녹을 일도 없거든. 나는 옆에 조용히 누워 오랫동안 살아 있겠지만, 네가 살 날은 얼마 남지 않아.

불타는 초가 대답했다.

— 나는 그게 전혀 유감스럽지 않아. 나의 삶은 훌륭하고 의미로 가득하지. 나는 불타면서 몸이 녹고 있지만 다른 많은 초가 내게 와서 불을 붙여가지. 그래서 나의 불은 결코 줄어들지 않아. 내 몸이 녹아내리더라도 나의 영혼인 이 불은 우주와 하나가 되어 멋지고 빛나는 고향으로 다시 돌아갈 거야. 나는 밤의 어둠을 쫓고, 크리스마스트리를 바라보는 아이들을 기쁘게 만들고, 아픈 사람의 침대 곁에서 공기를 정화하며 병원균을 없애고, 성상聖像 앞에서 기도하는 사람들에게 영감을 불러일으키지. 이런 내 짧은 삶이

멋지지 않아? 나는 오히려 불붙지 않은 네가 안타까워. 너는 아직 삶의 목적에 도달하지 못했어. 네 영혼의 불은 어디에 있지? 그래, 너는 나보다 더 오랫동안 안전하게 누워 있겠지. 하지만 그 누가 너를 필요로 할까? "자는 것보다는 불타는 것이 낫다"는 말이 있어. 불타는 것은 살아 있고, 잠자는 것은 죽어 있기 때문이야. 너는 내가 불타서 곧 사라질 거라고 안타까워하지만, 너는 생명 대신 안전을 택했어. 시작도 하기 전에 죽은 거지. 생명이 너를 지나쳐 간 거야.

먼지구덩이 선반에 누워 있는 상태를 벗어나려면 그저 사랑의 불로 가슴을 태우기만 하면 됩니다. 그리고 그것을 다른 사람들의 가슴과 나누세요. 당신의 사랑과 친절은 내면으로부터 온 주변에 빛을 밝힐 것입니다. 모든 사람이 지금 여기에서 자기 자신을 자각하는 모습을 상상해보세요. 단지 사랑과 기쁨의 상태에 들어가기만 하면 온 세상이 따뜻함으로 환하게 빛날 것입니다! 심지어 호전적인 사람의 가슴도 겸손과 사랑으로 빛나게 될 것입니다!

당신이 길을 따라 걸으면, 모든 사람이 미소 짓습니다. 이것이 지상천국 아닐까요! 천국은 우리 안에 있습니다. 다른 어떤 곳이 아닌 오직 우리 안에 있습니다. 세상에 대한, 그리고 서로에 대한 우리의

태도 안에 있습니다. 서로를 돕고자 하는 의도 안에서 단지 진심으로 영혼을 나누세요.

지금 여기라는 순간은 완벽하게 새롭습니다. 우리는 생각에 잠길 때마다 그것을 놓칩니다. 그것의 맛과 느낌이 사라집니다. 사실 지금 이 순간은 결코 반복되지 않습니다. 이 순간은 참으로 독특합니다. 사과를 먹을 때도 당신이 수백 번 씹었던 것처럼 먹지 말고, 뭔가 완벽하게 새롭고 특별한 것으로서 경험해보세요. 실제로, 당신은 '그 사과'를 처음 먹어보는 것이니까요! 그 맛을 즐기세요. 처음 먹는 것처럼, 태어나서 처음인 것처럼요.

안타깝게도 생각하는 마음의 습관은 우리를 지금 이 순간의 독특함으로부터 멀어지게 합니다. 생각하는 마음과 에고는 서로 연결된 가까운 형제입니다. 그들은 모든 것을 습관으로 만들어서 우리의 자각을 방해합니다. 당신은 매일매일을 새로운 것으로 받아들일 수 있지만, 마음과 에고는 그것을 과거에 언젠가 경험해본 것으로 인식하게 합니다. 그 결과, 우리는 나날의 삶을 기쁨과 즐거움으로 바꾸지 못하고 같은 일만 반복하는 노동으로 전락시킵니다.

당신이 좋아하는 노래가 있다고 해봅시다. 당신은 그 노래가 라디오에서 흘러나오기를 기다리고 볼륨을 높입니다. 또는 일부러 CD를 사서 그 노래를 거듭 듣습니다. 여기에 한없는 기쁨이 있습니다! 하지만 생각하는 마음과 에고는 이렇게 말하지요. "도대체 같은 노래를 몇 번이나 더 들을래? 아, 지겨워!" 이제 당신은 그 노래를 더 듣고 싶지 않습니다. 오히려 그 노래를 없애버리고 싶어지죠.

모든 것이 그렇습니다. 인간관계를 예로 들어볼까요? 처음에는 사랑하는 사람과 보내는 매 순간이 소중합니다. 그러나 에고와 생각하는 마음이라는 두 쌍둥이 형제는 이렇게 말합니다. "다른 걸 한 번 시도해볼까? 벌써 오래되었는데… 이제 내겐 필요하지 않은 것 같아. 아니, 그 사람과 함께 사는 것은 더 이상 불가능해." 이렇게 사랑은 집착으로 변하거나 온갖 조건들로 가득 차게 됩니다. 그래서 우리는 고통받습니다. 지금 이 순간의 절대성과 가치를 잊어버리기 때문이죠.

그러나 빠져나올 방법은 있습니다! 명상이야말로 모든 것을 올바른 길로 돌려놓기 위한 최고의 방법입니다. 중요한 것은 당신의 믿음입니다.

다음은 날마다 자신의 인식을 새롭게 해서 하루하루를 특별한 날이 되게끔 해주는 연습입니다. 아침에 일어나자마자 즉시 거울로 달려가세요. 자신의 눈을 깊이 들여다보세요. 그러면서 이렇게 말합니다. "오늘은 새로운 날이야, 그리고 아주 특별해!" 이렇게 진심으로 말하는 것이 중요합니다. 당신 자신과 세상에 대한 커다란 사랑을 느끼면서 모든 일을 평소보다 느리게 해보세요.

지금 당신 자신이 하고 있는 일을 정확하게 자각하세요. 샤워를 하면서 물방울 하나하나가 당신의 몸에 닿는 것을 느끼세요. 아침식사를 할 때도 차가 막힐까, 직장에서 무슨 일이 벌어질까 하는 평소

의 생각을 내던지고 그저 음식을 드세요. 하나하나 꼭꼭 씹으면서 일상적인 맛을 새로운 방식으로 느껴보세요. 모든 일을 다 그렇게 해보세요.

주의를 생각으로부터 느낌과 행동으로 옮기세요. 그러면 평범한 것이 새로운 것이 될 수 있음을, 그리고 이 느낌 속에 거대한 에너지가 있음을 알게 됩니다. 반드시 실험해보세요.

이 연습은 우리에게 어떤 도움을 줄까요? 우리는 모든 행동 속에서 명상하는 법을 배우게 됩니다. 그 자체로 우리는 기쁨을 얻습니다. 무엇을 하든 당신은 늘 행복하다니 멋지지 않은가요? 이것이 바로 이 연습의 의미입니다.

'지금 여기'를 즐기는 것은 현재의 순간에서 삶을 온전히 사는 것이다. 과거에 대한 후회와 미래에 대한 기대를 전부 던져버리는 것이 중요하다. 조화로움과 행복은 지금 여기에 있다.

미래에 있을 뭔가를 기대하는 것은 어리석은 태도입니다. 그런 것은 존재하지 않습니다. 미래는 창조하고 모델링해야 할 대상이지, 기대해야 할 대상이 아닙니다. 기대는 고통을 낳습니다. 왜냐하면 뭔가를 기대할 때, 우리는 그 외의 다른 가능태(트랜서핑 시리즈 참고, 역주)를 배제하는 셈이니까요. 만사가 당신에게 가장 좋은 길을 찾아 자유롭게 흘러갈 수 있도록 허용하세요. 미래에 대해서 너무 많이 생각하지도 말고, 너무 조심스럽게 움츠리지도 말고, 오래전에 했어야 할 일을 나중으로 미루지도 마세요. 지금 당장 그것을 하세요. 그러고 나면 후회할 일은 생기지 않을 것입니다.

　내가 아는 한 여성은 항상 자신의 삶이 잘될 거라는 기대 속에 살아왔습니다. 좀더 나아가서, 신이 뭔가 한 방 터뜨려줘서 멋진 일을 성취하게 되리라고 기대했지요. 익숙하지 않나요? 누구나 최소한 한 번 혹은 한 번 이상 그런 기대를 해봤을 것입니다.

　그렇게 그녀는 기다리고 또 기다렸지요. 그러면서 몇 년이 지나갔습니다. 점점 더 그녀는 삶에 대해 실망했습니다. 실망이란 기대의 부작용이지요. 그녀는 놀라운 일을 기다리고 희망하느라 현재에 살고 있지 않았던 것입니다.

　나는 그녀에게 지금 이 순간을 놓치지 말라고 조언했습니다. 뭔가를 기다리는 것을 그만두라고 했지요. 그렇지 않으면 삶 전체가 흔적도 없이 사라져버릴 테니까요. 그녀는 나의 조언을 따랐습니다. 그러자 놀랍게도, 또 재미있게도 그녀가 그토록 기다려왔던 놀라운 일들이, 그녀가 미래에서 찾고 있던 모든 가능성이 지금 여기에서 발견되었습니다. 그녀의 기쁨과 즐거움에는 한계가 전혀 없었습니다. 그녀의 삶은 빛나기 시작했습니다. 그녀는 꿈꾸었던 방송국 앵커가 되었습니다. 하지만 중요한 것은, 그녀가 매 순간을 즐기며 그저 행복할 수 있게 되었다는 것입니다. 이제 그녀에게는 매 순간이 독특한 것이 되었습니다.

220

생각해보세요. 무엇이 당신의 행복을 막고 있을까요? 무엇이 지금 이 순간을 살지 못하게 할까요? 왜 당신의 삶은 미래와 과거에 대한 걱정으로 가득 차 있을까요? 지금 여기에 사세요! 세상에 자신을 여세요. 그러면 세상은 당신을 위해 준비한 가장 좋은 선물을 내줄 겁니다. 중요한 점은 지금 여기에 있을 때, 당신은 너무나 민감해지고 주의가 깊어져서 지금껏 발밑을 살피지 않은 탓에 습관적으로 차버렸던 이 선물들을 늘 발견하게 된다는 것입니다.

우화 하나.

새로 들어온 수사가 수도원장에게 말했다. — 고결하신 신부님, 내 가슴은 세상에 대한 사랑으로 가득 차 있습니다. 그리고 악마의 유혹으로부터 자유롭습니다. 그다음 단계는 무엇인가요?

수도원장은 자기와 함께 고해성사를 할 환자를 방문하자고 했다. 그 성직자는 환자의 가족들을 위로한 다음, 구석에 놓여 있는 벽장을 보고는 물었다. — 저 벽장에 무엇이 들어 있죠?

환자의 조카가 대답했다. — 삼촌이 한 번도 입지 않은 옷들이죠. 삼촌은 특별한 날에 그 옷들을 입겠다고 했는데, 결국 지금껏 옷장에서 썩고 있네요.

그 집을 떠나오면서 수도원장이 수사에게 말했다. — 그 벽장을 생각해보게. 만약 자네 가슴속에 보물이 있다면 지금 당장 사용해. 그렇지 않으면 썩어버릴 테니까.

다음의 이야기는 내가 오랫동안 친구로 지낸 한 사람에게 일어났던 일입니다. 그녀는 한동안 커리어우먼이 되기를 원했습니다. 그녀는 경력과 돈을 원했습니다. 당시 그녀는 몇 년 동안 사귀어온 사랑하는 사람에게 점점 소홀해졌습니다. 이런저런 새로운 일들을 벌이느라 사랑에 대해서는 잊어버린 것이지요. 그녀는 이렇게 자신을 합리화했습니다. '그래, 지금은 관계가 좋지 않지만… 곧 나는 부자가 되고 모든 게 해결될 거야.'

언젠가 그녀는 나를 만난 자리에서 지금 자신의 삶에서 어떤 일이 벌어지고 있으며 그것이 얼마나 힘든지를 토로했습니다. 대화를 나누면서 나는 그녀가 지금 여기의 삶에 대해 완전히 잊어버렸음을 알게 되었습니다. 그리고 실제로, 몇 달 만에 남자친구는 더 이상 참지 못하고 그녀를 떠났습니다.

마침내 그녀는 미래에 대한 생각을 따라가는 것이 무의미하다는 사실을 깨달았습니다. 더 중요한 것은 지금 여기에서, 특히 영혼 안에서 모든 것을 조율하고 자신이 좋아하는 일을 하는 것이지요. 이후로 그녀는 그렇게 살기 시작했습니다. 지금 그녀는 과거에 꿈꾸었던 대로 은행에서 일하면서 행복하게 살고 있습니다.

당신은 언제까지 그렇게 게으르게 살아갈 수 있을까? 만약 지금 총구가 당신의 관자놀이를 겨누고 있다면 그래도 당신을 방해하는 문제와 환경을 믿고, 행동

하는 대신 생각하고, 사랑 없이 살아갈 수 있을까? 그런 쓸데없는 쓰레기들에 시간을 허비하지 말라. 지금 여기에서 최대한 충만하게 살라. 사랑하라. 창조하라. 지금 당장 당신이 원하는 것을 하라! 진실로, 지금 여기만이 존재한다. 그러니 내일이 결코 오지 않을 것처럼 살라.

안타깝게도, 늘 생각하는 마음이 가치를 평가하고 계산합니다. 하지만 그런 삶으로부터 오는 기쁨은 매일매일 사라집니다. 우리가 원하는 바는 행복 그 자체이지, 행복 안에서 어떤 이익을 찾는 것이 아닙니다. 그러니 미래에 대한 두려움을 던져버리세요. 생각을 조절해서 좋은 기분에다 그 생각을 맞추세요. 그러면 매번 당신이 원하는 현실을 얻게 될 것입니다.

과거에 대한 생각과 그것에 관한 근심을 던져버리세요. 그것은 이미 지나간 것입니다. 다시 돌이킬 수 없습니다. 우리가 걱정을 하면 할수록, 현재와 미래에 그런 상황을 더욱 끌어당기게 됩니다. 모든 두려움과 의심을 놓아버리세요. 그리고 지금 여기에서 모든 것이 좋아질 것이라고 결정하세요. 모든 것이 당신을 위해 최선의 또한 최고의 방식으로 찾아오도록 허용하세요. 그저 행복하게 사세요.

세상의 모든 것을 유한한 것으로, 지속되지 않고 지나가는 것으로 느껴보는 또 하나의 연습이 있습니다. 이 연습은 당신으로 하여금 지금 이 순간을 찬미하고 그것이 얼마나 고귀하고 독특한지를 자각하게 도와줄 것입니다. 오직 지금 여기, 이 순간만이 중요합니다.

'행복의 시간' 연습

1. 모래시계를 사세요. 당신이 보기에 가장 아름다운 것으로 골라야 당신의 눈과 가슴을 기쁘게 할 것입니다.

2. 모래시계를 집에서 가장 눈에 잘 띄는 곳에 놓아두세요.

3. 매번 그것이 눈에 띌 때마다 뒤집어놓고, 가슴으로부터 진심으로 이렇게 말하세요. "지금은 사랑과 행복과 기쁨의 시간이다."

이것은 당신에게 세상은 항상 아름답다는 좋은 생각을 떠올리게 하고, 가슴을 정화해주는 간단한 연습입니다. 당신의 삶은 더 나은 것으로 바뀔 것입니다. 행운이 있기를 바랍니다. 사랑으로써 모든 일을 하세요. 그 안에 성공의 비결이 있습니다.

참 간단한 행복의 비결이지요? 나의 가르침을 포함한 다른 어떤 가르침도 당신을 행복으로 안내할 새로운 사실을 알려줄 수 없습니다. 당신은 어린 시절부터 이 비밀을 알고 있었습니다. 행복으로 가는 길은 오직 가슴을 통해서입니다. 이 명상은 가슴을 열고 놀라움과 기쁨에 가득 찬 세상을 있는 그대로 다시 바라보게 해줄 것입니다.

명상하세요. 매 순간을 자각하며 지금 여기에 사세요. 그러면 사랑이 강물처럼 도도히 흐르면서 그 길의 모든 장애물을 씻어낼 것입

니다.

명상을 마칠 때마다 진심으로 모든 사람에게, 나 자신에게, 신에게, 그리고 내 삶에 주어진 모든 것에 감사하는 것이 중요합니다. 언제나 좋은 것들이 많이 있지만 안타깝게도 우리는 그것을 보지 못할 때가 많습니다. 혹은 감사하는 것이 얼마나 기쁜 일인지를 잊어버리고서 자꾸 뭔가를 요구하기만 합니다.

어린 시절부터 우리는 받는 법만을 배웠습니다. 우리는 주는 데 인색합니다. 심지어 감사를 표하는 것조차 인색합니다. 우리가 배워야 할 것 중 하나가 바로 '감사드리는' 습관입니다. 그것은 우리의 삶을 신과 하나되는 느낌으로 채워줍니다. 뭔가를 진심으로 내어준다는 것은 대단히 기쁜 일입니다! 진심으로 사랑하는 이에게 뭔가를 선물하는 사람의 마음은 정말 기쁘지 않겠습니까? 감사함을 표현하는 것도 마찬가지입니다. 하지만 안타깝게도, 우리는 그런 습관을 오래전에 잃었습니다.

우화 하나.

옛날 옛적에 두 명의 천사가 있었다. 그들 중 하나는 항상 구름 위에서 쉬고 있었고, 다른 하나는 지구에서 신에게로 날아다녔다.

쉬고 있는 천사는 다른 천사에게 이렇게 물었다. ― 너는 왜 이곳저곳을 날아다니니?

날아다니는 천사가 말했다. ― 나는 메시지를 가지고 다녀, 그 말은 "신이여, 도와주세요"로 시작하지. 근데 넌 왜 맨날 쉬고 있니?

쉬고 있는 천사가 말했다. ― 나는 "신이여, 감사합니다"라는 말로 시작하는 메시지를 나르기로 되어 있거든.

이 우화는 지금 이 순간의 우리 삶을 반영하고 있습니다. 감사의 힘은 당신의 삶을 변화시켜줍니다. 감사함은 점점 더 좋은 많은 것을 당신의 삶으로 끌어들입니다. 지금 이 순간, 당신은 어떻게 하고 있습니까? 자신이 갖고 있는 모든 좋은 것들에 대해 진심으로 감사할 때, 당신은 무의식에게 당신이 이미 '많은 것'을 가지고 있다고 말하고 있는 것입니다. 그리고 그것들이 전부 '좋은 것'이라고 선언하고 있는 것입니다. 그러면 더 좋은 것들을 더 많이 받게 되겠지요! 에너지의 작용 원리에 따라 당신은 당신이 집중하는 그것을 얻게 됩니다. 좋은 것들에 진심으로 감사하면 할수록, 더 좋은 것들을 더 많이 얻게 됩니다. 그렇게 우리는 더욱 성공하고 풍요로워지고 행복해집니다.

모든 종교와 가르침에서 "늘 감사하라"고 말하는 데는 그만한 이유가 있습니다. 감사함은 깨어 있음과 기쁨의 상태로 가는 또 하나의 열쇠입니다. 감사함을 느낄 때, 우리는 명상과 조화의 상태에 있는 것입니다. 자, 주변을 둘러보세요. 그리고 진심으로 감사하고 싶은 것들을 찾으세요. 당신의 건강, 당신이 사랑하는 사람들, 당신을 사랑해주는 사람들, 심지어 당신에게 어디로든 뻗을 수 있는 손발이 있

음과 지금 머리 위에 있는 지붕에 대해서도… 당신은 언제든 자각과 명상에 이를 수 있습니다. 또한 모든 음식을 즐기고, 어디서든 행복을 누릴 수 있습니다.

이 모든 것에 대해 감사하세요. 이 모든 것을 존중하세요. 이 감사의 물결이 당신을 통해 흐르게 하세요. 기계적으로 "고마워"라고 말하지 말고, 가슴으로부터 "감사드립니다"라고 말하세요. 그러면 그 순간 당신은 가슴이 뜨거워지면서 그로부터 사랑이 흘러넘치는 것을 알게 될 것입니다.

당신은 "고맙습니다"와 "감사드립니다"의 차이를 알고 있습니까?(благодарить, 러시아어에서 감사드린다는 의미의 이 단어는 "축복한다"는 뜻을 동시에 포함하고 있다. 역주) 이 두 가지 표현의 의미는 바다만큼이나 큽니다. "감사를 드린다"는 말은 좋은 것을 내어준다는 의미입니다. 기쁨을 받기만 하는 게 아니라 서로 나누고, 그런 나눔이야말로 모든 것이 원천임을 자각한 채로 지금 여기에 존재한다는 뜻입니다. 이 순간에 가장 아름답고 기쁜 모든 것들이 당신을 통해 흘러가도록 허용한다는 뜻입니다.

신의 선물, 바로 지금 이 순간 모든 선물이 당신을 통해 흘러가도록 허용하는 것이지요. 그러니 그냥 "고맙습니다"라고 말하지 마세요. 감사를 '드리는' 느낌을 가지세요. 내면으로부터 우러나온 감사함으로써 자신의 성품을 변화시키세요. 그것이 바깥으로 흘러넘치게 하세요.

매번 명상을 할 때마다 감사드리는 느낌으로 끝내세요. 그러면 당신의 명상은 더욱 깊어질 것입니다. 당신은 깊은 의식 상태, 즉 당신의 영혼에 가닿을 것입니다. 감사드리는 느낌과 영혼은 아주 가까이 연결되어 있습니다. 따라서 이것은 영혼을 위한 훈련이기도 합니다. 이것은 당신의 영혼을 더 강하게 단련하고, 더 넓고 더 힘 있게 만듭니다. 이것은 당신 자신을 몸이 아니라 영혼으로 느끼게 합니다. 그러면 당신의 영혼은 당신의 삶을 안내하기 시작합니다. 영혼으로 산다는 것, 감사드리면서 가슴이 원하는 대로 산다는 것은 정말 아름다운 일입니다.

　새들이 아침에 그냥 지저귄다고 생각하시나요? 그들은 따뜻함에 대해 태양에 감사드리고, 새끼를 먹일 먹이를 제공하는 생명에 대해 감사드리는 것입니다. 새들은 어디서나 주저 없이 감사함을 노래하지요. 반면 우리는 감사함을 표현하고 친절한 태도를 보이기를 오랫동안 부끄러워해왔습니다. 그러나 나는 강조합니다. 어린 시절에 우리가 배운 것처럼 '공손'하게만 굴지 말고 실제로 '친절'해지라고요. "고맙습니다"라는 말을 그저 습관적으로 내뱉는 것은 자기 자신뿐 아니라 상대방에게도 거짓말을 하는 셈입니다.

　가슴 깊이에서 우러난 감사함은 진심 어린 친절함을 낳습니다. 모든 야단법석을 잠시 멈추고, 상대방의 눈을 바라보세요. 당신의 영혼이 눈을 통해 그 사람과 만나게 하세요. 그리고 감사함을 표현함으로써 당신의 온기를 나누세요. 그가 정말로 당신의 영혼이 주는 선물을

받게 하세요. 그러면 당신은 그 순간 그의 존재가 얼마나 빛나는지를 목격하게 될 것입니다. 아마도 겉모습은 그대로겠지만 내면에서는 수천 개의 별이 반짝일 것입니다. 당신은 비로소 이해할 것입니다. '바로 이것이구나. 이것이 바로 감사의 힘이구나. 이것이 우리와 세상을 변화시키는 것이구나….' 이제는 감사의 위대한 힘에 대한 어떤 의심도 남아 있지 않을 것입니다.

　가슴으로 사세요. 명상을 당신의 것으로 만드세요. 명상이 당신이 하는 모든 일에 따라다니게 하세요. 이전에는 사소하게 보였던 모든 것이 명상을 통해 신성한 것으로 바뀌게 하세요. 그저 흐름에 자신을 내맡기세요. 싸움을 멈추고 항복하세요. 그러면 당신은 지금 여기의 아름다운 순간에 잠길 것입니다! 중요하게 여겨졌던 모든 것이 의미 없는 것으로 변합니다. 사소한 것들은 일제히 뒤로 물러납니다. 대신 어린 시절에 알았던, 모험이 가득한 동화와 같은 삶이 떠오를 것입니다. 실로 모든 것이 아름답습니다. 그러니 마음을 열고 모든 것을 대하세요.

　옛것에 대해 매일 죽는다면, 당신은 매일 새롭게 태어나리라.

　모든 낡은 것에 대해 죽음을 맞이하세요. 오래전에 쓰레기통에 던져버려야 했던 모든 것, 어제 있었던 모든 문제에 대해서 죽고 오늘 다시 태어나세요. 불사조가 재에서 다시 태어나듯이 새로운 몸과 새로운 기분을 느끼세요. 기존의 당신의 자아상은 어디까지나 주관적인 것이며, 그 대부분은 당신에게 강요된 것입니다. 당신은 그것을 상상조차 해본 일이 없었습니다. 그러니 모든 두려움과 의심, 거짓과 거부, 습관을 던져버리세요. 모든 것을 과거에 남겨두세요! 그리고 새롭고, 신선하고, 사랑과 기쁨과 행복과 편안함으로 가득 찬 오늘을 사세요. "사랑!"이라고 말하세요. 단지 말뿐만이 아니라, 온 세상이 저마다의 다양성 속에서 그 사랑을 느끼게 하세요.

사랑 없이는 살아도 사는 게 아닙니다. '사랑과 기쁨이 가득한 삶'이라는 이름의 새로운 동화에 자신을 내맡기세요. 그것이야말로 당신이 가진 전부입니다. 아니, 그것이 바로 당신입니다. 이 세상의 모든 날이 당신의 생일이 되도록 하세요. 축하하세요! 당신 자신에게 이 휴일을 선물하세요!

마지막으로 명상이란 무엇인지를 정리해보겠습니다.

- 충분한 이완 속에서 온 세상과 하나가 된 마음의 특별한 상태
- 자기 자신을 포함한 모든 것과 무한한 행복에 조건 없이 열려 있는 사랑의 상태
- 과거에 대한 생각과 미래에 대한 추측이 없는 지금 여기의 상태
- 이 세상의 모든 좋은 것에 대해 신과 자기 자신에게 진실한 감사를 드리는 상태

기억하세요. 당신이 무엇을 원하든 — 일의 성과, 인간관계, 특정한 물건, 초능력의 계발 등등 — 그 모든 문을 여는 열쇠는 바로 명상입니다. 그러니 이 열쇠를 들고 용감하게 삶을 따라가세요. 그러면 당신 여정의 모든 곳에서 문이 열리고 파란불이 켜질 것입니다.

제3장

모델링 – 당신이 창조하는 세상

꿈을 믿으라. 꿈으로부터 지금 그것이 실현되고 있다는 즐거운 기분을 느끼라.

우화 하나.

　평범한 겨울날이었다. 바람이 없는 덕분에 함박눈이 솜털처럼 춤을 추듯 땅으로 내려오고 있었다. 두 개의 눈송이가 날아서 서로에게 가까이 가며 대화를 나누었다. 그들은 서로를 놓칠까 두려워하며 손을 꽉 잡았다.

　하나의 눈송이가 쾌활하게 이야기했다. ― 날아다니는 게 얼마나 멋진지 몰라! 비행을 즐겨!

　다른 눈송이가 슬프게 대답했다. ― 우리는 나는 게 아냐. 그냥 떨어지는 거지.

　첫 눈송이가 대답했다. - 우리는 곧 땅에서 다시 만날 거야. 솜털같이 새하얀 담요가 되어서 말야!

　다른 눈송이는 계속 반박했다. ― 아냐, 우리는 죽을 거야. 땅 위에서 우리는 짓밟힐 거야.

　― 우리는 시냇물이 되어 바다로 흘러갈 거라니까. 우리는 영원

히 사는 거야!

— 아냐, 우리는 녹아서 영원히 사라질 거야.

마침내 그들은 싸움에 지쳤다. 그들은 손을 놓고 각자 자신의 운명을 따르려 날아갔다. 그리고 각자가 선택한 운명대로 되었다.

이제 우리의 '페라리'는 스포츠카의 엔진과 운전대를 갖추었습니다. 즉, 우리는 명상과 자각을 통해 삶에서 일어나는 모든 일에 책임지는 법, 그리고 생각과 감정을 조절하는 법을 배웠습니다. 이 장에서 우리는 세 번째 단계로 모델링 자체를 연습할 것입니다. 이것은 아름답고 값비싸고 호화로운 자동차의 실내장식과 아주 밝고 찬란한 외부 디자인에 비유될 수 있습니다.

눈을 감고 명상 상태에 들어가세요. 충분히 이완하여 세상과 하나가 되세요. 커다란 사랑과 기쁨을 느끼세요. 그 상태에서 당신이 바라는 것을 이미 가진 것처럼 느끼고 상상하세요. '난 지금 그걸 갖고 있지 않아'라고 떠드는 논리적 사고의 스위치를 전부 끄세요. 지금 여기에서 그것을 현실로서 느끼고, 보고, 만지세요. 그로써 당신은 하나의 현실로부터 다른 현실로 옮겨가게 됩니다. 따라서 그것이야말로 지금 '정말로' 당신의 현실입니다. 그것이 이미 이루어진 느낌을 당신의 내면에서 창조하세요.

지금 여기에서 우리의 현실은 명상 이전의 현실과 달라집니다. 우리는 새로운 세상, 새로운 공간 안으로 뛰어듭니다. 그 안에서 우리의 열망은 실현이 가능할 뿐 아니라 이미 성취되어 있습니다. 우리는 그 새로운 현실을 보고 만질 수 있습니다. 우리의 명상 속에서 그것은 지금 우리가 앉아 있는 의자만큼이나 실재감이 있습니다.

　내가 이 연습을 어떻게 시작하게 되었는지, 그리고 처음부터 제대로 된 효과가 있었는지가 궁금하신가요? 이 모든 것은 내가 열여덟 살에 시작되었습니다. 그때 나는 생각이 곧 물질이라는 사실을 배웠습니다. 단지 뭔가를 생각함으로써 그것을 얻을 수 있다니 정말 멋진 일이었죠!

　솔직히 나도 처음에는 비현실적인 이야기라고 생각했습니다. 하지만 나는 누구의 말도 믿지 않고 모든 것을 스스로 실험해보는 사람입니다. 나는 이런 태도야말로 건전한 접근법이라 생각합니다. 여러분도 내 말만 믿지 말고, 오직 연습을 통해 그것이 가능하다는 사실을 직접 발견하기 바랍니다. 몇 번이나 뜨겁다고 주의를 받는 것보다 실제로 다리미에 한 번 데어보는 편이 훨씬 효과적입니다. 나는 여러분이 실험을 통해 각자의 삶을 더 나은 것으로 바꾸기를 권합니다.

　그래서 나는 실험하기 시작했습니다. 나는 큰 기적에 대한 믿음이 거의 없었기 때문에, 연습을 통해서 점차 내 믿음의 보따리가 점점 커지도록 했습니다. 처음에는 작은 기적을 연습하기 시작했지요. 나는 눈을 감고 버스가 도착하는 것을 상상하면서 버스정류장으로 걸어갔습니다. 버스의 색깔과 크기와 운전사를 떠올리고, 거기에서 어떤 음악이 흘러 나올지까지 상상했지요. 나는 모든 것을 세밀하게 그

렸습니다. 버스에 올라타는 모습과 차비를 내는 모습까지…

이 모든 상상은 논리에 맞지 않는 일이었습니다. 사실 나는 버스를 기다리는 사람들 사이에 서 있는 한 사람일 뿐이었습니다. 그런데 놀라운 기적이 일어났습니다! 내가 생각했던 것과 정확히 똑같은 버스가 도착한 것입니다. 내가 모델링을 시작한 지 10분쯤 지났을 때였습니다. 나는 그것이 우연의 일치라고 생각했지요. 그런 일은 때때로 일어나는 법이니까요.

다음번에도 나는 똑같이 했습니다. 그런데 이번에도 같은 일이 벌어졌습니다. 나는 이것을 반복했습니다. 나는 내 생각의 물질화가 실제로 가능하다는 사실을 알게 되었습니다. 버스가 도착하는 시간은 점점 짧아졌습니다. 나는 깜짝 놀랐습니다. '이게 어떻게 가능한 거지?'

내 이야기는 모두 사실입니다. 실로 모든 것이 가능하고, 나는 늘 성공합니다. 그 이외의 생각들은 그저 호기심 많은 마음의 메아리일 뿐입니다.

하나의 생각이 하나의 우주가 된다. 생각은 이미지를 담고 있고, 그 이미지는 평행우주들 가운데 한 우주를 반영한다. 우리는 항상 수많은 우주 속에 존재하지만, 불행하게도 그중에 어느 하나도 완벽하게 자각하지 못한다.

생각이 물질화되고 실현된다는 데 대한 의심이 사라졌습니다. 나의 신념은 점점 더 커졌습니다. 나는 한두 번의 경험만으로 뭔가를 맹목적으로 믿어버리는 사람들을 이해할 수 없습니다. 나 자신이 그런 사람이 아니니까요. 대신 나는 나만의 방법을 찾아냈습니다. 조금씩 조금씩, 한 걸음 한 걸음 믿음을 키워가는 것 말입니다. 나는 여러분도 그러기를 바랍니다. 여러분의 믿음은 점차 눈덩이처럼 커져서 나중에는 커다란 기적을 일으킬 것입니다.

나는 나 자신의 믿음을 자각한 후에, 나에게 더 중요하고 더 큰 일들을 시도해야 할 때라고 생각했습니다. 내가 열아홉 살 때였습니다. 나는 상트페테르부르크로 이사한 지 얼마 안 된 처지였고, 그래서 이 방법이 돈을 버는 데 실제로 효과가 있는지를 확인하는 것은 내게 중요한 일이었습니다.

나는 매일 아침 일터에 나갔습니다. 고맙게도 나는 성과급제로 일하며 매일 보수를 받았습니다. 모델링 연습을 위한 최적의 조건이었지요. 나날의 수입이 정확히 내게 달려 있었습니다.

지하철을 타고 일터에 가는 동안, 나는 눈을 감고 명상하기 시작했습니다. 내가 이미 직장에 도착해서 친절하고 즐거운 고객들을 만나고 있는 모습을 떠올렸습니다. 일이 끝난 후에 사장이, 내가 나 자신에게 주문했던 바로 그 금액을 내게 정산해주는 모습을 떠올렸습니다. 내 손에 쥐어진 돈을 떠올리고, 그것을 꼼꼼하게 세는 모습을 떠올렸습니다. 바스락거리는 지폐의 소리를 듣고, 독특한 냄새를 맡았습니다. 누구나 이 느낌을 알 것입니다. 나는 기쁨을 느끼면서 그

지폐를 호주머니에 넣었습니다.

그런 다음, 내가 할 일은 온종일 기쁜 마음으로 일하는 것뿐이었습니다. 그리고 출근 때의 모든 상상은 현실이 되었습니다. 내가 모델링한 금액이 정확히 내 주머니에 들어온 것입니다!

생각의 물질화 연습으로 이런 결과를 얻는 것은 대단히 놀라운 경험입니다. 왜냐하면, 이것으로 수많은 문제가 단순화될 수 있기 때문입니다. 이 방법은 모든 분야에서 사용될 수 있고, 어떤 열망도 성취시킬 수 있습니다.

하지만 단번에 그렇게 잘 될 리가 없지요. 나는 곧 이 연습의 함정에 빠졌습니다. 그래서 백 퍼센트의 결과를 얻기 위해서 또다시 실험해야만 했습니다. 나는 지금 갖고 있는 다섯 개의 규칙을 한꺼번에 얻지 못했습니다. 나는 '일어나야 할 일들'에 집착하기 시작했고, 그래서 나의 내면은 자유롭기는커녕 고통스러웠습니다. 결국 아무 결과도 얻지 못했지요. 그때의 나처럼 처음에는 잘 되다가 나중에 막다른 벽에 부딪히는 사람들이 많을 것입니다. 우리는 이 문제에 관해 5장에서 이야기할 것입니다. 마지막 다섯 번째의 규칙까지 이해하고 나면, 당신은 그 문제를 완전히 극복하게 될 것입니다.

앞부분에서 사랑과 영성에 대해 많은 이야기를 나눴었지요. 이제 물질적 가치에 관해서 이야기해볼까요? 이 세상에서 물질적 가치를 무시하고 살아가기는 쉽지 않습니다. 물질은 지금 우리의 삶에서 큰 부분을 차지하고 있습니다. 따라서 우리는 집, 승용차, 혹은 원하는 직장이나 돈과 같은 기초적인 필요요건들부터 모델링하기 시작할 것입니다. 우리는 돈과 대화하는 법을 배울 것이고, 돈과 친구가 될 것입니다. 단, 많은 사람들과는 다르게 돈에 집착하거나 돈의 노예가 되지는 않을 것입니다. 집착은 물질적 번영과 행복한 삶을 방해할 뿐입니다. 우리는 돈과 친구가 되어야 합니다. 실제로 우정과 사랑에는 거대한 힘이 있습니다!

돈은 지상에서 아주 오랫동안 존재해온 에너지입니다. 그것은 거의 모든 곳에 퍼져 있지요. 안타깝게도 우리는 돈을 두려워합니다. 스스로 부자가 될 자격이 없다고 생각하거나, 돈 자체를 더러운 것으로 여깁니다. 불행하게도 우리는 돈에 대해서 비정상적인 생각을 너무나 많이 가지고 있습니다. 참 우습지요. 너무나 강렬히 열망하면서, 또 너무나 강렬히 그것을 증오하니까요.

이는 어린 시절부터 부자들이란 사악한 욕심꾸러기라고 배워왔기 때문입니다. 혹은 부자가 되면 못된 친구들이 몰려와서 다 뺏어갈 것이라는 90년대의 철 지난 두려움을 간직하고 있는 사람들도 많습니다. 그것들은 모두 덫입니다. 당신이 돈을 갖지 못하게끔 하는 생각들이지요.

나는 우리가 부유하게 살 것이 아니라 풍요롭게 살아야 한다고 생각합니다. 풍요 속에서 살 때, 우리는 그 흘러넘치는 풍요로써 세상의 선한 일들을 주도하게 됩니다. 우리는 오직 지금 여기만이 실재함을 알고 신이 만사를 도와주리라 믿기 때문에 뭔가를 지키려고 애쓰

지 않습니다. 오히려 풍요로움이 우리를 통해서 흘러가게 합니다. 우리는 정말로 더 많은 것을 내어주려고 합니다. 더 많은 것을 내어주려고 하면, 더 많은 돈이 우리를 통해 세상으로 흘러나갑니다. 우리는 풍요 속에 살고 있으니까요!

무엇으로 풍요를 얻는가는 중요하지 않습니다. 그것은 돈이 될 수도 있고, 사랑이 될 수도 있고, 음식이나 기쁨이 될 수도 있습니다. 그 모든 것의 원천이 중요합니다. 원천이 흐르게 하는 것이 중요합니다. 당신은 사랑으로써 더 많은 것을 내줄 때 더 많은 것을 갖게 됩니다. 세상은 그렇게 만들어져 있습니다. 우주의 법칙이 그렇기 때문입니다.

우리는 명상을 통해 모든 것이 하나이며 같은 질료로 이루어졌음을 깨닫고, 가진 것을 기꺼이 세상과 나누게 됩니다. 가장 아름다운 것을 세상과 나누세요. 세상은 당신의 일부이고, 당신은 세상의 일부입니다. 이것이 부와 풍요, 물질적인 안녕의 비밀입니다. 더욱 중요한 점은, 이것이 행복한 사람들의 비밀이라는 사실입니다! 다른 사람을 위해 더 많이 기뻐할 때, 당신 자신도 더 많은 기쁨을 얻게 됩니다.

다른 사람의 기쁨을 즐거워하라. 그들의 기쁨이 당신에게 기쁨을 주리니.

만일 당신이 경제적인 풍요를 원한다면, 풍요의 느낌 속에서 사는 법을 배우세요. 모든 것에서 풍요를 느끼세요. 다른 사람들의 호화로운 소유물을 바라보기를 멈추세요. 그들이 가진 것을 부러워하거나 같은 것을 원하지 마세요. 부러워하는 마음은 경제적인 풍요가 당신에게 흘러들어오는 것을 막습니다. 그것은 우리의 여정에 불필요한 장애물을 만들지요. 그와 반대로, 다른 사람들의 풍요를 함께 기뻐하세요. 다른 사람들이 마침내 꿈을 실현하고 성공한 데 대해 함께 기뻐하세요. 당신이 올바르게 일한다면, 당신의 꿈 또한 쉽고 빠르게 실현될 것입니다!

　돈과 사랑은 서로 긴밀히 연결되어 있습니다. 나는 늘 당신에게 진정 기쁨을 주는 일을 찾으라고 말합니다. 그러면 당신은 순수한, 커다란 사랑으로써 그 일을 하게 될 것이고 머지않아 돈은 스스로 뒤따를 것입니다. 돈은 좋아하는 일을 하는 데 대한 보너스와도 같습니다. 당신이 자신의 일을 사랑하고 더 많이 몰입할수록, 당신은 더 많은 풍요를 누리게 됩니다.

　당신이 미용사, 마사지 치료사 혹은 세일즈맨을 만났는데 그가 진심을 다해 당신에게 봉사했던 때를 기억해보세요. 그의 행동 속에서 당신은 기쁨과 행복을 경험했습니다. 당신은 그 사람에게 자꾸만 다시 가고 싶어집니다. 그와의 교감 속에서 멋진 느낌을 재경험하고 싶으니까요. 이처럼 사랑은 당신이 경제적인 풍요를 얻도록 도와줍니다. 긍정적인 생각을 통해 모델링하는 기술은 그 이후의 문제입니다.

　우화 하나.

집 밖으로 나온 한 여인이 하얀 수염을 길게 늘어뜨린 세 명의 늙은이를 만났다. 처음 보는 사이였지만 그녀는 이렇게 말했다.

— 저는 어르신들을 모르지만, 분명 배가 고프신 것 같네요. 우리 집으로 와서 식사하고 가세요.

그들이 물었다. — 남편은 집에 계신가요?

그녀가 대답했다. — 아뇨, 그이는 지금 집에 없어요.

그들이 말했다. — 그러면 우리는 당신의 집에 들어갈 수 없어요.

저녁에 남편이 돌아왔을 때, 그녀는 낮에 있었던 일을 이야기했다. 남편이 말했다. — 어서 가서 어르신들에게 내가 집에 왔다고 말하고 우리 집으로 초대해요!

여인은 밖으로 나가 세 늙은이를 초대했다.

그들이 대답했다. — 우리 셋은 당신 집에 함께 들어갈 수 없어요.

여인이 깜짝 놀라 물었다. — 왜요?

한 늙은이가 다른 늙은이들을 가리키며 설명했다. — 이 친구의 이름은 부유함입니다. 저 친구의 이름은 행운이구요. 내 이름은 사랑이랍니다. 집으로 돌아가서, 남편에게 우리들 중 누구를 보고 싶은지 상의해보세요.

그녀는 집으로 돌아가서 들은 대로 남편에게 말했다. 남편은 아주 기뻐했다. — 아, 멋지군! 우리에게 선택권이 있다면 부유함을 초대합시다. 그가 우리 집으로 와서 집안을 부유함으로 채우게 합시다!

아내는 반대했다. — 여보, 행운을 초대하면 안 될까요?

그때 구석에 앉아 있던 딸이 그들의 이야기를 듣고 이렇게 제안했다. — 사랑을 초대하는 편이 더 낫지 않아요? 그래야 우리 집이 사랑으로 가득 차겠죠!

이에 남편이 아내에게 이야기했다. — 그럼 딸내미 말대로, 사랑에게 우리의 손님이 되어달라고 말해요.

여인은 밖으로 나가 세 늙은이에게 물었다. — 사랑이 누구시죠? 우리 집에 오셔서 손님이 되어주세요!

사랑이라는 이름을 가진 늙은이가 여인의 집으로 향했다. 그런데 다른 두 늙은이도 그 뒤를 따랐다. 여인이 깜짝 놀라 부유함과 행운에게 물었다. — 우리는 사랑만을 초대했는데, 어르신들은 왜 오시는 거죠?

한 늙은이가 대답했다. — 당신이 부유함 혹은 행운을 초대했다면 다른 둘은 여기에 남아 있어야 했어요. 하지만 당신은 사랑을 초대했고, 우리는 그가 어딜 가든지 따라다니게 되어 있지요.

이처럼 사랑이 있는 곳에는 항상 부유함과 행운이 뒤따릅니다! 우리는 사랑을 통해서만 경제적 풍요로 나아갈 수 있습니다.

앞서 말했듯이, 대부분의 사람들은 90퍼센트의 에너지를 외적 행동에 쓰고 단 10퍼센트의 에너지만을 내면의 작업에 씁니다. 우리는 목적지에 이르려고 애를 쓰고 야단법석을 떱니다. 가장 쉬운 길로 가

는 대신, 빙 둘러서 담장을 넘으며 더 높은 곳으로 더 나은 곳으로 가려고 합니다. 나는 안팎을 바꾸어서 외적 행동에 10퍼센트의 에너지를, 내면의 작업에 90퍼센트의 에너지를 쓰기를 권합니다. 내면에서 먼저 미래를 창조하고, 밖에서는 그 결과를 얻으라는 뜻입니다.

내 경험을 하나 더 이야기하겠습니다. 이 특별한 예가 내 말뜻을 더 상세히 이해시켜줄 것입니다. 나는 언젠가 모스크바의 시끄러운 도심에서 교외로 이사하려고 결정했습니다. 새들이 지저귀는 숲과 강 근처에 있는 집을 빌리려고 했지요. 나는 창조적인 생각과 활동, 명상에 전념할 고요한 장소를 원했습니다. 이젤을 세우고 그림작업을 할 만한 공간이 있고 저녁이면 숲 속을 거닐며 기분을 전환할 수 있는 집이라면 더욱 좋겠지요.

나는 명상을 하면서 내가 원하는 집을 생생히 떠올렸습니다. 모스크바에서 30킬로미터 이내의 교통체증 없는 한적한 길가… 그리고 모스크바에 비해서 비싸지 않은 집값. 나에게 중요한 모든 요소를 꼼꼼히 상상했고, 한 부동산 중개업자에게 전화를 걸어 내가 바라는 바를 말했습니다.

며칠 후에 나는 그 중개업자에게서 전화를 받았습니다. 그가 말하기를, 모스크바에서 12킬로미터 떨어진 곳에 시가보다 훨씬 낮은 가격의 멋진 집이 나왔다고 했습니다. 그리고 무슨 이유인지 모르지만, 중개수수료를 절반이나 깎아주겠다고 했습니다. 그 중개업자는 나를 본 적도 없고 내 이름도 몰랐기 때문에, 내 유명세 때문에 그러는 것은 아니었습니다. 우리는 전화로만 이야기했으니까요.

나는 친구들과 함께 그 집을 보러 갔습니다. 그리고 강과 숲을 끼

고 있는, 240평방미터의 크고 멋진 집을 봤습니다. 모든 조건을 충족
하는 집이었습니다. 게다가 두 개의 고속도로로 손쉽게 진입할 수 있
는 위치였지요.

정말 모든 것이 완벽했습니다. 집 안으로 들어갔을 때, 나는 이게
바로 내가 원하는 집임을 즉시 알아보았습니다. 나는 그 집과 사랑에
빠졌습니다. 나는 말했습니다. "마음에 듭니다." 집주인이 지금까지
몇 채나 둘러보았는지 내게 물었습니다. 내가 한 채도 보지 않았다고
답하자 그는 깜짝 놀랐습니다. 그런 일은 좀처럼 없으니까요. 대개
사람들은 여러 집을 둘러보고 비교하는 데 많은 시간을 보내지만, 나
는 그 자리에서 결정했습니다. 왜냐하면 우리에게는 무슨 일이든 일
어날 수 있으니까요. 그리고 나는 새로운 집에서 행복하게 살기 시작
했답니다!

나는 내가 원하는 것을 만들어냈습니다. 나에게 중요한 것들을 정
확하고 세밀히 그렸던 것입니다. 온갖 논리적 생각들의 반발에도 불
구하고, 나는 정말 그 집에 들어가 있는 것처럼 느끼고 상상했습니
다. 나는 야단법석을 떨지 않았고, 그저 신을 신뢰하며 90퍼센트의
에너지로써 내면에서 새로운 현실을 창조했습니다. 오직 10퍼센트의
에너지만 외적 행동에 썼지요. 전화를 걸고, 직접 가보는 일에요.

나는 여러분에게 내면으로 깊숙이 들어가기를 권합니다. 불필요

한 쓰레기는 모두 쓰레기통에 던져버리고, 더욱더 자주 내면의 사랑 속으로 들어가세요. 우리는 그곳에서 우리 삶에 필요한 모든 것을 창조할 수 있습니다. 우주를 신뢰하세요. 그 일이 이뤄졌다고 믿으세요. 오직 그것뿐입니다. 자신을 제한하는 대신 믿고 풀어놓으세요. 자신을 풀어놓는 연습은 제5장에서 자세히 설명하겠습니다.

혼란을 멈추세요. 지금 여기에서 살기 시작하세요. 불필요한 혼란에 많은 힘과 에너지를 낭비하기를 멈추세요. 그러면 당신의 에너지는 당신의 사랑과 기쁨을 위해 쓰일 것입니다. 당신이 원하는 것을 받게 될 때의 기쁨을 위해서 쓰일 것입니다. 만약 그러지 않는다면, 당신이 뭔가를 강렬히 열망하고 노력한 끝에 원하는 것을 성취하더라도, 당신에게는 그것을 즐길 만한 에너지가 남아 있지 않을 것입니다. 후자는 삶에 대한 최선의 접근법이 아닙니다. 우리에게는 기쁨이 우선입니다. 돈은 자석처럼 끌려오는 것입니다. 결코 그 반대가 되어서는 안 됩니다.

우리가 이미 이해한 대로, 명상과 사랑은 경제적 풍요를 위한 토대입니다. 그러나 풍요로움 속에서 존재하는 것 또한 중요합니다. 세상과 나누라는 것이지요. 당신의 진정한 목표가 얼마나 큰 것인지를 이해해야 합니다. 스스로 온 우주가 되세요. 그러면 얄팍한 소망을 갖지 않게 될 것입니다. 소망은 가치 있는 것이어야 합니다! 그럴 때에만 풍요가 자연스럽게 여러분의 일부가 될 것입니다.

빵을 사서 오리에게 주세요. 굶는 사람들에게 음식이나 돈을 주세요. 당신에게는 그것이 푼돈이지만, 누군가는 그 덕분에 하루를 견딜 수도 있습니다. 인색하게 굴지 마세요. 사랑과 기쁨을 함께 나누세요. 상대방이 그 돈을 다른 일에, 예컨대 술을 사 먹는 데 쓰진 않을까 걱정하지 마세요. 그저 나누세요! 그저 풍요와 기쁨 안에 있으세요! 그가 그 돈을 어떻게 쓰든 우리가 걱정할 일이 아닙니다. 우리는 그저 지금 이 순간 그가 기분 좋게 느낄지를 걱정해야 합니다. 당신의 따뜻함과 영혼을 한 조각 나누어주세요.

보육원에 가서 미소와 사랑을 나누세요. 알다시피 그 아이들에게는 미소와 사랑이 부족합니다. 당신은 당신의 사랑과 미소가 줄어들기는커녕 오히려 풍요까지 끌어온다는 사실을 알게 될 것입니다. 따뜻함을 나누세요. 이것은 아주 중요한 규칙입니다. 여러분이 책을 한 권 읽었다면, 그 내용을 주변에 이야기해주세요. 그 책이 마음에 들었다면, 그 지식을 많은 사람들과 함께 나누세요.

요점은 '나누는 것'에 있습니다. 당신을 통해 점점 더 많은 기쁨이 세상에 전해지도록 하세요. 통로가 되세요. 물론 호주머니에 백 루블 (약 3,000원)밖에 없는 상황에서는 그것을 기꺼이 나누기가 쉽지 않습니다. 하지만 당신은 그 백 루블 중에서 십 루블을 나눌 수 있습니다. 그리고 만일 모두가 십 루블을 나눈다면, 그것은 대단한 자본입니다. 그로써 더 많은 것이 당신에게 찾아올 것입니다.

우화 하나.

한 젊은이가 길을 걷고 있었다. 그는 동전 하나를 보았다. '그래, 동전도 돈이야!' 그는 그것을 주워 지갑에 넣었다. 그리고 생각했다. '만약 천 루블을 봤다면 어땠을까? 엄마 아빠에게 드릴 선물을 샀겠지?'

그렇게 생각하자마자, 그는 지갑이 두꺼워지는 것을 느꼈다. 지갑을 들여다보았더니 천 루블이 보였다. '이상하군!' 그는 깜짝 놀랐다. '동전 하나가 있었는데, 이제 보니 천 루블이나 있네! 만약 내가 만 루블을 주웠다면 뭘 했을까? 암소 한 마리를 사서 부모님께 우유를 대접했겠지?'

지갑을 보았더니 이제 만 루블이 있었다! '기적이야!' 그 행복한 젊은이는 눈이 반짝반짝했다. '내가 만약 십만 루블을 주웠다면 어땠을까? 나는 집을 사서 결혼해서, 그 집에서 부모님과 함께 살았겠지?'

그리고 재빨리 지갑을 열었다. 바로 그거였다. 십만 루블이 있었다! 이때 그는 고민하기 시작했다. '어머니와 아버지를 굳이 새 집으로 모셔갈 필요가 있을까? 아내가 그분들을 좋아하지 않을지도 몰라. 부모님은 그냥 헌 집에서 사시게 하자. 소 기르는 것도 골치 아파. 염소를 사는 것이 낫겠어. 선물도 많이 안 살래. 돈이 많이 들잖아.'

그러자 갑자기 지갑이 아주 가벼워지는 것이 느껴졌다! 그는 깜짝 놀라 지갑을 열었다. 거기에는 동전 하나만 남아 있었다. 오직 동전 하나만.

이 우화는 무엇보다도 우리가 풍요로운 생각 속에서 사는 것이 중요하다는 사실을 보여줍니다. 인색하게 굴지 않기로, 더 많이 씀으로써 더 많이 받기로 선택하는 것이 중요합니다. 이 신념을 돈과 협력하는 바탕으로 삼으세요.

여러분이 이해하듯, 돈은 일종의 에너지입니다. 그 말은 돈이 다른 모든 것처럼 '살아 있다'는 뜻입니다. 여러분이 사랑으로써 화초에게 말을 걸면, 그것은 자라서 아름답게 꽃을 피우기 시작합니다. 돈도 마찬가지입니다. 돈이 살아 있다고 상상하고 말을 걸어보세요. 나는 그렇게 하고 있습니다. 돈을 손에 쥐고 정확하게 센 다음 말합니다. "내 사랑… (사랑으로써 이렇게 말하세요.) 세상으로 가서 새끼를 치고, 다른 사람들을 기쁘고 행복하게 해라. 그리고 나에게 아이들을 데리고 돌아와라. 너의 거대한 가족을 나에게 데려오렴. 가서 열 배로 나에게 돌아오렴!" 그 결과로 무슨 일이 일어날까요? 어딘가에 돈을 쓸 때마다 나는 투자자가 됩니다. 나는 돈을 세상에 투자하고, 그것이 나에게 훨씬 더 큰 금액으로 돌아오리라는 것을 정확히 알고 있죠. 단순한 법칙입니다.

당신의 세상은 무엇보다도 당신의 머리에서 시작됩니다. 세상에 대한 당신의 생각에서 시작됩니다. 내가 눈송이 우화로 이 장을 시작한 데는 그만한 이유가 있습니다. 우리의 생각과 태도가 우리의 삶과

존재를 만듭니다. 여러분의 머릿속에서, 그리고 삶 속에서 풍요로움을 만들기 시작하세요. 가장 중요한 것은 여러분이 이 풍요를 받아온 세상과 다시 나눌 수 있는 기회가 주어진 데 대해 세상에 끊임없이 감사하는 것입니다. 풍요로움 속에서 사랑이 순환합니다. 멋지지 않습니까?

내가 아는 한 남자의 이야기를 소개하겠습니다. 그는 상트페테르부르크의 평범한 가족의 가장입니다. 평생을 공동주택에서 살아왔으니 그리 부자는 아니었지요. 그는 거기에서 벗어나기를 원했습니다. 그는 사업을 일으켜 돈을 벌어서 자기 집을 마련하는 꿈을 꾸었습니다.

우리가 처음 만났을 때, 그의 재정 상태는 별로 좋지 않았습니다. 그는 15,000루블밖에 없었습니다. 스물여섯 살이었던 그가 혼자 쓰기에도 충분하지 않은 금액이었지요. 그의 꿈을 알게 된 나는 그것이 그다지 어려운 일이 아니며, 그저 용기와 현명함이 필요할 뿐이라고 말해주었습니다. 제대로 모델링하기만 한다면 말이지요.

그래서 그는 자신의 사무실을 세밀하게 모델링하기 시작했습니다. 직원들이 거기에서 일하는 모습과 고객이 늘어나는 모습을 그렸습니다. 그는 이런 생각을 가지고 살기 시작했습니다. 그는 그 생각에 압도되기 시작했습니다. 그는 그 생각이 없는 삶을 이제 상상할 수 없었습니다. 그런데, 아, 놀라워라! 옛날 학급 동료가 그에게 돈을 투자할 테니 함께 회사를 차리자고 말했습니다. 이때 그가 무슨 사업을 제안했을까요? 물론 부동산업이었습니다. 그가 오랫동안 꿈꾸어 왔던 바로 그 사업 말입니다.

반년이 지난 지금, 그는 외제차를 몰고 다닙니다. 그의 인생의 모든 것이 그가 원하는 대로 모양을 갖추기 시작했습니다. 바라는 것만으로도 충분했습니다.

나는 당신에게도 이런 일이 여러 번 일어났을 것이라고 확신합니다. 당신이 뭔가를 생각했을 때, 운명은 당신에게 필요한 사람들을 데려다주었을 것입니다. 생각은 곧 물질입니다. 거기에는 어떤 의심의 여지도 없습니다.

만일 차를 원한다면, 우리는 우리 자신이 차 안에 앉아 있는 모습을 상상해야 합니다. 의자 덮개를 느끼세요. 손에 닿아 있는 운전대를 느끼세요. 운전을 즐기세요. 모든 논리적 반박을 무시하세요! 우리는 지금 여기에서 이 차가 이미 우리의 것임을 느껴야 합니다. 그 색깔과 크기와 브랜드를 보세요. 모든 것을 상세하게 그리세요. 만일 여러분이 그것을 지금 정확하게 실제로 볼 수 있다면, 그것은 이미 당신의 것입니다. 그 차를 이미 가진 커다란 기쁨을 창조하는 것이 중요합니다. 지금 여기에서 말이죠!

가장 중요한 것은, 모델링을 심상화와 혼동하지 않는 것입니다. 심상화는 그저 그것이 가능할 수도 있다는 일종의 상상입니다. 그러나 모델링은 '생각하는 마음'이 떠올리는 모든 의심을 배제합니다. 그리고 그 일이 그저 가능할 뿐 아니라, 이미 실제로 그렇다고 하는

진정한 느낌을 내면에서 창조합니다. 당신이 원하는 것이 지금 여기에 이미 존재한다고 '실제로' 느끼는 것입니다.

나처럼 수표에 동그라미를 더하려고 애썼지만 결국 돈이 찾아오지 않는 경험만을 해온 사람들이 적지 않을 것입니다. 나는 심상화가 나쁘다고 말하는 것이 아닙니다. 심상화는 효과가 있습니다. 그러나 나는 훨씬 더 빠른 결과가 필요했기 때문에 모델링 연습을 시작하게 되었습니다. 사랑과 명상의 상태에서, 당신의 삶이 이미 그것을 가지고 있음을 느끼세요. 아주 세밀하고 작은 것까지, 마치 손에 쥐고 있는 컵을 느끼듯이 실재감이 느껴지도록 하세요. 여기에 소망을 재빨리 성취하는 비결이 있습니다. 이는 기존의 현실로부터 모든 것이 이미 존재하는 다른 평행우주의 현실로 건너뛰는 것과 같습니다. 새로운 현실 안에서 그것을 그리기만 하세요. 이것이 지금으로서는 가장 중요한 연습입니다.

모델링 연습

편안하게 앉아 눈을 감습니다.

깊이 숨을 들이쉬고, 내쉬면서 모든 생각을 내보냅니다.

숨을 깊이 들이쉬고, 내쉬면서 완전히 이완합니다.

숨을 들이쉬고, 내쉬면서 크나큰 기쁨과 사랑의 상태에 들어갑니다.

우리에게 익숙한 것을 손에 느끼기 시작합니다. 우리가 손에 종종 쥐게 되는 것들, 명상 중에 그 이미지와 느낌을 쉽게 떠올릴 수 있는 것들… 예를 들어, 지금 손에 휴대전화를 들고 있다고 상상하면서 느낍니다. 우리는 그것을 여러 각도에서 보고 그 가장자리를 느낍니다. 우리는 내면의 눈으로 그것을 봅니다. 그 모든 느낌은 정말 실재와 똑같습니다. 내면의 인식이 실재감을 더 많이 느낄수록, 우리는 이 모델링 연습을 더 깊이 이해하게 됩니다. 이것이 단지 연습이라는 것을 기억하세요.

　정말로 손에 휴대전화를 들고 있는 것처럼 느껴질 때까지 10~15분간 이 연습을 계속해보세요. 처음엔 쉽지 않을 수도 있습니다. 그래도 조바심 내지 마세요. 연습만이 유일한 해결책입니다. 상상의 대상을 여러 가지 다른 것들로 바꿔보세요. 명상하기 전에 그 대상을 직접 찬찬히 뜯어보고 손에 쥐어보세요. 그런 후에 최대한 실재로 느껴지는 이미지와 감각을 창조하세요. 이것이 당신의 미래를 창조하는 첫 단계입니다. 당신이 걸려 넘어질 수도 있는 장애물들에 미리 대비하세요. 걸려 넘어지더라도 다시 일어나 걸어가기로 다짐하세요. 모든 일이 잘 될 것입니다. 분명히 그럴 것입니다.

　생각이 물질화된다는 진실을 아직도 믿지 못하는 사람들에게 묻고 싶습니다. 우리의 생각이 곧 물질이라는 것을 지금 당장 확인하고

싶으신가요? 당신의 생각은 지금 즉시 물질화될 수 있습니다. 그러나 당신의 머릿속에는 '그런 일은 불가능해'라는 쓰레기 같은 생각들이 쉼 없이 떠오르고 있겠지요. 그 생각들을 그저 관찰하세요. 그리고 그 생각들이 여러분을 한계에 가둠으로써 즉각 뭔가를 얻을 수 있는 가능성을 가로막는다고 생각하세요.

여기에 다른 연습이 있습니다. 준비되셨나요? 뭐든지 시험해보는 것이 중요합니다.

편안하게 앉아 눈을 감습니다..

깊이 숨을 들이쉬고, 내쉬면서 모든 생각을 내보냅니다.

숨을 깊이 들이쉬고, 내쉬면서 완전히 이완합니다.

숨을 깊이 들이쉬고, 내쉬면서 사랑과 기쁨의 상태에 들어갑니다.

그 즉시 눈앞에 커다란 노란 레몬이 하나 보이기 시작합니다. 우리는 칼을 꺼내어 레몬을 반으로 잘라 입에 넣습니다. 그것을 씹으세요. 곧 다른 반쪽도 입에 넣고 다시 씹습니다.

신맛이 나지요? 침이 고이지요? 실제로 레몬을 먹지 않았지만, 당신의 몸은 거기에 응답했습니다. 몸은 생각의 자극을 느끼고 마치 진짜 레몬을 먹는 듯이 반응합니다. 생각과 물질이 별개가 아니라는 뜻입니다.

세상은 그런 식으로 만들어져 있습니다. 명상은 우리가 충분히 사용하지 않았던 두뇌활동을 증가시키도록 도와줍니다. 명상을 할수록 우리의 두뇌는 더욱 효과적으로 작동하기 시작할 것입니다.

　자, 이제 레몬의 느낌에 대해서는 많은 사람들이 분명히 이해했으리라 생각합니다. 만약 돈에 대해서도 똑같이 해본다면 멋지지 않을까요? 한 번 해볼까요?

　편안하게 앉아 눈을 감습니다.
　깊은 숨을 들이쉬고, 내쉬면서 모든 생각을 내보냅니다.
　두 번째 숨을 깊이 들이쉬고, 내쉬면서 완전히 이완합니다.
　세 번째 숨을 깊이 들이쉬고, 내쉬면서 조건 없는 사랑의 상태에 자연스럽게 들어갑니다.
　이 상태에서… 우리는 돈다발을 떠올리고 느낍니다. 사람마다 떠올리는 돈다발의 모양은 다를 것입니다. 어떤 사람은 얇은 돈다발, 어떤 사람은 두꺼운 돈다발, 어떤 사람은 천 루블짜리 돈다발, 어떤 사람은 오천 루블짜리 돈다발, 또 어떤 사람은 유로 혹은 달러로 된 돈다발… 여기서 중요한 점은, 내면에서 눈으로 그 돈다발을 생생히 보고 손으로 만지는 것입니다. 우리는 기쁨과 사랑을 느끼면서 그 돈을 세기 시작합니다. 그것은 정말로 내 손에 있고, 우리에게 커다란 기쁨을 줍니다!
　그 돈의 냄새가 느껴집니다. 다른 어떤 것과도 섞일 수 없는 돈만의 독특한 냄새가 납니다. 돈이 바스락거리는 소리가 들립니다. 이처

럼 돈다발을 세는 것은 참 기쁜 일입니다.

이제 천천히 눈을 뜨고 명상에서 빠져나옵니다.

어떠셨습니까? 실감이 났나요? 손에서 돈다발이 느껴졌나요? 참으로 기분 좋은 명상법 아닙니까? 여러분의 마음에 들었기를 바랍니다. 원하는 바를 얻는 능력은 그것을 얼마나 현실감 있게 모델링하는가에 달려 있습니다. 연습이 중요합니다. 연습하고, 연습하고, 또 연습하세요. 당신이 원하는 바를 분명하고 세밀하게 그리세요. 그렇게 하지 않으면 나의 한 친구와 비슷한 실수를 하게 될 것입니다.

꽤 추운 겨울에 우리는 여러 친구들과 다 함께 걷고 있었습니다. 그때 갑자기 그녀가 말했습니다. "지금 내가 바닷가에 있다면 얼마나 좋을까? 나는 아무것도 필요 없어. 그저 자연과 바다만 있다면." 나는 그녀의 소망을 듣고서 그것을 실현시켜주고 싶었습니다. 그래서 그녀에게 아나파Anapa(러시아 흑해 부근의 휴양지, 역주)로 가는 승차권 한 장과 텐트 하나를 사주겠다고 말했지요. 왜냐하면, 그녀 자신이 단지 자연과 바다만을 원한다고 말했으니까요. 그 소망은 당장에라도 실현될 수 있는 일이었습니다. 그녀는 즉시 자신의 실수를 이해했고, 우리는 함께 웃었습니다.

당신이 원하는 바를 정확하게 아는 것이 중요합니다. 신, 우주, 또는 여러분이 믿는 그 어떤 존재라도 당신 자신이 모호한 소망을 품고 있다면 그것을 도와줄 수 없습니다. 그 존재가 당신의 소망이 가장 최선의 방법으로 빠르게 물질화되도록 도와주기 위해서는 세밀하고 분명한 밑그림이 필요합니다. 그러므로 뭔가를 모델링하기 전에 그것을 구체화하세요. 그렇지 않으면 내 친구의 경우처럼 그다지 반갑지 않은 선물을 초대하게 될지도 모릅니다.

지금 당신의 손에 그것이 정말 쥐어져 있는 것처럼 모델링하는 것이 핵심입니다. 그 외의 다른 방법은 없습니다. 정확하고 세밀하게 그리고, 지금 여기에서 느껴야 합니다. 그 바탕에는 기쁨과 사랑이 있어야 합니다! 그래야 우리는 더욱 행복해짐과 동시에 부유해질 수 있습니다. 그리고 또 하나, 원하는 그것이 지금 당장 주어질 수도 있음에 대비하세요. 그래선 안 될 이유가 있을까요? 기적은 어떻게든 일어나는 법입니다.

또 하나의 실수를 지적해야겠군요. 이것은 NLP(신경언어 프로그래밍) 기법을 배워서 목표를 '스마트하게' 설정하려는 사람들이 흔히 저지르는 실수입니다. NLP는 목표를 세우면서 그 일이 일어날 날짜까지 정하도록 합니다. 그러나 나는 오직 '지금 여기'에서 모델링해야 한다고 생각합니다. 명상을 통해서 우리는 새로운 현실을 '지금 이 순간' 창조합니다. 캔버스와 물감을 가지고, 그것을 지금 이미 갖고 있는 것처럼 밝게 색칠하세요.

만일 당신이 미래의 어떤 시점을 기준으로 바라는 것을 형상화한다면, 예컨대 '몇 월 몇 일'에 특정 브랜드의 특정 색깔의 자동차를 갖겠다고 결심한다면 그것은 그저 하나의 '바람'일 뿐입니다. 그때

당신은 그것을 지금 여기에서 창조하지 않습니다. 미래를 향해 바라고 있을 뿐이죠. 그러므로 당신의 잠재의식은 그것을 미래의 것으로 남겨둡니다. 온 우주는 당신의 그 소망을 실현할 방법을 찾지 않을 것입니다. 그때 가서 해도 될 일이니까요! 당사자가 그렇게 바라고 있지 않습니까?

하지만 그 소망이 좀더 일찍 실현된다고 해서 과연 기분 나빠할 사람이 있을까요? 소망하는 일이 이틀 또는 한 달 안에 일어나면 오히려 더 좋은 거죠! 그러니 계획을 세우지 마세요. 지금 여기에 사세요. 그러면 당신의 삶은 의미와 사랑으로 흘러넘칠 것입니다. 과연 내 꿈이 실현될지 말지를 걱정하지 않게 될 것입니다. 당신은 그저 이완하고 모든 것을 신뢰하게 될 것입니다. 그리고 자신이 하고 있는 일 자체에서 기쁨을 얻을 것입니다.

그러니 당신이 원하는 바를 정확하게 선택하세요. 만약 글로 쓰는 것이 더 편하다면, 원하는 바를 글로 적으세요. 그러나 현재형으로 쓰세요. 이미 이루어진 것처럼 말입니다.

그것을 최대한 실감 나게 바라보세요. 만약 집을 원한다면, 눈을 감고 명상 상태에 들어가서 그것을 묘사하세요. 지금 그 집 안으로 들어가세요. 더 나아가 거기에 방이 몇 개인지 보세요. 또 어떤 가구가 놓여 있는지 보세요. 당신의 가족이 부엌 식탁에서 집들이하는 모습을 보세요. 지금 여기에서 당신이 이미 그것을 갖고 있음을 기뻐하세요. 그것은 당신의 집입니다. 꿈은 이미 이루어졌습니다. 그러니까 지금 여기에서 당신이 가진 것을 크게 기뻐하세요.

생각 속에서, 욕실로 가서 샤워하세요. 그 욕실은 당신의 것입니다. 소파에 앉아 TV를 보세요. 지금 이 순간의 진짜 느낌을 창조하세요. 지금의 경험이 더 선명할수록, 더 현실적일수록 당신은 그것을 더 빠르게 얻게 됩니다.

　여기서 가장 중요한 점은, 당신의 무의식이 그것을 거짓말이라고 느껴서는 안 된다는 것입니다. 당신 자신을 속이려 해서는 안 됩니다. 당신은 항상 당신 자신에게 정직해야 합니다. 당신은 그것이 가능하다고 진심으로 믿어야 합니다. 왜냐하면, 그것은 정말로 현실이니까요! 당신의 집은 지금 여기에 실재합니다. 그것이 불가능하다거나 그저 상상일 뿐이라는 의심에 사로잡혀서는 안 됩니다. 물론 처음에는 의심과 충돌할 수도 있겠지요. 하지만 믿음으로써 극복하는 것이 중요합니다. 당신은 그 믿음에 따라 얻게 될 테니까요.

　그것이 그저 명상이고 상상일 뿐이라고 생각하지 마세요. 대신 머릿속에서 그것이 더욱 진짜처럼 느껴지도록 만드세요. 그래야 당신은 원하는 바를 빨리 얻게 될 것입니다. 소망이 빨리 실현될 수 있는 길이 열릴 것입니다. 그래야 당신은 적절한 사람들과 연결되고, 유익한 제안을 받게 될 것입니다.

　내가 '초능력 경연대회'(러시아의 유명한 TV 프로그램 중 하나, 역주)에서 우승한 것도 모델링 덕분입니다. 당시 내게는 전국에서 가장 빼어난 초능력자들 사이에서도 시청자 투표에서 95퍼센트의 확연한 차이로 승리

하는 것이 중요했습니다. 그것은 오직 사람들에게 꿈이 실제로 이뤄진다는 사실을 보여주기 위함이었습니다. 그게 어려운 일이 아니라는 사실을, 단지 원하기만 하면 된다는 사실을 말이지요.

나는 내가 커다란 차이로 승리한다는 진지하고 명료한 의도를 갖고 모델링했습니다. 그래서 온 우주가 나의 길을 도와준 것이겠지요. 시청자들은 나에게 표를 던졌습니다. 하나된 사랑을 느꼈기 때문이었습니다. 나는 모델링했던 그대로, 95퍼센트의 확연한 차이로 우승했습니다. 내 꿈은 이루어졌지요. 그리고 사람들은 그것이 가능하다는 사실을 알게 되었습니다.

만약 내가 나의 에고를 위해서 우승을 바랐더라면, 나는 결코 그것을 얻지 못했을 겁니다. 나는 실패했을 것입니다. 우주의 법칙이 그러니까요. 오직 가슴 밑바닥에서 일어나는 순수한 소망만이 실현될 수 있는 권리를 갖고, 모든 가능성이 존재하는 우주 공간으로부터 도움을 받습니다. 그러니 커다란 꿈을 꾸세요. 당신 이전에 아무도 그렇게 하지 않았다고 해서 그 꿈이 불가능하다는 의미는 아닙니다. 그것은 다만 당신이 그 가능성을 입증할 첫 번째 사람이라는 의미일 뿐입니다.

모델링에서 또 하나의 중요한 측면은, 그것이 어떤 방식으로 실현될지를 당신이 규정해서는 안 된다는 것입니다. 특별히 바라는 방식이 따로 있지 않는 한, 그것이 당신에게 가장 좋은 방식으로 찾아오도록 허용하세요.

좀더 자세히 설명하겠습니다. 많은 사람들은 집이나 자동차, 혹은 다른 물질적인 대상들을 오직 돈을 주고 사야 한다고 생각합니다. 그래서 돈을 벌어야 한다고 말하지요. 하지만 그것들은 선물로, 복권의 경품으로, 또는 그 외의 온갖 방식으로 당신에게 주어질 수 있습니다. 그러니 미리 결정하지 마세요.

단, 가끔은 꿈이 실현되는 방식이 꿈 그 자체만큼이나 중요한 경우도 있습니다. 꿈과 그 실현 방식이 서로 엮여 있는 경우이지요. 그럴 때는 당신이 그 방식을 정확히 정해야 합니다. 하지만 그것이 당신 자신과 온 우주를 위해 가장 좋은 방식이어야 한다는 전제는 변하지 않습니다.

그런 특별한 경우가 아니라면, 우리가 왜 방식을 결정해야 합니까? 어느 길이 우리에게 가장 빠르고 좋은지는 신께서 가장 잘 알고 계실 텐데 말입니다. 당연히 신께서 우리보다 훨씬 현명하지 않을까요? 우리는 그를 신뢰해야 합니다. 그는 우리에게 길을 보여줄 것입니다. 우리는 그 길을 따르기만 하면 됩니다. 그러면 우리의 꿈은 실현될 겁니다. 정말로 온 우주가 우리의 성공을 도와줄 것입니다.

나는 집을 나설 때마다 거울 속에 비친 내 눈을 가까이 들여다보면서 이렇게 말합니다. "온 우주가 내가 가는 길을 도와준다." 만약 어떤 중요한 문제가 있다면, 나는 사랑과 기쁨 속에서 그것을 구체적으로 떠올리고 위의 말을 되뇝니다. 그리고 세상으로 나가는 거죠.

어떻게 생각하십니까? 과연 나의 소망이 쉽게 이루어질까요? 물

론입니다! 나는 이제 혼자가 아니니까요. 모든 것이 내가 가는 길을 도와주고 열어줍니다. 모든 곳에서 파란 불이 켜집니다. 당신도 실험 해보세요. 분명히 성공할 것입니다.

다음의 연습은 내가 명상 중에 찾아낸 방법인데, 내가 아는 많은 사람들을 한층 풍요롭게 해주었습니다. 나 역시 이 방법을 사용하자 마자 효과를 얻었습니다. 나의 경제적인 풍요는 점점 더 커졌습니다. 마침내 나는 돈이라는 에너지와 진정한 친구가 되었습니다.

'황금 구체' 명상 (MP3 track 5)

편안하게 앉아서 눈을 감습니다.

깊이 숨을 들이쉬고, 내쉬면서 모든 생각을 내보냅니다.

숨을 깊이 들이쉬고, 내쉬면서 완전히 이완합니다.

숨을 깊이 들이쉬고, 내쉬면서 가슴의 공간 안으로 가라앉습니다. 거기에서 우리는 정수리에 주의를 집중하고, 그곳을 통해 몸 밖으로 빠져나갑니다. 그리고 더 높이, 더 높이 솟아오릅니다.

이제 아래를 내려다봅니다. 당신은 도시 위를 날고 있습니다.

이제 더 높이 날아올라 지구를 벗어납니다. 당신은 우주 공간에 있습니다. 당신은 우주에서 지구를 내려다봅니다. 지구를 둥글게 뒤 덮고 있는 황금빛이 보입니다. 그것이 바로 돈의 에너지입니다.

당신은 황금빛 구체로 날아가서 그 안에 잠깁니다. 그 황금빛 안 으로 녹아듭니다. 그 에너지의 느낌 속에서 머뭅니다. 손으로 만지듯이, 생생하게 그 촉감을 느낍니다.

당신이 돈의 에너지 안에서 완전히 용해될 때, 돈과 관련된 당신의 모든 소망도 그 황금빛 공간으로 흡수됩니다. 그리고 지금 여기에서 당신의 손에 돈다발 하나가 나타납니다. 당신이 믿기만 하면, 돈은 그렇게 쉽게 찾아옵니다.

당신은 그 돈을 세기 시작합니다. 당신은 그 돈의 촉감을 생생히 느낍니다. 돈이 바스락거리는 소리를 듣고, 돈의 냄새를 맡습니다. 그 느낌들을 충분히, 맘껏 즐깁니다.

당신은 감사함과 사랑을 느끼면서 돈을 셉니다. 당신에게 오리라고 믿고 있는 금액만큼 정확히 셉니다. 그런 다음에, 행복한 느낌 속에서 그 돈을 당신의 호주머니에 넣습니다.

이제 당신은 이 황금빛 에너지의 한 조각을 가지고 당신의 가슴으로 돌아옵니다. 우리는 이 놀라운 에너지와 영원히 친구가 되었습니다. 이 에너지가 가슴에 전해지는 순간, 당신은 부드럽게 몸의 느낌을 되찾습니다.

숨을 깊이 들이쉬고, 내쉬면서 미소를 띱니다. 당신은 기분 좋게 돌아왔습니다.

이제 당신은 돈이라는 에너지와 진정한 친구가 되었고, 온 우주의

도움을 받게 되었습니다. 모든 생명체는 사랑과 돌봄이 필요하다는 사실을 기억하세요! 그러니 틈틈이 이 명상을 하세요. 우정은 서로 돌봐주는 것이니까요. 이 명상법은 당신의 풍요로움이 더욱 커지도록 도와줄 것입니다. 그러나 부유함과 풍요로움의 가장 중요한 열쇠는 사랑임을 잊지 마세요. 사랑 없이는 세상의 그 어떤 것도 의미가 없습니다.

우화 하나.

한 철학 교수가 학생들 앞에서 5리터짜리 유리병을 돌멩이로 가득 채웠다. 각각의 돌멩이는 지름이 3센티미터 이상이었다. 교수는 학생들에게 지금 유리병이 가득 차 있는지를 물었다. 학생들은 가득 차 있다고 대답했다.

교수는 돌멩이로 채운 유리병에 콩알들을 부었다. 그러자 돌멩이들 사이의 공간이 콩알들로 가득 찼다. 교수는 다시 학생들에게 지금 유리병이 가득 차 있는지 물었다. 학생들은 여전히 가득 차 있다고 대답했다.

교수는 그 유리병에 모래를 부었다. 당연하게도 모래가 빈 공간을 가득 채웠다. 교수는 다시 학생들에게 유리병이 가득 차 있는지 물었다. 학생들은 이번에야말로 정말 가득 차 있다고 대답했다.

그러자 교수는 책상 아래에서 두 개의 물병을 꺼내서 마지막 한 방울까지 유리병에 부었다. 학생들은 웃음을 터트릴 수밖에 없었다.

교수는 진지하게 말했다.

— 나는 여러분이 이것을 이해하기 바랍니다. 이 유리병은 여러

분의 삶입니다. 돌멩이는 삶에서 가장 중요한 것들입니다. 가족, 건강, 친구, 아이들… 다른 것을 다 잃는다 하더라도 이것만은 온전한 삶을 위해 꼭 필요한 것이죠. 콩알은 직장, 집, 자동차처럼 여러분 개인에게 중요한 것들입니다. 모래는 그 나머지 사소한 것들이죠. 유리병을 먼저 모래로 채워버리면 콩과 돌이 들어갈 자리는 없겠지요. 여러분의 인생에서도 마찬가지입니다. 여러분이 작은 것들에 모든 시간과 에너지를 소비한다면, 중요한 것들을 위한 공간은 남지 않게 됩니다. 여러분 자신에게 행복을 주는 일을 먼저 하세요. 아이들과 놀고, 배우자와 함께 시간을 보내고, 친구들을 만나세요. 그래도 회사일을 하고, 집 안을 청소하고, 차를 고치거나 닦을 시간은 언제나 남아 있을 것입니다. 돌멩이 차원에서 여러분 자신을 돌보세요. 가장 중요한 것을 먼저 하라는 뜻입니다. 일의 우선순위를 정하세요. 나머지 것들은 그저 모래일 뿐입니다.

　그때 한 학생이 손을 들고 마지막에 물을 부은 의미는 무엇인지를 물었다. 교수는 웃으며 말했다.

　― 질문해줘서 기쁘군요. 내가 그렇게 한 것은, 아무리 삶이 바쁘더라도 언제나 두 병의 물이 들어갈 공간은 있다는 사실을 보여주기 위해서였어요. 바로 진리를 향한 우리의 의도 말입니다.

　대부분의 사람들에게 가장 중요한 존재, 즉 가족에 대해서 이야기해보겠습니다. 가족도 모델링의 대상이 될 수 있을까요? 우리는 그 관계를 개선할 수 있을까요? 혹은 그것을 거부하고 새로운 관계를 시작할 수 있을까요? 당신은 이 질문들에 대한 대답을 스스로 찾고 발견해야만 합니다.

　일단, 가족도 당연히 모델링의 대상이 될 수 있습니다. 당신과 당신 가족 간의 관계가 지금 유쾌하지 않다면, 모델링이 도움이 될 것입니다. 하지만 주의해야 할 점이 있습니다. 다른 누군가를 위해 모델링을 대신 해줄 수는 없습니다. 그의 운명은 그의 의지에 반해 움직일 수 없습니다. 그는 자유의지를 갖고 태어났고, 그 사실을 뒤집어야 할 이유는 어디에도 없습니다.

　문제는 당신 안에 있습니다. 당신이 그를 있는 그대로 받아들이는 것이 중요합니다. 그렇지 않고서는 좋은 관계가 형성될 수 없습니다. 가족과의 관계라면 더더욱 그렇지요. 그러므로 당신은 다른 누군가가 아니라 바로 당신 자신이 조화로운 관계를 맺기에 적합한 특성을 갖게끔 모델링해야 하는 것입니다.

　당신은 당신의 가족을 위해서 무엇을 모델링할 수 있을까요? 그저 명상 중에 사랑과 기쁨의 상태에 들어가서 그들이 행복해하는 모습을 바라보세요. 가족들이 서로 깊이 이해하며 조화를 이루고 있는 모습을 바라보세요. 가족과 함께 식탁에 둘러앉아 맛있는 음식을 먹는 모습을 바라보세요. 가족구성원 모두가 행복해하는 모습을 상상하고 느끼는 것이 중요합니다! 이것이 당신이 가족을 위해 할 수 있는 최선의 모델링입니다. 그러면 당신의 가족은 사랑과 배려의 분위기로 둘러싸일 것입니다. 그에 더해서, 당신이 그들을 있는 그대로 받아들이고 그들의 의견을 존중하는 법을 배워간다면 더욱 좋겠지요.

당신의 생각에서 나오는 힘과 사랑은 가족관계를 치유할 것입니다. 순수한 가슴과 명료한 생각이 중요합니다. 가까운 사람들의 건강 문제 혹은 술과 담배에 관한 문제를 절대로 당신이 결정하려 들지 마세요. 그들이 어느 회사에 취직할지, 어느 학교로 진학할지를 절대로 당신이 결정하지 마세요. 그들 스스로 자유롭게 선택하게 하세요. 그들을 통제하지 말고, 숨 쉴 자유와 가능성을 주세요. 이것이 인간관계의 열쇠입니다. 당신의 내면 작업은 당신 자신의 삶에만 한정됩니다. 주변 사람들에 대해서는 그들이 행복해하고, 그들의 가슴이 사랑과 기쁨으로 가득 차는 모습만을 모델링하세요. 그 외에는 당신이 할 일이 없습니다.

가까운 사람들을 대상으로 모델링할 때는, 지금 당신이 진정으로 그들을 사랑하고 있는지를 아는 것이 중요합니다. 혹시 책임감 때문에, 연민 때문에, 혼자 남는 것이 두려워서 관계를 유지하고 있는 것은 아닌가요? 이 모든 것은 당신의 건강과 건전한 관계의 적입니다. 그것들은 당사자들 모두의 행복을 방해합니다. 오직 사랑만이 당신의 관계를 개선할 수 있습니다. 만약 이미 상대방과의 관계에 지쳐 있다면, 당신은 그가 행복해지기를 바라는 마음으로 그를 놓아줘야

합니다. 가슴 깊은 곳에서 그가 새로운 인연을 만날 수 있도록 진심으로 바라야 합니다.

오직 그럴 때, 당신은 더 큰 뭔가를 얻을 수 있습니다. 그때 당신은 우정이 주는 기쁨을 얻을 것입니다. 놀라운 느낌이 당신의 지나간 사랑과 집착을 대체할 것입니다. 당신의 삶에 신선한 공기와 행복이 쏟아져 들어올 것입니다. 안타깝게도 많은 사람들은 영원히 함께 하자던 과거의 약속을 짐처럼 짊어지고 있습니다. 그러나 세상에 영원한 것은 없습니다. 모든 것은 흘러가고, 변합니다. 그러니 지금 이 순간에 집중해야 합니다. 지금 이 순간의 삶과 주변의 모든 것을 존중하고 사랑하세요.

누군가 혹은 무엇인가와 헤어질 때가 되었다면, 후회 없이 그리고 진심으로 서로의 경험에 대해 감사하면서 앞으로 나아가세요. 이것을 제대로 이해하기는 쉽지 않습니다. 왜냐하면, 어린 시절부터 우리는 가까운 사람들에 대해 책임을 져야 한다고 배워왔기 때문입니다. 하지만 당신의 파트너는 길들일 수 있는 애완견이 아닙니다. 그는 성인이며, 의식이 있는 사람입니다. 그는 당신 없이도 잘 살 수 있습니다. 세상의 구원자 놀이는 충분히 하지 않았나요? 가슴으로 살기 시작하세요! 의무감으로 살지 마세요. 오직 진실한 마음으로 사랑하며 사세요. 어떤 관계든 그 바탕에 사랑이 있어야만 풍요로워집니다.

내려놓음을 두려워하지 마세요. 당신은 분명히 더 조화로운 관계를 찾게 될 것입니다! 당신은 더 나은 것을 얻을 자격이 있습니다. 그렇다고 믿으세요. 당신 자신을 있는 그대로 사랑하세요. 두려움은 자기 자신에 대한 혐오에 기초하고 있습니다. 자기 자신을 있는 그대로 받아들이지 못하거나 사랑하지 않는 사람은 다른 사람들에게 사랑받지 못합니다. 그 자신도 다른 사람을 사랑하지 못합니다. 그래서 나는 거듭 말합니다. 당신 자신으로부터 시작하세요. 후회 없이 과거를 내려놓으세요. 그래야 새로운 미래가 더 많은 행복과 사랑을 선물할 것입니다.

어머니가 돌아가신 후에, 나는 아버지가 다른 사람을 사랑하게 되었다는 사실에 무척 질투가 났습니다. 그때 나는 너무나 이기적이어서 아버지가 다른 사람과 함께 행복해하는 모습을 받아들이기 어려웠습니다. 진정한 사랑은 평생 한 번만 가능하다고 믿었던 것입니다. 이것은 지상에서 가장 큰 환상입니다. 그런데 그런 환상이 바로 내 머릿속에 있었습니다.

하지만 나는 결국 그런 생각은 환상에 불과하며, 시작이 있으면 반드시 끝이 있다는 사실을 이해하게 되었습니다. 태어난 사람은 언젠가 분명히 죽습니다. 불타는 사랑도 언젠가는 식습니다. 나는 안도의 한숨을 쉬었습니다. 그리고 아버지의 재혼을 기쁘게 받아들였습니다. 나는 두 사람이 서로 사랑하고 진심으로 행복해하는 모습을 그렸습니다. 지금 이 순간, 사랑은 가장 아름다운 것이니까요. 그리고 지나간 것은 이미 지나간 것이니까요.

첫사랑을 경험한 직후에 나는 내 평생 사랑은 이것 하나뿐이라고

생각했습니다. 그러나 다행히도 이 책을 쓰는 순간까지 여러 번 다시 사랑에 빠졌습니다. 우리가 이처럼 멋진 사랑의 경험을 거듭 창조하고 거기에 마음을 연다는 것은 놀라운 사실입니다. 그러니까 모험해 보세요! 우리는 이전의 것보다 더 강렬한 사랑을 경험할 수 있습니다. 최소한 나는 그랬습니다. 나는 여러분도 성공하리라 확신합니다. 아무리 나이가 많더라도 자신을 믿으세요. 그저 사랑으로써 살기 시작하세요. 슬픔의 감옥에서 빠져나와 사랑의 햇살 아래 영혼을 따뜻하게 덥히세요.

우리가 새로운 경험에 준비되었을 때, 모델링은 즉시 당신을 도와줄 것입니다. 우리는 모델링을 통해서 우리의 삶 속으로 함께 사랑을 나눌 사람을 불러올 수 있습니다. 정신 나간 사람처럼 왕자와 공주를 찾아 세상을 헤맬 필요가 없습니다. 요즘 유행하는 것처럼, '적극적인 짝 찾기'(인터넷 등에서 공개적으로 자신을 소개하면서 연애상대를 찾는 것, 역주)를 할 필요도 없습니다. 그냥 앉아서 명상하면서 당신이 바라는 이미지를 창조하세요. 당신의 가슴이 원하는 사람을 그리세요.

방법은 아주 간단합니다. 사람마다 상대방에게서 중요하게 여기는 요소가 다릅니다. 그것은 성격일 수도 있고, 머리나 눈의 색깔일 수도 있고, 또 다른 세부적인 특징일 수도 있습니다. 그러므로 우리는 그것을 활용해야 합니다. 우리는 명상 속으로 뛰어들어서 사랑과 기쁨의 상태에 들어갑니다. 그리고 거기에서 우리는 자세한 그림을 그립니다. 마치 그 혹은 그녀가 정말 곁에 있는 것처럼 말이지요. 모든 것을 실감 나게 그리세요. 그의 눈을 깊이 들여다보세요. 그 눈동자는 어떤 색깔입니까? 그의 머리를 쓰다듬고, 머릿결이 어떤지를 느껴보세요. 당신에게 중요한 모든 특징을 반영하세요. "그는 술을 마시지 않아야 하고, 담배도 피우지 않아야 한다." 이런 조건은 부정적 이미지를 형성하므로 적절하지 않습니다. 그 대신 "그는 건강한 삶을 영위하고 있다"는 조건이 더 낫지 않을까요? 모든 장면이 당신의 첫 데이트인 것처럼 생생해야 합니다. 중요한 것은, 지금 이 순간 그 사람과 함께하는 멋진 느낌을 창조해내는 것입니다. 논리에 사로잡히지 마세요. 그 사람과 함께하는 순간을 즐겁게 느끼고, 삶의 맥동과 함께 펄떡이는 심장을 느끼세요.

눈을 감고 시도해보세요. 이 방법으로 많은 연인이 생겨났답니다. 당신도 분명히 성공할 것입니다. 하지만 이상적인 사람을 찾아 헤매지는 마세요. 그런 사람은 없습니다. 명상 속에서 그린 특징들은 단지 가상의 조합일 뿐임을 기억하세요. 참사랑에는 조건이 없습니다! 기적을 향해 당신의 삶을 여세요. 기적이 사랑이란 날개를 달고 당신의 삶 속으로 날아들게 하세요.

우화 하나.

평생 결혼을 꺼려온 한 남자가 있었다. 그가 90세의 나이로 죽어가고 있을 때, 누군가가 물었다. ─ 당신은 한 번도 결혼을 하지 않았지요. 그런데 왜 그랬는지는 말해주지 않았습니다. 이제 죽음

의 문 앞에서 우리의 궁금증을 풀어주세요. 그게 비밀이었더라도, 지금은 죽음을 눈앞에 두고 있으니 우리에게 알려주세요. 절대로 당신에게 피해가 갈 일은 없을 것입니다.

늙은이가 대답했다. ― 그래, 사실 내게는 비밀이 있다네. 내가 결혼을 안 하려고 한 것은 아니야. 나는 평생 이상적인 여성을 찾아왔던 거지. 나는 내 모든 시간을 그 사람을 찾느라 낭비했네. 그렇게 내 인생은 지나갔지.

― 이렇게 커다란 땅덩어리에서 단 한 명의 이상적인 여자도 찾지 못했나요? 수백만이 살고 있고, 그중의 반이 여자인데도요?

늙은이의 뺨에서 눈물이 뚝뚝 떨어졌다. 그는 대답했다. ― 아니, 나는 한 명의 이상적인 여자를 찾았다네.

질문했던 사람은 깜짝 놀랐다. ― 그래서 어떻게 되었죠? 그때 왜 결혼하지 않은 거죠?

늙은이가 대답했다. ― 그 여자도 이상적인 남자를 찾고 있었으니까.

사랑에는 조건도, 한계도 없습니다. 심지어 완벽함도 없습니다. 사랑은 본래 불완전한 것입니다. 그래서 그저 감사함을 느끼면서 상대를 있는 그대로 허용하는 태도가 필요합니다. 그때 당신의 삶은 행복과 의미로 가득할 것입니다.

불행히도, 요즘 이상적인 파트너를 찾는 사람들이 많습니다. 사람들은 상대를 있는 그대로 받아들이는 대신, 그 사람을 자기 머릿속의 이미지에 맞게 바꾸려고 합니다. 그 결과, 그들은 스스로 고통을 받으며 파트너 또한 고통을 받게 합니다.

세상은 오래전부터 뒤집혀 있습니다. 누군가를 바꾸려 하지 마세요. 절대 그런 목적으로 모델링을 사용하지 마세요. 모델링은 오직 선함을 위해서 봉사합니다. 모델링은 당신의 영혼 또는 가치관에 맞는 사람을 찾도록 도와줄 뿐입니다. 그것 외에는 오직 자신에 대해서만 모델링하세요! 그것 외에는 오직 조건 없는 사랑과 기쁨을 키우는 데에만 사용하세요! 이것이 승리하는 비결입니다. 이것이 행복의 열쇠입니다.

삶 속에 사랑과 아름다운 관계를 끌어오기 위해서, 당신은 당신 자신을 먼저 정화해야 합니다. 사랑에 준비가 되어 있어야 하죠. 충동적인 외로움이나 필요에 의해 관계를 찾지 마세요. 혼자 고요히 머물면서, 당신의 삶에 무엇이 진정으로 필요한가를 자각하세요. 당신이 맺어온 모든 관계를 재평가하세요. 그렇게 오랫동안 아름다운 관계를 방해해온 원인이 무엇인지를 깊이 생각해보고 분석하세요. 자신 안에서 문제를 찾고, 분석하고, 사랑 속에서 그것들을 내려놓으세요. 스스로 파트너의 입장에 서서, 당신과 함께인 것이 과연 좋게 느껴지는지 아닌지를 생각해보세요. 만약 아니라면, 혼자서도 만족스러운 상태가 될 때까지 자신을 더욱 정화하세요. 자기 자신에게 편안함이 느껴질 때까지, 그 사랑이 당신을 가득 채울 때까지.

지금 그렇게 하세요. 그러면 당신과 관계를 맺는 사람들은 모두 세상에서 가장 행복해질 것입니다. 멋진 일이죠! 인간관계에서 주요한 원칙은 이렇습니다. 서로가 행복하다면, 그 관계는 아름다운 것입니다. 또한 당신에게도 아주 잘 된 일이죠. 비로소 조건 없는 사랑이 가능해지고, 최고의 기쁨에 도달하는 것입니다!

내 친구 중 한 명은 늘 사랑 때문에 괴로워했습니다. 매번 성격이 나쁜 여자들이 그의 인생에 끌려 들어와서 그를 괴롭혔지요. 그는 외로움으로부터 달아나려고 계속 애를 썼기 때문에 관계와 관계 사이의 공백 기간을 견디지 못했습니다. 그러다 보니 늘 같은 일을 겪곤 했습니다. 나는 그에게 좀 쉬어보라고 권했습니다. 안달복달하지 말고, 정말 문제가 뭔지를 한 번 살펴보라고 했습니다. 끊임없는 관계 속에 감춰진 진짜 문제가 무엇인지를 말입니다. 여자들은 바뀌지만, 그의 문제는 늘 그대로 남아 있었습니다. 문제는 여자들에게 있는 것이 아니라 그에게 있었기 때문입니다.

그는 명상을 시작했고, 그를 거듭 좌절케 했던 마음속의 프로그램을 발견했습니다. 그는 사춘기의 첫사랑에서 슬픈 경험을 한 후로 '모든 여자는 똑같다'고 생각하게 되었습니다. 바로 그 생각 때문에 늘 비슷한 성격을 가진 여자들만 만나게 되었던 것입니다. 그는 이 사실을 깨닫고 크게 기뻐했습니다. 드디어 모든 문제의 뿌리를 찾아낸 것입니다.

나는 내 경험을 그에게 말해주었습니다. 여러 여자를 만났는데, 그들은 모두 달랐다고요. 사랑스러운 사람도 있었고, 나를 지지해주는 사람도 있었고, 친절하고 부드러운 사람도 있었다고요. 그날 저녁

그는 <u>스스로</u> 새로운 세상을 열었습니다. 그는 내면에서 자신의 삶을 방해해온 많은 불필요한 요소들을 발견했습니다. 타인을 비난하는 성향이나 질투심 같은 것들 말입니다. 나는 그에게 만나고 싶은 여자의 모습을 상상해보라고 했습니다. 그는 어떤 여성상을 상세히 묘사한 후에, 그것을 바탕으로 모델링을 시작했습니다. 그리고 어떻게 되었을까요? 한 달 반 후에 백화점 책방에서 바로 그런 여자를 만났습니다. 그 둘은 지난 2년간 함께 행복한 시간을 보내고 있습니다. 이처럼 자기 자신과 사람들에 대한 과거의 관념을 내려놓고, 새로운 사람들이 자신의 삶 속으로 들어오도록 허용하는 것이 중요합니다.

나는 '남자는 다 나쁜 놈들'이라는 신념 때문에 고통받는 여성들을 많이 보았습니다. 그들의 어머니도 그랬고, 그들의 할머니도 그랬습니다. 똑같은 관념이 세대를 거쳐 반복되고 있습니다. 그들은 대체 백마 탄 왕자들은 다 어디로 사라졌는지 의아해합니다. 그들은 매번 같은 남자들을 끌어당깁니다. 마치 세상에 믿음직한 남자가 하나도 없는 것처럼 알코올 중독자나 게으름뱅이만을 끌어당기죠. 특히 끔찍한 것은, 설령 좋은 남자가 나타나더라도 섣부른 판단으로 그를 쫓아버린다는 것입니다.

세상은 아주 거대합니다. 우리가 내면을 정화하는 순간, 그리고 주변 사람들의 단점을 비난하는 생각들을 던져버리는 순간, 친절하

고 쾌활한 사람들이 당신 주변을 둘러쌀 것입니다. 당신은 마음이 잘 맞는 사람들을 속속 만나게 되고, 믿을 수 없이 놀라운 기쁨을 얻습니다. 세상은 그대로지만 당신이 변한 것입니다! 이제 당신 주변의 모든 것이 달라집니다. 기억하세요. 당신의 세상은 당신으로부터, 당신의 관념으로부터 시작된다는 것을. 그러니 기쁘게, 친절하게, 명쾌하게 모델링하세요.

바라는 것을 잘못 정해서 문제를 겪게 된 한 친구의 이야기를 해보겠습니다. 그녀의 실수로 가족들이 대가를 치러야만 했지요. 그러니 당신은 원하는 것을 정확하게 인식하고, 아주 분명하게 구체화해야 합니다. 그래야 잠재의식은 그 목표에 도달하는 최선의 지름길을 열어줄 것입니다.

그녀의 이야기는 이렇습니다. 새해 첫날을 하루 앞둔 저녁이었습니다. 그녀는 가족을 위해 소원을 비는 관습을 지켜왔습니다. 그녀는 사랑, 건강, 행복처럼 추상적이지만 고귀한 소원을 빌곤 했고 그것들은 매년 실현되었지요. 그런데 그 해의 첫날에는 뭔가 자기 자신을 위한 소원을 빌고자 하는 마음에 미니어처 자동차를 소망했답니다. 그녀는 마음속으로 작은 차를 떠올렸지만 제대로 구체화하지는 않았습니다. 그리고 몇 달 후에 그녀는 남편과 헤어졌습니다. 미니어처 자동차를 사줄 수 있는 남편은 떠나버렸고, 대신 매일 밤마다 장난감 자동차를 들고서 그녀의 침대를 찾아오는 어린 아들만 남게 된 것입니다.

추상적인 소망이 아니라 구체적인 소망을, 사랑으로써 지금 여기에 창조하는 것이 모델링의 핵심입니다. 생각이 곧 물질임을 기억하세요. 생각이 당신과 다른 사람들의 이익을 위해 사용되어야 함을 기억하세요. 이 단순한 사실을 인식했다면, 당신은 곧 원하는 것을 정확하게 얻게 될 것입니다. 그러니 두려워하지 말고 꿈의 한계를 없애세요!

사람들을 믿으라. 그러면 당신 곁에서 그들의 날개가 자라날 것이다.

인간관계에서 또 하나의 중요한 규칙은 당신 주변의 가까운 사람들을 믿는 것입니다. 그들이 진정 원하는 일을 시작하려고 할 때, 심지어 그것이 미친 짓처럼 보이거나 그들 자신조차 믿음을 갖고 있지 않다고 해도, 그 일을 지지하고 믿어주세요! 그러면 당신은 그들이 날개를 펴고 자신의 꿈을 향해 날아오르는 모습을 보게 될 것입니다. 그들은 항상 아무 조건 없이 사랑하고 지지해주는 천사의 현존을 당신에게서 느낄 것입니다. 그들은 당신과 함께 있기를 원할 것이며, 깊숙한 비밀을 당신과 나누고자 할 것입니다. 왜냐하면, 당신 곁에 머무는 것이 전혀 두렵지 않기 때문입니다. 그들은 당신 곁에서 있는 그대로의 자기 자신으로 존재할 수 있는 거대한 힘을 경험할 것입니다. 거부당하거나 비난받을까봐 두려워할 필요가 없으니까요. 그러니 아름다운 관계를 창조하려 한다면, 당신의 비망록에 이 규칙을 잘

간직하세요. 오직 천사들만이 당신 주변에 있도록 하세요. 우리가 믿기만 한다면, 천사들은 하늘에만 있는 것이 아니라 땅에도 살고 있으니까요.

다음으로 내가 여러분과 나누고 싶은 것은 건강입니다. 건강을 모델링하는 방법과 질병의 진정한 이유에 대해 이야기해보겠습니다.

나는 어떤 의사나 치유사, 마법사도 당신을 치유할 수 없다고 진심으로 믿습니다. 그들은 오직 도우미 혹은 통로 역할만을 할 수 있습니다. 질병을 끌어당기고 모델링한 것은 바로 당신 자신입니다. 그러니 뭔가를 배우고 현명해짐으로써 그것을 치유한 후에는, 당신의 삶에 다시 그런 것을 끌어들이지 마세요.

명상 중에 레몬을 상상해봄으로써 우리는 우리의 몸이 얼마나 쉽게 반응하는지를 알았습니다. 이 사실을 이해하지 못한 채 끊임없이 나쁜 생각이나 감정, 스트레스에 짓눌리는 것만으로도 얼마든지 당신은 건강을 해칠 수 있습니다.

우리의 몸과 질병은 우리의 행동과 사고의 반영입니다. 누군가가 우리를 벌주는 것이 아닙니다. 만약 우리가 누군가에게 나쁜 일이 생기기를 바란다면, 그것은 도리어 우리 자신을 향해 작용합니다. 부정적인 생각에 스스로 감염됨으로써 자신의 몸을 파괴하는 셈이지요.

그럼 어떻게 해야 할까요? 원리는 똑같습니다. 생각을 고치세요. 내면을 좀더 순수하고 유연하게 바꾸세요. 여기에 부수적으로, 음식에 대해 다시 생각해보세요. 싱싱한 채소와 비타민이 풍부한 과일을 더 많이 드세요. 그래야 더 오래 건강하게 살 수 있습니다.

이제는 의사들과 의학전문가들도 질병의 99퍼센트는 심리적 요인과 관련 있다는 말에 동의합니다. 감정적 불균형, 잘못된 생각, 지속적인 스트레스가 만병의 근원이라는 뜻입니다. 예컨대 화를 자주 내는 사람은 흔히 간의 질병을 앓습니다. 분노가 간을 상하게 하니까요. 그러면 몸의 다른 부분에서도 연쇄작용이 나타나는데, 특히 젊은 나이임에도 간기능과 긴밀한 관계가 있는 정력이 감퇴할 수 있습니다. 물론 기름기 많은 음식과 튀긴 음식, 술 등을 많이 먹어도 간이 상합니다. 반면 음식 조절과 더불어 명상을 통해 분노를 다스린다면, 우리는 짧은 시간 안에 간의 건강을 회복할 수 있습니다.

만약 시력에 문제가 있다면, 그것은 우리가 세상에 있는 뭔가를 받아들이기 꺼린다는 의미입니다. 몸의 방어기능이 우리 눈앞에 장막 같은 것을 치는 셈이지요. 그러니 명상 중에 자신이 무엇에 거부감을 느끼고 있는지를 자각하고, 그 대상을 조건 없는 사랑으로써 받아들이는 것이 중요합니다. 모델링 연습과 더불어 간단한 눈 운동이 도움이 될 것입니다.

눈 운동 1번

아주 편안히 앉아 눈을 감습니다. 숨을 깊이 들이쉬고 내쉬기를 반복합니다.

이제 오랫동안 안경을 착용한 탓에 약해지고 무감각해진 눈 근육을 풀어주는 연습을 시작합니다.

눈을 감은 채로 위를 올려다보세요. 마치 뒤쪽까지 바라볼 듯이 한껏 눈동자를 올리세요. 다음에는 아래를 내려다봅니다. 왼쪽과 오른쪽으로도 돌려봅니다. 약간의 통증이 느껴질 만큼 충분히 눈의 근육을 당깁니다.

다음에는 눈동자를 빙글빙글 돌립니다.

이제는 눈을 뜨고 같은 동작을 반복하세요. 이 모두를 기쁨과 사랑으로써 행합니다. 그럴 때에만 치유를 도울 것입니다.

보통 안경을 끼면 시력은 게을러지고 일을 하지 않는 데 익숙해지기 때문에, 평상시에 최대한 안경을 덜 쓰도록 노력하세요.

눈 운동 2번

아주 편안히 앉고, 눈에서 '습관(안경)'을 벗겨냅니다. 눈앞 2미터 이내에서 하나의 대상을 선택하고 몸을 완전히 이완하세요. 그 상태로 대상을 응시하면서 그것을 세밀하게 살펴보세요. 몸을 최대한 이완하는 것, 그리고 정말로 시력이 향상되리라는 믿음, 이 두 가지가 이 연습의 핵심입니다.

시력이 좋지 않다면 이 눈 운동을 매일 해야 합니다. 이 운동은 내가 아는 많은 사람들에게 도움이 되었습니다. 진심으로 믿고 바란다면 여러분에게도 큰 도움이 되리라 확신합니다. 모든 것은 당신의 손에 달려 있습니다. 그것을 기억하세요.

콩팥은 두려움과 관련이 있습니다. 뭔가를 항상 두려워한다면 그것이 콩팥을 압박해서 기능을 저하시킵니다. 그렇기 때문에 모든 두려움을 극복하는 것이 중요합니다. 어떤 것도 두려워하지 말고 신을 신뢰해야 합니다. 그러면 아무 문제 없을 것입니다.

위장에 문제가 있다면 당신이 별 이유 없이 걱정을 많이 한다는 뜻입니다. 또한 당신의 주변으로부터 압박감을 느낀다는 뜻이기도 합니다. 위장의 문제는 억압된 정체성에서 비롯됩니다. 우리는 그 누구도 우리를 억압하지 못하게 해야 합니다. 명상이 내면의 중심을 바로잡도록 도와줄 것입니다. 명상은 당신과 이 세상의 경계가 적절하도록 도와줍니다.

사랑을 두려워하기 때문에 심장에 문제가 있는 사람들이 많습니다. 그들은 그들 자신을 무기력한 존재로 보고 사랑을 포기했습니다. 그래서 가슴을 통해 에너지가 흐르지 않습니다. 어떤 경우에도 그래

서는 안 됩니다! 가슴을 여세요. 사랑의 에너지가 가슴 안으로 뚫고 들어오도록 허용하세요. 그러면 당신의 심장은 치유될 것입니다.

한 부위의 문제는 종종 다른 부위에도 악영향을 끼쳐 질병을 일으킵니다. 우리의 몸은 하나로 연결되어 있으니까요.

만약 명상 중에 자신이 왜 이 질병을 끌어당겼는지를 알게 되었다면, 치유를 위해 어떤 작업을 해야 할까요? 다른 어떤 방법보다도 모델링이 도움이 될 것입니다. '아프다'는 생각 자체를 꺼버려야 합니다. 그것이 승리로 가는 첫걸음입니다.

나는 오래전에 모든 질병이 주기를 가지고 있다는 사실을 알게 되었습니다. 여러분이 어딘가 아팠을 때를 한 번 떠올려보세요. 그곳의 통증이 늘 지속되었나요? 지금 여러분의 몸에 아픈 곳이 있다면 내 말을 이해하기가 더 쉬울 것입니다.

모든 질병은 주기가 있습니다. 우리 몸은 아주 현명하고 늘 자기 조절과 재생에 힘쓰기 때문에 완벽한 치유에 성공하는 경우가 많습니다. 하지만 우리는 그 아팠던 기억을 던져버리지 않습니다. 오히려 기꺼이 과거로부터 그 기억을 끄집어내곤 하지요. 도대체 우리는 무슨 짓을 하고 있는 걸까요? 우리는 그런 식으로 질병의 새로운 주기를 창조합니다. 그래서 고통은 반복되지요. 우리는 우리 몸의 재생 능력을 믿지 않고, 몸의 소리에 귀 기울이지 않습니다. 계속 반복해서 질병을 자신에게 주입합니다. 당신의 질병을 한 번 추적해보세요.

여기에 새로운 가능성이 있습니다. 우리는 어떤 질병도 회복할 수 있습니다. 명상을 통해 정화와 회복의 과정을 가속화할 수 있습니다. 의사가 뭐라고 진단했든, 그것이 죽을 이유는 되지 않는다는 사실을 기억하세요. 그것은 다만 당신으로 하여금 에너지를 활성화해서 치유를 향해 나아가게끔 해주는 동기일 뿐입니다.

내 친구는 대장암 4기였습니다. 의사들은 그녀에게 운이 좋다면 3개월 정도 더 살 수 있다고 말했습니다. 그들은 항암치료와 그 밖의 여러 요법들을 제안했습니다. 그녀의 남편마저 부담을 견디지 못하고 그녀를 떠났지요.

하지만 그녀는 대단히 헌신적인 사람이었습니다. 그녀는 살날이 얼마 남지 않았으니 나머지 시간을 기도하는 데 쏟기로 했습니다. 그녀는 하루에 다섯 시간씩 기도하기 시작했습니다. 그녀는 깊은 명상에 들어갔고, 매일매일 기분이 좋아졌습니다. 그녀의 몸은 대장을 통해 더러운 것들을 뱉어내기 시작했습니다. 그녀는 자신의 기분이 좋아진 이유가 신이 기도를 듣고 자신을 완벽하게 치유해주기 시작했기 때문이라고 믿었습니다.

3개월 후에 그녀가 다시 검사를 받았을 때, 모든 분석 결과는 그녀가 완벽하게 건강하다는 사실을 보여주었습니다. 의사들은 믿지 못했습니다. 우리가 우리 자신을 완벽하게 변화시키도록, 우리의 삶을 완전히 변화시키도록 도와주는 것은 바로 믿음입니다.

그녀의 이야기는 막다른 길에 도달했어도 결코 포기해서는 안 된다는 사실을 보여주는 멋진 예입니다. 그녀는 지금 40세입니다. 그리

고 최근에 다시 결혼했지요. 기적이 일어난 것입니다! 그러니까 어떤 끔찍한 진단을 받더라도 상심하지 마세요. 그냥 자신을 믿으세요. 명상 상태에 들어가서 자신의 몸이 완벽히 치유되었다고 상상하세요. 몸은 이미 건강하게 빛을 발하고 있다고 말입니다. 우리의 몸은 실제로 사랑을 발산하고 있습니다.

명상 중에 당신의 몸이 지금 여기에서 이미 건강하다고 느끼는 것이 중요합니다. 치유는 바로 지금 이 순간에 일어납니다. 미래가 아니고 말이죠! 기쁨과 사랑의 상태에서 완벽한 건강함을 느끼는 것이 중요합니다. 어떤 논리에도 사로잡히지 마세요. 그저 지금 여기에서 건강한 느낌을 창조하세요. 지금 여기에서 힘과 에너지로 가득 차 있기를 선택하세요. 지금 여기에서 몸이 건강으로 충만하며 내면으로부터 아름다움이 박동하고 있음을 느끼세요. 그러면 당신은 행복으로 빛나고, 고통은 사라질 것입니다.

치유를 위한 명상 (MP3 track 6)

아주 편하게 앉아 눈을 감습니다.
깊이 숨을 들이쉬고, 내쉬면서 모든 생각을 내보냅니다.
숨을 깊이 들이쉬고, 내쉬면서 완전히 이완합니다..
숨을 깊이 들이쉬고, 내쉬면서 명상 상태에 들어갑니다. 세상과 하나되어 조건 없는 사랑을 느낍니다.
이 사랑과 기쁨을 지금 도움이 필요한 몸의 부위에 보냅니다. 우리는 지금 여기에서 온 우주의 사랑을 느끼고, 온 우주의 사랑이 내 몸에 스며들어 그 부위를 치유합니다.

우리는 그 부위가 건강하고, 생명 에너지로 가득 차 있음을 느낍니다. 누가 뭐라 해도, 그곳은 이미 완벽하게 건강합니다.

그곳이 점점 더 밝게 느껴집니다. 우리의 믿음은 점점 더 강해집니다. 치유의 속도도 점점 더 빨라집니다.

우리는 사랑이 그 부위를 치유하도록 허용합니다.

제일 중요한 것은 한 번의 명상에 한 가지 소망만을 모델링하는 것입니다. 에너지를 섞지 마세요. 성공을 향해 한 발짝씩 한 발짝 나아가세요. 에너지를 집중해서 한 가지의 소망에 모든 에너지를 맞추는 것이 좋습니다. 그런 후에 다음 소망으로 넘어가야 합니다.

이 연습의 도움으로 불임을 진단받은 많은 여성들이 임신에 성공했습니다. 나는 모델링 덕분에 임신의 기쁨을 알게 된 많은 사람으로부터 감사편지를 받고 있습니다. 그럴 때마다 나는 미칠 듯이 기뻐합니다. 나는 모델링이 사람들에게 아기를 신의 선물로 받을 것이라는 신념을 갖도록 해준 데 대해 정말 감사하고 있습니다. 모델링은 그들로 하여금 원하는 것을 열망할 수 있는 문을 열어주었습니다.

그러므로 만일 당신에게도 그런 문제가 있다면, 그저 명상과 사랑

의 상태에 들어가서 당신의 배가 불러오는 것을 느끼기 시작하세요. 중요한 것은 몸으로 그것을 느끼는 것입니다. 뱃속에 아기가 있는 것처럼 느끼세요. 아기가 정말로 발로 차고 있는 것처럼요. 엄마가 되는 기쁨을 느끼세요! 의사의 뭐라 했든 아기를 갖는다는 것은 멋진 일이고, 신은 기꺼이 당신에게 그런 행복을 안겨줍니다! 그저 그것을 느끼세요. 당신 몸의 모든 부분이 내면에서 그것을 느끼게 하세요. 이 세상에 새 영혼을 데려온다는 것은 얼마나 놀라운 일인가요! 그저 믿으세요. 그러면 당신은 분명히 성공할 것입니다. 제5장에서 완벽히 건강한데도 임신이 잘 되지 않는 여성들의 문제를 한 번 더 다루겠습니다.

이제 마침내 주로 여성들이 좋아할 모델링 방법을 소개할 차례네요. 외모에 관한 모델링 말입니다.

모델링을 통해서 우리는 '정상 상태'로 돌아갈 수 있습니다. 여기서 재밌는 부분은, 내가 '날씬해진다'는 것이 아니라 '정상으로 돌아간다'고 강조한다는 사실입니다. 보통 날씬하다는 것은 빈약하다는 것을 의미합니다. 그것은 우리가 원하는 바가 아니지요. 그러니 정상으로 돌아간다고 정의하는 편이 더 적절합니다.

나는 두 달 만에 15킬로그램 살을 찌웠다가 다시 원 상태로 감량한 적이 있습니다. 나 자신의 여러 가지 모습과 상태를 관찰하는 것은 재밌는 경험이었습니다. 나는 실험을 좋아합니다. 실험은 일종의 창조 작업입니다. 여러분도 실험해보세요!

나는 여러분이 자신의 모델링을 거들기 위해, 즉 정상적인 상태를 되찾기 위해 더 많은 채소와 과일을 먹기를 권합니다. 특히 싱싱한 채소들에는 필수 비타민이 많이 들어 있습니다. 그것들은 빠르고 쉽게 소화되므로 여러분은 원하는 만큼 많이 먹으면서도 몸무게를 줄일 수 있습니다. 비타민이 장의 이완을 도와서 모든 독소와 배설물을 몸 밖으로 배출시켜주기 때문입니다. 과잉체중은 배설물이 쌓인 것입니다. 또한 매일 아침 15분간 운동을 하는 것도 당신이 성공을 향해 가는 데 활력소가 될 것입니다. 물론 운동을 할 때도 늘 기쁨과 사랑의 상태를 유지하도록 하세요.

위에서 말했듯이, 각자 자기 몸의 정상 상태를 아는 것이 중요합니다. TV에서 본 이미지들을 표준으로 생각해서는 안 됩니다. 자신의 몸에 귀 기울이고, 친구가 되세요. 그러면 몸이 무엇을 먹어야 할지, 언제 어떻게 먹어야 할지를 알려줄 것입니다. 자신만의 표준이 무엇인지를 알려줄 것입니다. 당신이 할 일은 이미 배운 바에 따라 명상하고, 그것이 지금 여기에서 일어나고 있다고 느끼고 상상하는 것입니다.

100킬로그램이 넘던 여성이 55~60킬로그램까지 체중을 줄인 경우가 여러 번 있었습니다. 그들은 단지 4~6개월 만에 몸무게를 거의 반으로 줄였는데, 중요한 비결은 자신을 강요하지 않고 단지 몸에 귀를 기울이는 것이었습니다. 그럴 때 당신은 저절로 실마리를 얻게 됩니다.

아름다움에 관해서도 말해볼까요? 여러분은 머릿결을 더 건강하게, 가슴을 더 풍만하게, 심지어 눈 색깔까지도 더 예쁘게 바꿀 수 있습니다. 이 모든 것은 당신의 소망에 달려 있습니다. 실제로 내 눈은 음영과 색깔이 잘 변합니다. TV에서 날 유심히 본 사람들은 그것을 알아차리죠. 그리고 그것은 단지 모델링에 의해 일어나는 일입니다.

모든 것은 당신 손에 달려 있습니다. 논리에 근거해서 불가능하다고 생각하는 습관을 그만두세요. 시도하면 반드시 성공할 것입니다. 모델링이 당신을 돕게 하세요!

요약해볼까요? 여러분의 소망은 어떤 것이든 다 이루어집니다. 당신은 더 부유해지고, 더 풍요로워질 수 있습니다. 의사들이 뭐라고 하든, 당신은 치유되고 아기를 가질 수 있습니다. 당신은 자신의 집을 가질 수 있고, 화목한 가정을 창조할 수 있습니다.

이 모든 것을 사랑으로써 이루는 것이 중요합니다. 또한 바로 지금 여기에서 그것을 이미 가진 것처럼 실감 나게 느끼는 것이 중요합니다. 온 우주는 당신이 바라는 모든 것을 성취하도록 도와준다는 것을 기억하세요. 두려워 말고, 그저 모델링하세요.

꿈은 반드시 이루어집니다.

침묵 — 실재에 귀 기울이기

제4장의 규칙은 우리의 '페라리'에서 안전띠에 해당합니다. 이것은 우리 여정의 여러 순간에 우리를 보호해주고, 장애물을 극복하도록 도와주며, 목적지에 무사히 도달하게 해줍니다.

이 네 번째 규칙은 무엇일까요? 나는 뭔가를 아주 강력히 원하고, 모델링 방법을 알고 실천하면서도 왠지 아무것도 이루어지지 않는 상황에 익숙해져 버린 분들이 많으리라 생각합니다. 그래서 우리로 하여금 오랫동안 바라는 것을 얻지 못하게 해온 하나의 중요한 문제점을 알려 드리고자 합니다.

저 역시 예전에는 이처럼 사소한 문제가 나의 소망 성취를 방해하리라고는 상상조차 못했습니다. 그러나 불행하게도 그것은 사실이었습니다. 만약 당신이 아직 직관으로써 그것을 발견하여 바로잡지 못했다면, 이제는 자신의 실수를 이해해야 할 때입니다.

뭔가를 강렬히 원하면서 생각의 물질화를 실험할 때, 나는 이런 생각을 했습니다. 수천 명의 사람이 내 생각을 알게 되면, 그들은 내 소망에 대해서 생각할 것이고 그 에너지가 보태져서 소망이 훨씬 빠르게 성취될 것이라고요. 즉시 나는 행동에 옮겼습니다. 나는 내 소망을 SNS(소셜 네트워크 서비스)에 썼습니다. 그러나 일주일 후, 나는 원

하는 것이 계획대로 실현되기는커녕 오히려 나에게서 멀어지고 있다는 분명한 느낌을 받았습니다. 나는 뭐가 문제인지 도무지 이해가 되지 않았습니다. 많은 사람들이 나의 소망을 알게 되면 그들의 생각이 내게 도움이 될 것이라는 이론 자체는 멋졌지만, 실제로는 아무 효과도 없었던 것입니다.

나는 열심히 명상하면서, 무엇이 문제이고 내 소망이 빠르게 성취하기 위해서는 어떻게 해야 하는지 그 해답을 찾았습니다. 놀랍게도 해답은 아주 간단했습니다. 너무 간단해서, 나는 즉시 그것을 또 실행에 옮겼습니다. 그리고 할렐루야, 나는 성공했습니다! 소망을 최대한 빠르게 성취하기 위해서는 정확히 이전과는 반대로 행동해야 한다는 사실이 분명해졌습니다. 다시 말해, 소망이 실현될 때까지는 입을 굳게 닫고 아무에게도 그것을 말하지 않아야 한다는 것입니다!

소망을 내면에 간직하고 있기는 쉽지 않습니다. 우리는 보통 그것을 즉시 온 세상과 나누고 싶어합니다. 많은 사람들이 그렇게 하고 있지요. 소망을 온천지에 뿌리고 다니면서 하늘에서 기적이 내려오기를 기다리는 것입니다. 하지만 이것은 중요한 문제입니다. 그들은 흔히 이런 경험을 하게 됩니다. 예컨대 정확히 어떤 색깔과 형태, 세부적 특징을 가진 자동차를 모델링하고 심지어 그것을 살 돈도 마련했다고 칩니다. 이미 여자친구와 이번 토요일에 드라이브를 하자고 약속까지 했습니다. 그런데 차를 계약하려고 할 때마다 일이 꼬입니다! 차는 좀체 여러분 손에 들어오지 않고, 여자친구는 계속 기다리고만 있지요.

이런 경우에 흔히 우리는 주변 누군가의 시샘이나 저주 때문에 재수가 옴 붙었다고들 말합니다. 하지만 진실은 훨씬 단순합니다. 우리가 모델링을 하거나 소원을 빌 때, 거기에는 일정량의 에너지가 존재합니다. 우리는 그 에너지가 소망의 실현을 향해 투입되도록 초점을 맞출 준비가 되어 있습니다. 그런데 불행하게도, 많은 사람들이 이 에너지를 절실한 소망과 그것을 위한 준비작업에 쓰는 대신 '친구들'에게 쏟아버리는 것입니다. 그 에너지는 목표에 가닿지 못하고 옆길로 새어 사라집니다.

미리 자랑하지 마세요. 곰을 잡기도 전에 곰 가죽을 파는 것이 무슨 소용이 있습니까? 그저 당신의 소망을 모델링하세요. 그것을 사랑과 기쁨으로 채우세요. 사랑의 샘물이 솟아나와서 소망의 우물을 채우게 하세요. 우물이 가득 차면 당신은 그 물을 마시게 될 겁니다. 그런 다음에야 다른 사람들에게도 그 우물물을 나눠줄 수 있습니다. 하지만 그전에는 절대 안 됩니다! 존재하지도 않는 우물에서 물을 퍼줄 수는 없지요. 과거를 추적해보면, 당신이 얼마나 그런 어리석은 일을 자주 해왔는지를 알게 될 것입니다.

선택은 당신에게 달려 있습니다. 지금까지의 잘못을 깨닫고, 새로운 결과로 나아가세요. 실제로 나는 이 작은 깨달음 이후에 훨씬 더 자주, 더 빠르게 소망을 성취했습니다. 당신도 분명히 성공할 것입니다.

가족이나 친구, 또는 가까운 사람들과 자신의 소망을 나누었을 때 그게 도움이 된 적이 과연 있었는지를 기억해보세요. 나의 경우에는 항상 다른 사람들이 내 소망을 좌절시키려고 했었습니다. 나는 아마도 여러분에게도 대개 같은 일이 일어났으리라 확신합니다.

한번은 편안하고 쉽게 운전할 수 있는 작은 스포츠카를 꿈꾸고 있다고 가족들에게 말한 적이 있습니다. 하지만 사람들은 지프차가 더 낫지 않느냐고 나를 설득하기 시작했습니다. 좌석이 두 개밖에 없고 트렁크도 작은데, 혹 사람들 여럿이나 많은 짐을 옮겨야 할 때 어쩌려고 그러냐는 말이었습니다. 마치 내가 드라이브를 즐기려고 차를 사는 것이 아니라, 택시나 화물차 기사가 되기라도 하는 것처럼 말이죠!

여러분도 많이 들어본 소리 아닌가요? 나는 많은 사람들이 실제로 이런 일을 겪고 있다고 생각합니다. 그때 여러분은 화가 나기도 하고, 더 나쁘게는 정말 그 차가 내게 필요한지 아닌지를 의심하기 시작하기도 합니다. '정말 지프차가 더 나을까? 스포츠카는 위험하지 않을까?' 그 결과 당신은 당신의 스포츠카가 굴러가지 못하도록 바퀴에 굄돌을 받치게 되고, 결국 소망은 이루어지지 않습니다.

과연 그렇게 할 필요가 있을까요? 소망을 모델링했으면 입을 다무세요! 대신 소망이 실현되자마자 그것을 주변 사람들에게 보여주세요. 간단하지 않습니까? 실험해보세요. 분명 당신은 성공할 것입니다.

여러분이 갑자기 무슨 일이 하고 싶다고, 또는 어떤 공부를 하고 싶다고 느꼈던 때를 기억해보세요. 당연히 여러분은 그것을 누군가에게 털어놓았을 테고, 그는 그것이 전혀 필요 없는 일이라고 설득했을 것입니다. 그렇다면 여러분에게 무엇이 필요한지를 그들이 정확히 알고 있다는 뜻일까요? 그들은 경험도 없으면서 그 일은 월급이 적다는 둥, 그 분야는 재미가 없다는 둥 떠듭니다. 자주 듣던 말이 아닌가요? 그 결과로 당신은 이해받지 못하는 상황에 화가 나거나 서운해져서, 다른 누군가가 아닌 바로 당신이 좋아했던 그것을 포기해 버리지 않았습니까!

조용히 당신이 원하는 것을 하세요! 당신이 꿈꾼 것을 기쁘고 즐겁게 얻어내세요. 그것을 비장의 카드처럼 잘 간직하세요. 당신 자신이 그것을 자신에게 안성맞춤인 것으로 느끼고 흡족해한다면, 결국 당신의 가족들도 두려움과 의심을 내려놓고 당신의 선택을 사랑으로써 받아들여줄 것입니다. 그들은 우리에게 최선의 것이 주어지길 원하지만 미리 두려워하는 습관이 있습니다. 그것은 그저 노파심일 뿐입니다. 그들을 이해하세요. 동시에 그들이 당신을 대신하여 당신의 삶을 살 수는 없다는 사실을 기억하세요. 스스로 행동하세요. 위험을 감수하세요. 시행착오를 두려워 마세요. 당신 자신만의 경험을 하세요. 그러면 당신은 성공할 것입니다. 당신은 더욱 현명해지고 행복해질 것입니다. 가장 중요한 것은 바로 당신 자신입니다.

불행하게도 우리 사회는 다른 사람들의 경험과 생각을 있는 그대로 받아들일 준비가 되어 있지 않습니다. 그래서 우리는 심지어 가

족에게까지도 이 놀랍고 무해한 '침묵'의 규칙을 철저히 지켜야 합니다.

사랑과 감사함으로써 세상으로 들어가라. 오직 기쁨으로써 당신만의 경험을 얻어라.

내가 '초능력 경연대회'에 나갔을 때, 내 가족들은 내가 어디에서 무얼 하고 있는지 아무도 몰랐습니다. 나는 그냥 모스크바에 가서 일주일 정도 친구들과 놀다 오겠다고 말했습니다. 나는 가족들이 내 관심사를 지지해주지 않고 심지어는 비웃을 것임을 알았습니다. 그렇게 조롱의 벽에 부딪혔다면 나는 상처를 받았을 테고, 결국 원하는 것을 얻지 못하게 됐을 것입니다. 그러니 침묵은 내게 황금과도 같은 것이었습니다.

뭔가를 진지하게 원하지만 그것을 가까운 사람들에게조차 털어놓지 못할 때, 우리는 불편함을 느낍니다. 하지만 내 목표는 아주 높았습니다. 그래서 나는 모든 오디션을 통과하기 위해서는 침묵이 꼭 필요하다고 느꼈습니다. 사실 모스크바에 갔을 당시에 나는 예선에서 10위 안에도 들지 못한 처지였습니다. 그저 천 명의 지원자 중 하나일 뿐이었지요. 아무 결과도 없는 상황에서 굳이 가족들에게 알려봤자 좋을 게 없었습니다.

나는 10위 안에 들었다는 사실이 확정된 이후부터 그 기쁨을 가족들과 나누었습니다. 그리고 성공을 이어갔지요. 가족들은 나의 노력을 인정해주고, 나의 어려움을 함께 나누어주었습니다. 경쟁 속에서 그들의 지지는 내게 큰 힘이 되었습니다. 그들은 내게 사랑을 주었고, 나는 그것을 다시 내 주변의 사람들에게 전달했습니다.

두려워 말고 꿈꾸세요. 나쁜 일은 하나도 일어나지 않을 것입니다. 그것이 현실 속에서 등장할 때까지 잠깐만 비밀로 간직한다면 말입니다. 어떤 씨앗이든 시간이 필요합니다. 봄이 되어 그 아름다운 본질을 드러낼 수 있을 때까지 비옥한 땅속에 잘 묻혀 있어야 하지요. 그러니 여러분의 소망을 명상이라는 비옥한 토양에 잘 심으세요. 거기에 사랑이라는 물을 주고, 완전한 침묵 속에서 놓아두세요. 그러면 그것은 쑥쑥 자라날 것입니다.

침묵이 소망 실현의 실마리라는 사실을 알고 나서, 나는 이것이 종교적인 수행이나 가르침들에도 언급되어 있는지를 찾아보았습니다. 기쁘게도, 신을 향해 가는 모든 가르침은 침묵을 심오한 수행법으로서 가르치고 있었습니다. 티베트 승려들은 단 한 마디도 하지 않고 몇 년간이나 절대적인 침묵 속에 앉아 있곤 합니다. 기독교 전통에서도 창조주에 대한 사랑의 표시로서 침묵을 맹세하지요. 그 밖에도 무수한 예가 있습니다. 어쨌든 본질은, 마음의 중심으로 깊이 가라앉는 것입니다. 쓸데없는 잡담에 자신의 에너지를 소모하지 않는 것입니다. 내면의 침묵과 하나되어 살아가는 것입니다. 침묵과 명상을 통해서 마음의 소란을 최대한 잦아들게 하고, 그저 가슴의 의지에

따라 살기 시작하세요.

　당장 실험해보세요. 하루 동안 침묵을 지켜보세요. 당신은 당신 마음의 모든 측면에 걸쳐서 절대적으로 침묵해야 합니다. 문자메시지나 SNS 사용도 안 됩니다. 침묵을 지킨다는 것은 자기 자신을 내면 깊숙한 곳의 고요로써 채우는 것입니다.

　이 침묵의 날에, 당신은 당신의 생각들이 더욱 투명하게 자각된다는 사실을 알게 될 것입니다. 당신이 침묵할수록 생각들은 더욱 아우성칠 테니까요! 그래서 처음에는 이 연습을 견디기가 어려울 수도 있습니다. 마음이 당신의 주의를 여러 곳으로 나누어 서로 끌어당기려 할 것입니다.

　마음과 싸우지 마세요. 마음은 원래 그런 것이라고 생각하세요. 그것은 보호자가 없는 말썽꾸러기 아기일 뿐입니다. 침묵을 지키고, 그저 명상하세요. 당신은 말하는 습관이 얼마나 강한 것인지를 알게 될 것입니다. 당신 자신이 홀로 있기를 얼마나 두려워하는지를 알게 될 것입니다. 그리고 명상을 통해 그 모든 집착을 던져버릴 수 있을 것입니다.

　이 연습을 꾸준히 실천하세요. 마음의 소란이 가라앉을수록 당신은 더 쉽게 명상 상태에 들어가게 되고, 이 세상과 주변 사람들을 더 깊이 이해하게 됩니다. 당신은 이 세상에 불필요한 의견을 보탤 필요가 없습니다. 다만 사랑과 평화의 느낌 속에서 있는 그대로 받아들이기만 하면 됩니다. 이것은 특히 인간관계를 크게 개선시켜줍니다. 실험해보세요.

　이 연습은 당신이 세상의 변화에 더욱 민감해지도록 도와줍니다.

당신은 이제 끝없는 잡담에 놀아나지 않습니다. 당신은 세상에 열려 있고, 그래서 직관력을 발휘합니다. 당신은 자신의 직관에 귀 기울이게 될 것입니다. 직관의 목소리가, 마치 가장 친한 친구와 이야기할 때처럼 또렷하게 들릴 것입니다. 당신은 어떤 경우에도 그 목소리에 조언을 구할 수 있습니다. 그리고 그것은 당신을 모든 상황에서 이끌어줄 것입니다.

그저 고요하게 존재하세요. 에너지를 분산시키는 대신 잘 간직하는 것이 중요합니다. 명상을 통해서 더욱더 고요해지세요. 말하는 것을 두려워할 필요는 없습니다. 하지만 항상 가슴 깊숙이에서 침묵의 공간을 느끼는 것이 필요합니다. 대화를 하는 동안에도 그 침묵이 우리를 통해 흘러가도록 허용하세요. 당신의 말은 그 침묵 덕분에 더욱더 세련되고 아름다워질 것입니다. 당신의 말은 더욱 가치가 있어지고 주변 사람들에게 잘 받아들여질 것입니다. 당신이 말하는 단어들이 그저 소리가 아니라 가슴에서 울려나오는 노래이기 때문입니다.

실험해보세요. 그러면 성공할 것입니다.

침묵을 지킬 수 있으면 늘 걱정하는 마음을 멈출 수 있다. 그러면 두려움과 걱정은 저절로 떠날 것이다.

침묵을 지키는 것은 이 세상을 더 깊이 받아들이는 것이다. 잡담으로 더 이상 세상을 방해하지 않을 때, 우리는 세상에 귀 기울이게 된다.

침묵을 지키는 것은 우리 자신의 의도를 더 잘 듣는 것이다. 외면보다는 내면을 향할 때, 우리는 명상 상태에 더 쉽게 들어간다.

우화 하나.

한 남자가 사막의 승려에게 왔다. 그는 물었다. ─ 침묵 속의 삶이 당신에게 무엇을 가르쳐주고 있나요?

우물에서 물을 마시고 있던 승려는 그에게 대답했다. ─ 이 우물의 바닥을 들여다보세요. 무엇이 보입니까?

그는 우물 안을 들여다보고 대답했다. ─ 아무것도 보이지 않는데요.

승려는 잠시 꼼짝 않고 서 있다가 다시 말했다. ─ 다시 들여다보세요! 우물 안에 뭐가 보이죠?

그는 우물 안을 들여다보고 말했다. ─ 이제 내 얼굴이 보입니다. 물에 비친 내 모습이요.

승려가 설명했다. ─ 내가 물동이를 던졌을 때에는 물결이 일었는데 지금은 수면이 잔잔하지요. 침묵의 결과는 이와 같습니다. 침묵은 우리 자신을 발견하게 해줍니다.

나는 여자친구와 여러 문제를 겪으면서 다름 아닌 '말'이 사람들을 서로 떼어놓는다는 사실을 알게 되었습니다. 심리학자들은 의사소통의 중요성을 강조하지만, 사실상 부정확한 언어 표현은 그 깊은 의미를 이해하려고 하지 않는다면 공격으로 받아들여질 때가 많지요. 그래서 파트너 사이에 침묵을 유지하는 것이 오히려 서로의 영혼을 이해할 수 있는 가능성을 열어주기도 합니다. 이것은 우리가 오래전에 잃어버린 일종의 텔레파시 능력입니다. 말없이 서로를 이해하는 능력 말입니다.

여러분이 사랑하는 사람과 서로 침묵하는 연습에 동의할 때, 모든 외적 조건과 불필요한 요소들을 내려놓고 서로의 본질에 닿을 수 있는 가능성이 생겨납니다. 그렇다고 사랑하는 사람에게 그것을 강요하지는 마세요. 대신 이 연습이 두 사람에게 유용하다는 점만 잘 설명하세요. 누구나 자신만의 방식이 있기 때문에, 상대방이 거절할 경우도 대비해야 합니다. 당신의 방식을 누구에게도 강요하지 마세요.

파트너가 동의한다면, 약속한 날에 최소한 한 시간은 서로 침묵을 연습하세요. 그리고 점차 이 연습을 실천하는 날들이 많아지게 하세요. 그때 무슨 일을 하는가는 중요하지 않습니다. 침묵 속에서 무언의 의사소통을 하고 서로를 이해하는 것이 중요합니다. 평소에는 오해와 싸움으로 이어지던 그런 일을 침묵 속에서 행하세요. 예컨대 벽지를 바르는 것처럼 둘이 협력해야 하는 일들 말입니다. 다시 말하지

만, 말없이 서로를 이해하고 알아가는 것이 중요합니다.

　여러분이 막 사랑에 빠져 하나된 가슴으로 아름다운 멜로디를 만들어냈던 때를 기억해보세요. 그때는 서로를 쉽게 이해했고, 동시에 같은 생각을 떠올리기도 했었죠. 바로 이 연습이 다시 가까워지고 하나되는 기쁨을 느끼게 해줄 것입니다. 이것은 함께하는 놀이입니다. 이것은 기쁨과 흥분을 선물해줍니다. 그리고 서로 더욱 민감해지고 주의가 깊어지도록 해줍니다.

　침묵과 명상의 기적을 활용하세요. 자신의 습관과 고정관념을 자각하세요. 명상으로써 관계를 새롭게 하고, 또 거기에 새로운 흥분이 더해지게 하세요. 자기 자신을 더 잘 이해하고 참된 본성에 가까워지세요.

　가장 중요한 점은, 침묵은 당신이 바라는 것에 집중하면서 모든 사랑의 힘을 거기에 쏟아 붓도록 도와준다는 것입니다. 빠른 결과를 얻을 수 있도록 침묵으로부터 도움을 받으세요. 이 '안전띠'는 당신의 삶이 미지의 골짜기를 따라갈 때 당신을 보호해줄 것입니다. 이 연습으로써 당신의 삶은 새롭고 밝은 자각의 경험으로 가득 찰 것입니다. 기쁨과 사랑으로 이것을 실천하세요. 그러면 당신은 성공할 것입니다.

제5장

소망 풀어놓기 —
자유의 바람에 내맡기기

신은 그에게 대답했다. "네 삶을 네가 편한 대로 가꾸어라. 나는 너에게 모든 것을 허락한다. 하지만 모든 것은 가슴 깊은 곳에서 우러나야 한다. 결코 그 외의 다른 식으로는 하지 말라."

이제 우리의 '페라리'는 거의 다 완성되었습니다. 이 차는 강력한 엔진을 달았고, 파워 스티어링(핸들)을 갖췄고, 밝고 선명한 색의 차체와 부드러운 가죽 의자로 꾸며졌습니다. 우리를 안전하게 지켜줄 안전띠도 이미 준비되었습니다. 오직 타이어와 서스펜션(바퀴와 차체를 연결하는 완충장치, 역주)만 남은 상태입니다.

제5장의 다섯 번째 법칙은 좋은 타이어와 서스펜션에 해당합니다. 이 법칙은 우리가 길을 아주 정확하고 적절하게 가고 있음을 확신케 해주고, 차와 기분 좋은 일체감을 느끼게 해주고, 운전에 대한 자신감을 줍니다. 이 법칙을 모르고서 소망을 빠르게 성취하기는 어렵습니다. 이 법칙을 상세히 알고 나면, 아마도 많은 사람들은 자신이 이 마지막 단계에서 소망 실현을 와해시키는 실수를 해왔음을 깨닫게 될 것입니다.

당신이 어떤 소망을 아주 강렬하게 바랐던 때를 기억해보세요. 당

신은 그것을 실현하기 위해 반년 동안 아주 열심히 노력했었습니다. 그런데 시간이 흘러 한 해가 가고, 또 한 해가 지났지요. 당신은 너무나 강렬히 그것을 원했기에 애를 쓰다가 결국 지쳐버렸습니다. 어느 시점에서 에너지는 완전히 소진됐고, 당신은 꿈을 포기했습니다. 당신은 그 소망은 자신의 것이 아니라고, 자신의 운명이 아니라고 생각했습니다. 그래서 그 소망을 다 잊어버리고 주의를 다른 곳으로 돌렸습니다. 그런데 며칠도 되지 않아서 그것이 실현되었습니다! 그것도 갑자기 말입니다!

어딘가 익숙하지 않나요? 나는 거의 모든 사람이 이런 일을 겪었으리라 생각합니다. 비밀은 사실 아주 간단합니다. 우리가 뭔가를 아주 강렬히 원하는 동안에는, 즉 소망을 아주 열심히 붙들고 있을 때는 그것이 실현되지 않는다는 것입니다.

모델링을 풍선 불기에 비유해보겠습니다. 그 풍선은 당신의 생각과 느낌으로써 만들어져서 아스트랄계에 존재합니다.(신비학에서 아스트랄계는 물질계의 상위 차원으로 설명되며, 물질화되는 모든 것은 그전에 아스트랄계에서 먼저 만들어진다고 한다. "위에서와 같이 아래에서도"라는 말에서 '위'는 바로 아스트랄계를 뜻한다. 역주) 그런데 당신이 그 풍선을 손에서 놓아주어야 그것은 아스트랄계에서 물질계로 이동할 수 있습니다. 그러니 그 풍선이 바람을 타고 당신의 시야로부터 멀어져서 끝없는 하늘로 사라질 수 있도록 허용하세요.

불행하게도 우리의 소망은 보통 무거워서, 즉 우리가 그것을 너무 강렬히 원하기 때문에 쉽게 실현되지 못합니다. 우리는 그것을 우리 자신에게 묶어놓고서 어디든 가지고 다닙니다. 〈곰돌이 푸〉 애니메

이션에 나오는 아기돼지 피기처럼 말이지요. 이처럼 풀어놓지 못한 소망이 많을수록 우리는 더 많은 에너지를 잃게 됩니다. 한 다발의 풍선들이 늘 우리를 따라다니고 있지요. 그러니 당신의 소망들을 풀어놓으세요. 당신 자신을 그 소망들으로부터 자유롭게 하세요. 그러면 훨씬 더 숨쉬기가 쉬워지고, 소망들도 빨리 실현될 것입니다.

어린 시절부터 내주는 것보다 간직하는 것을 배워왔기 때문에 우리는 뭔가를 내려놓기가 어렵습니다. 하지만 뭔가를 얻기 위해서는 다른 뭔가를 내주어야 하는 것이 우주의 법칙입니다. 사실 내려놓는 것은 아주 멋진 느낌입니다. 그것을 한 번 맛보세요. 당신 자신을 풀어놓으세요. 기쁨이 찾아올 것입니다. 무한한 자유와 행복을 느낄 것입니다. 이는 당신의 소망뿐 아니라 당신 자신도 함께 자유로워지기 때문입니다.

이 법칙을 배워서 알게 되었을 때, 나는 당연히 실제로 이것을 실험해보았습니다. 그러자 나의 모든 소망이, 심지어 아주 큰 소망까지 실현되기 시작했습니다. 나는 그것들을 풀어놓았습니다. 나는 그것에 매달리기를 그만두었습니다. 나는 소망들에게 자유를 주었고, 그것들은 곧 나의 물질계로 날아왔습니다. 내 삶을 기적으로 가득 채웠습니다.

소망을 성취한 한 여성의 이야기입니다. 그녀는 소망을 풀어놓음

으로써 그것이 실현될 가능성을 열었지요. 그녀는 상트페테르부르크 교외에 넓고 멋진 방 세 개짜리 아파트를 꿈꾸었습니다. 그녀는 정확하게 교외의 공원과 자연과 가까운 장소를 원했습니다. 그녀는 그 소망을 매우 진지하게 바라고 모델링하기 시작했습니다. 생각 속에서 그 아파트에 들어가서 큰 기쁨을 느끼며 소파에 앉았습니다. 아주 밝고 자세하게 이 그림을 그렸습니다. 그녀는 매일 그 아파트에 들어갔지요. 정말로 모든 일이 잘 될 것 같았습니다.

그녀는 이 아파트가 정확히 어떻게 그녀에게 찾아올지 알지 못했지만, 자신이 성공하리라고 확신했습니다. 그녀는 굳게 믿었습니다. 하지만 반년이 지나자 그녀의 인내심은 바닥났습니다. 그녀는 더 이상 명상을 하고 싶지 않았습니다. 아무 소용도 없는 짓처럼 느껴졌습니다. 그녀는 걱정에 휩싸이고 우울감에 빠져들었습니다. 결국 신경쇠약 때문에 남편과 싸워 헤어졌고, 직장에서도 문제를 겪었습니다. 그녀는 다른 직장을 찾아야 했지요.

당시 우리는 우연히 한 카페에서 만나 삶에 관해 이야기를 나누기 시작했습니다. 나는 소망을 풀어놓지 않고서는 아무 일도 일어나지 않는다는 깨달음을 막 얻은 참이었습니다. 이미 말했듯이 모든 만남은 우연이 아닙니다. 당연히 나는 내 생각을 그녀에게 말해주었습니다. 그리고 그녀는 그것을 깊이 생각하게 되었습니다.

그로부터 겨우 한 달 뒤에, 나는 그녀로부터 새 직장을 구했다는 소식을 들었습니다. 그녀는 그 회사에서 숙소를 제공받았는데, 그것이 바로 정확히 자신이 꿈꿨던 지역의 방 세 개짜리 아파트였지요. 그녀는 말하기를, 원한다면 나중에 그녀 자신이 아예 그 집을 구입할 수도 있는 조건이라고 했습니다.

소망을 풀어놓는 것은 이렇게 중요합니다. 풀어놓은 소망은 반드시 물질계로 되돌아올 것입니다. 우리는 소망을 생각하고, 형성하고, 사랑과 기쁨의 상태에서 모델링한 다음, 풀어놓습니다. 그러면 그것이 당신을 찾아올 것입니다. 일은 그렇게 벌어집니다. 한 번 시도해보세요. 내 말만 믿지 말고, 직접 실험해보세요.

지금 머릿속에 이런 의문을 떠올리는 사람들이 많을 것입니다. '말은 쉽지만, 지금 내게 이 소망은 너무나 소중해!' 때로 우리는 가족과 사랑보다도 소망에 더 많은 중요성을 부여합니다. 그런 소망을 과연 어떻게 해야 풀어놓을 수 있을까요? 어쩌면 몹시 어렵거나 거의 불가능한 일일지도 모르지요.

하지만 나는 효과가 좋은 방법을 하나 발견했습니다. 그리고 세미나 이후에 받은 수많은 편지들을 통해, 이 간단한 방법이 다른 사람들에게도 나와 똑같이 효과가 있음을 알게 되었습니다. 이 방법은 수없이 시행착오를 겪던 나를 스스로 찾아왔습니다. 그리고 우리는 친구가 되었지요. 이 방법은 내 삶에서 중요한 소망들이 실현되도록 오래전부터 나를 도왔습니다. 나의 비밀스런 야망들 말입니다.

방법은 아주 간단합니다. 앉아서 명상하면서, 커다란 사랑과 기쁨의 상태에 들어갑니다. 그리고 우리의 소망을 상세히 모델링합니다.

다른 것은 생각하지 말고, 오직 이 하나의 소망에 관한 모델링만을 하루에 5～10분간 실천합니다. 딱 4일 동안만! 4일이 지나면 의식적으로 이 소망을 흘려보내세요. 다시는 이 소망으로 우리 자신과 우주를 괴롭히지 마세요. 딱 4일만 모델링하고 잊어버리세요. 모든 기대를 내려놓으세요. 과거에 어떤 소망을 완전히 포기했던 때를 떠올려보세요. 단순하게 말하자면, 바로 지금이 그렇게 해야 할 때입니다.

4일 후에는 다른 소망으로 넘어가세요. 그 소망에 대해서 이전과 똑같이 진지하게 모델링하세요. 또 4일 후에는 새로운 소망을 택해 다시 시작하세요. 이렇게 4일마다 의식적으로 소망을 바꾸어 나가세요. 이전의 소망들은 완전히 잊어버리세요.

세미나에서 멋쟁이 할머니 한 분이 이렇게 소리친 적이 있습니다. "그렇다면 1년에 90개의 소망을 이룰 수 있겠네요!" 우리는 모두 웃음을 터뜨렸습니다. 정말 맞는 말씀이었죠. 우리는 1년 내내 하나의 소망을 가지고 씨름하며 고통받을 필요가 없습니다. 이 방법으로 우리는 1년에 90개의 소망을 부드럽게 모델링합니다. 그리고 그 소망들은 우리의 기대나 두려움에 짓눌리지 않고 자연스럽게 실현됩니다.

지금까지 당신은 소망을 이루더라도 그것을 충분히 즐기지 못했습니다. 왜냐하면, 그것을 즐길 에너지가 남아 있지 않았으니까요. 그 기쁨은 고작 하루 혹은 그보다도 짧은 시간만 지속되었습니다. 그리고 당신은 또다른 소망을 향해 달려가야 했습니다. 삶의 매 순간 기쁨을 얻고 기적을 즐기는 대신, 쓸모없고 소모적인 에너지 작업에 스스로 집착했던 것입니다.

이제 당신은 이완할 수 있습니다. 걱정을 멈추고, 삶의 기쁨을 온전히 느낄 수 있습니다. 당신의 소망은 마술처럼 이루어질 것입니다.

　건강한데도 임신이 안 되는 커플들의 문제를 다시 이야기하자고 약속했었지요. 이제 여러분도 아마 짐작할 것입니다. 그들의 문제는 바로 결과에 너무 집착한다는 것입니다. 소망을 놓지 못하는 것이 문제입니다. 그들에게 그 소망은 너무 중요해서, 그들은 그것에 관한 생각을 멈추지 못하고 끝없이 임신을 시도합니다. 그들 삶의 목적은 오직 아기를 갖기 위한 몇 시간의 육체운동에 속박되고 맙니다.

　나는 아기들은 오직 사랑 안에서만 태어난다고 믿습니다. 미래의 결과만을 쫓고 있는 몇 시간의 성행위는 절대 사랑이 아닙니다. 사랑은 지금 여기에 있습니다. 그것은 서두르지 않습니다! 나는 자신이 바라는 바를 미친 듯이 추구하는 태도를 그만둔 여성들을 많이 만나봤습니다. 그들은 의식적으로 우주와의 싸움을 멈췄습니다. 임신이 됐니 안 됐니 하면서 병원에 들락날락하는 일을 멈췄습니다. 대신 그들은 그저 소망을 모델링하고, 파트너와 깊은 사랑을 나누기 시작했습니다. 그들은 아무 목적도 없이 파트너와 하나로 녹아들었습니다. 그러자 그 사랑으로부터 뭔가 새로운 일들이 벌어졌습니다. 그중엔 아기를 갖게 된 경우도 많았지요.

　그러니, 만일 여러분이 몇 년 동안 아기를 가지려고 했으나 아무 결과도 얻지 못했다면 마음을 비우세요. 지금 이 순간에 자신을 내맡

기세요. 목적 없는 사랑에 굴복하세요. 그러면 당신은 성공할 것입니다. 신은 당신에게 기적의 가능성을 줄 것입니다!

의사에게서 어떤 진단을 받든, 그것이 겁에 질리거나 상심할 이유가 되진 않는다는 사실을 기억하세요. 그것은 단지 우주가 다른 방법을 사용해야 할 이유일 뿐입니다. 모든 걱정을 내던지고 휴가를 떠나서 그저 즐기다 돌아왔을 때 작은 선물을 받게 된 커플들이 많습니다. 부모가 되는 놀라운 느낌 말입니다. 그러니 용기를 내세요. 당신도 성공할 것입니다.

안타깝게도, 목표를 추구하는 많은 사람들이 목표 자체가 중요한 것이 아니라 거기에 도달하는 과정 속에서 행복감을 얻는 것이 중요하다는 사실을 잊고 있습니다. 어떤 이유에서 우리는 바로 '그것'이 우리에게 행복을 가져오리라고 믿습니다. 그리고 그것을 추구합니다. 하지만 명상을 통해 우리는 어떤 외적 조건과도 무관하게 절대적 행복 상태에 이를 수 있습니다. 그리고 이것은 외부 현실에 지나친 중요성을 부여하는 태도를 멈추게 하는 열쇠가 됩니다. 당신은 어떤 상황에서도 행복합니다. 그리고 당신은 그 행복 속에서 소망을 모델링합니다. 특별한 결과에 집착하지 않고서 말입니다. 당신은 어떠한 상황에서도 행복하기로 스스로 선택해야 합니다. 당신의 소망이 이뤄지든 말든 말입니다. 소망을 이루는 것은 이미 중요하지 않습니다. 우리는 지금 여기에서 이미 행복하니까요.

'원하면서도 동시에 원하지 않는 상태'에 있는 것이 중요합니다. 그것이 집착 없음, 즉 무위無爲의 상태입니다. 당신은 자신의 소망이 이뤄지지 않을 수도 있음을 받아들이는 상태에 있어야 합니다. 소망의 실현 여부는 당신의 행복에 영향을 끼치지 못합니다. 오직 그런 상태라야 그 소망은 우리가 친구가 되어 빨리 실현될 것입니다.

결과에 대한 집착이 우리의 소망, 꿈, 자유를 빼앗습니다. 집착당하는 소망은 새장에 갇혀 있기에 실현되지 않을 것입니다. 집착을 풀어놓으세요. 그러면 행복이 강물처럼 흘러드는 모습을 보게 될 것입니다. 그리고 당신의 소망은 빠르게 실현되기 시작할 것입니다.

세상의 모든 고통은 집착으로부터 일어납니다. 우리는 어린 시절에 세상을 둘로 나누었고, 거기서 집착이 시작되었습니다. 좋은 것과 나쁜 것, 흰 것과 검은 것, 나는 이것을 원하지만 저것은 원하지 않아, 이것을 하고 저것은 하지 않을 거야… 우리는 이런 이원적 사고 방식에 묶여 있기 때문에 행복과 기쁨을 느끼지 못합니다. 우리의 생각하는 마음이 그 느낌을 흐려버렸습니다.

하지만 잘 생각해보면, 과연 무엇이 좋고 무엇이 나쁜 것일까요? 사실 이것은 어린 시절부터 사회에서 주입당한 관습적 신념일 뿐입니다. 예컨대 눈(雪)은 좋은 것일까요, 나쁜 것일까요? 눈은 그저 눈일 뿐입니다. 눈은 썰매를 타는 기쁨, 눈싸움하는 즐거움을 선물합니다. 반면 눈사태로 사람을 죽일 수도 있습니다. 모든 것이 그러합니다. 모든 것이 똑같이 좋고, 또 똑같이 나쁩니다. 이런 관념에 대한 집착을 그만두세요. 그러면 외부에서 어떤 일이 일어나든 행복은 스스로

우리를 찾아올 것입니다.

   길거리의 진창이 더는 당신을 성가시게 하지 않는다고 상상해보세요. 그때 당신은 행복합니다! 상사가 소리쳐도, 당신은 그가 오늘 기분이 좀 안 좋을 뿐이라고 이해해줍니다. 당신은 모든 것의 핵심을 보기 때문에 그저 행복합니다. 당신은 당신의 본질을, 그리고 모든 것의 본질을 알기 때문에 가슴 깊숙이 기쁨을 느낍니다. 그리고 당신은 모든 것을 사랑으로써 아무 조건 없이 대합니다. 따라서 자연스럽게 모든 집착이 떨어져나가고, 당신의 꿈은 간단히 실현됩니다.

   어떤 조건에도 관계없이 행복하기로 선택하세요. 소망이 이뤄지든 이뤄지지 않든 행복을 느끼세요. 그것이 당신의 본질입니다! 기억하세요. 우리가 우리의 본질을 기초로 행동할 때, 모든 일은 쉽게 이루어지고 깊은 만족감을 가져다줍니다.

   소망에 집착하면서 그것을 자꾸 성급하게 확인하는 실수를 저지르지 않는 것이 중요합니다. '언제 실현될까? 어쩌면 내일? 정말로 그렇게 빨리 될까?' 당신이 그저 바라는 바를 모델링하는 대신 이런 생각들에 빠져 있다면, 이는 지금 당신이 그것에 집착하면서 그것을 풀어놓지 않았다는 의미입니다. 당신은 잠재의식의 미세한 끈으로써 그것을 붙들고 있습니다. 그 소망을 완전히 놓아버리세요. 다시는 떠올리지 마세요. 그럴 때에만 그것은 실현될 것입니다. 그것도 아주 빠르게 말입니다.

   과거에 당신이 아파트, 자동차, 애인 등을 우연히 얻게 되었을 때를 떠올려보세요. 가족 중 누군가가 당신이 정말 꿈꿨던 대로 되었다고 상기시켜주고 나서야 당신은 "아, 정말 내가 그랬었네!" 하고 그것을 기억해냈지요. 당신은 언젠가 그것을 꿈꿨었고, 그런 후에 풀어주었습니다. 완전히 잊어버렸던 것이죠. 이것이 바로 풀어놓기의 훌륭한 본보기입니다.

실험해보세요. 그러면 성공할 것입니다. 명상하세요. 어떤 일이 있어도 절대로 행복하세요.

지금 우리는 행복해지는 법을 배우고 있습니다. 우리의 목적은 행복감입니다. 여기에 소망의 실현은 부수적 효과로 따라오는 것이지요. 우리는 우리가 하는 모든 일에서 기쁨을 얻는 법을 배웁니다. 청소, 설거지, 음식 준비… 이 모두가 더는 고통이 아닙니다. 우리는 명상을 하고, 그것을 통해 주변 세상과 사랑을 나눕니다. 그렇게 우리는 집착의 한계를 벗어나 모든 것에서 기쁨을 얻고, 한 번 숨을 들이쉬고 내쉴 때마다 즐거움을 발견합니다.

이것은 정말 멋진 일입니다. 내가 보장하지요! 사랑과 기쁨을 더 많이 가질수록, 그 빛은 당신 주변의 모든 것을 더욱 밝혀줄 것입니다.

모든 종교와 가르침은 고통의 핵심인 집착을 없애라고 말합니다. 수피즘, 힌두교, 기독교, 불교와 그 밖의 다른 가르침들도 마찬가지입니다. 집착은 신경과민, 상실의 두려움, 끊임없는 갈등을 만들어 사랑과 기쁨을 위한 공간을 남기지 않습니다. 사랑하는 사람과의 관계에서 서로에게 집착이 일어나면, 그것은 더 이상 사랑이 아닙니다. 그런

관계는 오히려 고문과 같습니다. 그들은 의심과 불신, 상실의 두려움 탓에 서로를 묶어두려 합니다. 그런 관계 속에서는 온전히 숨을 쉬기 어렵기 때문에 당연히 타인과 함께 삶을 즐길 수도 없습니다.

주먹을 한 번 꽉 쥐어보세요. 지금 해보세요. 당신의 주먹 안에 공기가 있습니까? 뭔가를 꽉 쥐면, 거기에는 생명의 공기가 없습니다. 이제 손바닥을 펴서 거기에 공기가 있는지, 또 자유의 느낌이 있는지를 느껴 보세요. 분명히 있지요?

만약 당신이 사랑하는 사람이 숨을 쉬지 못하도록 만든다면, 그 사람이 당신 가까이에 머물 수 있을까요? 분명히 그는 숨이 막히고 자유를 뺏겼으므로 곧 다른 곳으로 가버릴 것입니다.

우리는 자유롭게 태어났습니다. 그리고 항상 삶 속에서 자유의 느낌을 찾아다닙니다. 당신이 가까이 있는 뭔가를 꽉 쥐는 태도를 멈춘다면, 그것은 기꺼이 당신 주변에 머물 것입니다. 왜냐하면, 당신은 목마른 사람들에게 당신의 오아시스로부터 물을 마시게 해주는 존재니까요.

나 자신을 실례로 들어보겠습니다. 지금 나는 어떤 것도 당신에게 강요하지 않고 있습니다. 당신은 이 책을 읽기 전과 똑같이 살 수 있습니다. 혹은 당신의 삶을 완전히 변화시킬 수도 있습니다. 선택은 당신의 몫입니다. 당신은 자유로운 존재이고, 나는 그런 당신의 결정을 존중합니다.

때로는 사람들 사이에서 생겨난 강한 집착이 그들의 눈을 멀게 합니다. 그들은 주변에 있는 다른 어떤 것도, 다른 어떤 사람도 보지 못합니다. "나는 오직 바샤와 결혼하고 싶어. 그 외에는 아무도 필요

없어." 그들은 그저 행복하겠다는 소망보다 '특별한 무엇'을 소유하고 싶은 욕구에 빠져 있습니다. 그래서 그들을 고통받습니다. 예컨대, 바샤가 급작스럽게 알코올 중독에 빠져들 수도 있지요. 우리가 상대방의 숨통을 조이고 자유를 빼앗을 때, 그는 도망을 가거나 술독에 빠지곤 하는 법이니까요. 많은 사람들이 그런 식으로 알코올 중독자가 되었습니다. 결과적으로 남자와 여자 모두 불행해지지요.

특정한 사람에게 집착하는 대신에 당신 자신이 '어떤' 사람과 행복할 수 있을지를 선택하는 편이 더 낫습니다. 상대방이 가져야 할 특징을 모델링했으면, 사랑으로써 그저 행복하게 살아가세요.

사랑과 집착을 혼동하는 사람들이 많습니다. 그 둘 사이에는 약간의 차이밖에 없지만, 우리는 충분히 그것을 분간할 수 있습니다. 상대방과 함께 있는 시간의 대부분에 고통을 겪는다면, 그것은 집착입니다. 외적으로 어떤 일들을 겪든 그와 함께 있으면 행복할 때, 그것은 사랑입니다.

집착을 풀어주어야 합니다. 어떤 문제가 생기든 먼저 사랑을 키우고, 당신 자신의 내면에서 작업해야 합니다. 사랑은 에고의 욕망을 상쇄시키는 기쁨입니다. 이 자각은 우리로 하여금 모든 것이 스스로 더 나아지도록 돕게 합니다. 그러나 집착은 모든 것을 당신의 에고가 바라는 그대로 정확히 변화시키려고 하지요. 그때 당신은 당신 자신

을 괴롭히게 되고, 다른 사람들에게도 고통을 줍니다.

아름다운 사랑은 당신을 진정으로 즐기게 한다. 그러나 집착은 그렇지 않다.

진정한 사랑은 어떤 순간에도 상대방을 놓아줄 수 있습니다. 당신은 그저 그를 사랑하고, 그의 선택을 받아들입니다. 반면 집착은 둘 모두에게 선택의 여지를 주지 않습니다. 당신은 그가 아무 데도 가지 못하도록 할 것입니다. 모든 것이 당신이 원하는 방식대로 되어야 하니까요. 하지만 그것은 사랑이 아니라 이기주의입니다.

당신이 가진 집착을 알아차리고, 그것과 영원히 작별인사를 하세요. 다시는 그런 걱정을 하지 마세요. 그저 매 순간 행복과 사랑의 느낌 속에서 살아가세요. 그런 삶이 가능하다는 것을 믿으세요. 일단 시작해보는 것이 중요합니다. 집착을 내려놓는 것을 연습하세요.

세상에 마음을 여세요. 누군가가 당신에게 뭔가를 요청할 때, 기쁘게 그것을 내어주세요. 되도록 많은 사람들에게, 그들은 사소하게 여길지도 모르지만 당신에겐 소중한 것들을 많이 내어주도록 노력하세요. 길거리에서 만난 낯선 사람에게도요. 그가 당신의 선물을 어떻게 다룰지는 생각하지 마세요. 그저 선물하세요. 당신이 오랫동안 사용하지 않은 물건들을 나누세요. '혹시 나중에 쓸 일이 있지 않을까?'라는 생각으로 쌓아두었던 물건들 말입니다.

뭔가와 가볍게 헤어지는 연습을 하세요. 그러면 다른 뭔가가 역시 가볍게 다가올 것입니다. 당신이 좋아하는 책들을 아는 사람들에게, 혹은 모르는 사람들에게 그냥 선물하세요. 진심으로 당신이 세상과 나눌수록 당신의 집착은 사라질 것입니다. 그러면 더 많은 것이 돌아오겠지요. 당신의 소망과 능력에 맞게, 100루블(약 3,000원) 또는 그 이상의 돈을 잔돈으로 만들어서 동네를 돌아다니며 돈에 집착하지 않는 자신의 모습을 즐겨보세요. 당신은 그걸 나눌 준비가 되어 있습니다. 지금은 조금밖에 나누지 못한다는 사실에 신경 쓰지 마세요. 당신은 그저 배우는 중입니다. 중요한 점은 나눔을 진심으로 행하는 것입니다. 당신이 무엇에 얼마나 많이 집착하는지, 당신의 그런 습관이 얼마나 질긴지를 추적해보세요. 그리고 그것들이 하나하나 사라지도록 풀어놓으세요.

　그것들을 놓아보내고 더욱 행복해지세요! 세상을 향한 커다란 사랑을 간직하세요. 이 연습을 통해서 세상과 하나됨을 느끼세요.

　사랑으로써 어디서든 행복할 수 있는 가능성을 얻으라.

　우화 하나.

　옛날 한 마을에 수도승이 찾아왔다. 마을 사람들이 이 땅의 영주도 수도승이라고 말하자 그는 영주를 만나게 해달라고 요청했다. 영주처럼 부유한 사람이 수도승이라는 사실이 너무나 놀라웠

기 때문이다. 대개 수도승들은 부와 물질적 이득을 취하지 않는 법이다.

영주가 방문객을 맞이했다. 상대에게서 수도승의 특별한 징표를 알아본 그들은 서로를 형제처럼 대하기 시작했다.

방문객이 말했다. ― 형제여, 나는 이해하기가 어렵군요. 당신처럼 거대한 궁전과 멋진 정원과 부를 소유한 사람이 어떻게 수도승일 수 있지요? 무릇 수도승이라면 나처럼 아무것도 없이 그저 세상을 돌아다니며 사람들을 가르쳐야 하지 않을까요?

영주가 말했다. ― 그것 참 좋은 말씀입니다. 당신은 멋진 삶을 살고 있군요. 나도 그런 삶을 살고 싶습니다.

방문객이 말했다. ― 그럼 나와 함께 가시겠습니까?

왕이 말했다. ― 좋습니다. 지금 당장 떠나시지요.

왕은 흔쾌히 답하고 곧장 문을 향해 걸어갔다. 그때 방문객이 말했다. ― 앗, 잠깐만요. 내 컵과 지팡이가 저 안에 있어요. 그것들 좀 챙겨오겠습니다.

어떤 사람들은 궁전과 황금을 가지고도 집착 없이 살 준비가 되어 있습니다. 하지만 어떤 사람들은 특정 대상 또는 경험에 대해 집착하지 않으려고 애를 쓰지만, 정작 그것이 아닌 다른 무언가에 집착하거나 최소한 '소유에 대한 두려움'에 집착하고 있는 경우가 많습니다.

나는 집착을 버리라는 동양의 가르침을 친근하게 느꼈습니다. 하지만 뭔가를 바라는 마음이 고통의 원인이라는 가르침을 보았을 때, 나는 그것에 동의할 수 없었습니다. 세상의 모든 것과 하나됨을 느끼는 것은 얼마나 멋진 일입니까! 온 우주가 나의 소망을 실현시켜주는 것은 또 얼마나 멋진 일입니까!

그때 나는 깨달았습니다. 소망에 '집착'하지 않는 것이 중요하다는 사실을요. 소망의 노예가 되지 말아야 합니다. 소망을 다룰 수 있어야 합니다. 이처럼 집착 없이 소망을 실현하는 법을 배울 때, 당신은 최상의 행복을 얻습니다. 당신은 그것을 얻든 얻지 않든, 매 순간 행복해집니다. 소망의 실현은 단지 그 행복에 보너스로 더해지는 것입니다.

그러니 집착하지 말고 꿈꾸세요. 당신이 가진 것들을 사랑하고 존중하세요. 그리고 더 많은 풍요가 당신의 삶에 들어오도록 허용하세요. 어떤 것이든 어떤 사람이든 어떤 순간이든, 가볍게 헤어질 준비를 하세요. 이 세상의 모든 것은 지나갑니다. 태어난 모든 것은 죽습니다. 이 진실을 자각하세요. 그러면 당신의 행복은 한없이 커질 것입니다.

제6장

성공을 향한 다섯 가지 도약

자, 우리는 다섯 개의 법칙을 다 배웠습니다. 그 모두는 서로를 도우며 멋진 자동차로 합쳐져서 여러분이 빠르고 편안하게 성공을 향해 달리도록 해줍니다. 이 책에 나와 있는 모든 명상 연습을 실천하세요. 그로써 여러분은 삶을 더 멋지게 변화시킬 수 있고, 날마다 참된 사랑과 기쁨을 누릴 수 있습니다. 하나의 현실로부터 다른 현실로 도약하는 작업을 그저 즐기세요.

마지막으로 다섯 가지 법칙을 요약해봅시다.

제1도약 우리는 우리에게 일어나는 모든 일에 책임을 진다. 우리는 이렇게 생각한다. "나의 삶은 과거의 내 모든 생각과 행동의 결과이다." "나 자신이야말로 모든 문제의 열쇠이며, 행복으로 가는 열쇠이다." "모든 것은 내 손에 달려 있다."

제2도약 우리는 온 세상과 하나된 특별한 상태, 절대적인 사랑과 행복의 상태에 들어가서 머문다.

제3도약 그 상태 속에서, 우리는 소망이 지금 여기에서 이미 실현

된 것처럼 느끼기 시작한다. 우리는 모든 감각을 총동원해서 이미 가지고 있는 그것을 생생하게 느낀다. 우리는 모든 논리를 넘어선다.

제4도약 우리는 우리의 소망을 비밀로 간직한다. 우리는 소망이 실현될 때까지 그것을 아무에게도 말하지 않는다.

제5도약 우리는 어떤 것에도 집착하지 않는다. 우리는 목표는 절대적인 행복이다. 우리는 하나의 소망에 대해 4일간 연속으로 매일 5~10분간, 혹은 하루에 여러 번씩 모델링을 한 다음에 다른 소망으로 완벽하게 옮겨간다. 우리는 이전의 소망들은 완전히 잊는다.

내 말을 무조건 믿지 말라는 나의 조언을 기억하세요. 나는 어디에서 무엇을 공부하든 다른 사람들의 말을 믿지 않았습니다. 대신 직접 실험했지요. 무엇이든 그것을 당신의 경험으로 만드세요. 당신 자신에게 그것이 어떤 효과가 있는지를 확인하세요.

당신의 삶은 오직 당신이 스스로 노력하고 실행할 때 변하기 시작할 것입니다. 이 책에서 얻은 지식을 모두 사용하기 시작할 때, 당신의 삶은 행복으로 가득 차고 당신의 강물은 사랑의 바다로 흘러갈 것입니다. 나는 당신이 마침내 사랑의 바다에 완전히 녹아들기를 바랍니다.

시작

당신이 온갖 공격성과 두려움, 고정관념을 짊어진 '과거의 당신'을 끝내버렸을 때, 또한 지금 이 순간을 사랑하고 존중하는 법을 잊어버린 '작은 당신'을 끝내버렸을 때, 즉 과거에 대해서 완전히 죽었을 때, 당신은 지금 여기에서 살 수 있습니다. 이것은 새로운 삶, '작은 나'를 넘어선 삶의 시작입니다. 이제 오직 사랑과 기쁨으로 가득 찬 온 우주와 하나되어 살아갈 시간이 되었습니다.

이 새로운 삶에는 고통과 집착이 없습니다. 당신은 날마다 새로 태어나고, 매 순간을 축하하며 즐길 것입니다. 당신의 삶을 어렵게 만드는 방해물은 더 이상 존재하지 않습니다. 오직 신에게서 받은 가능성만이 당신에게 존재하며, 당신은 그것을 잘 사용할 수 있습니다.

모든 것이 당신 손에 주어져 있습니다. 모든 것이… 당신의 현실을 창조하고 있는 것은 바로 당신임을 기억하세요.

♡　♡　♡

모든 사람을 무지개로 볼 때, 그들은 무지갯빛으로 빛나기 시작한다.

♡　♡　♡

외로움을 두려워하지 말라. 외로움을 혼자가 되었다는 의미가 아니라 다른 사람들에게 집착하지 않고 있는 상태로 이해하라. 당신은 언제나 온 세상과 함께 있다.

♡　♡　♡

영성을 위한 규칙과 법칙들이 따로 있는 것이 아니다. 영성은 모든 것을 향한, 그리고 신을 향한 사랑의 느낌이다. 이 느낌이 어떻게 특정한 법칙에 종속될 수 있겠는가? 느낌은 법칙의 이해를 넘어서 있다. 그것은 그저 있는 그대로 존재할 뿐이다. 그것은 그저 실재할 뿐이다. 당신이 할 수 있는 한, 그리고 당신이 원하는 만큼 사랑하라. 이것이야말로 영성을 드러내는 최상의 표현이다.

♡　♡　♡

모든 사람은 신의 통로다. 유일한 질문은 우리가 지금 이 선물을 사용하고 있는가 아닌가이다.

♡　♡　♡

우리는 많은 것을 잘못 이해하고 있다. 우리는 신이 천국이나 우리가 기도처로 생각하는 특별한 장소에 살고 있다고 믿는다. 그러면서도 우리는 신이 모든 것을 창조했다고 생각한다. 하지만 그가 모든 것을 창조했다면, 자신이 창조한 모든 장소와 대상 안에 살고 있지 않을까?

♡   ♡   ♡

사랑할 때 우리는 왠지 그것을 섹스와 연결한다. 좋은 섹스는 사랑이고, 나쁜 섹스는 사랑이 아니라고. 하지만 사랑이 먼저이고, 사랑하기 때문에 섹스가 좋은 것 아닌가? 사랑은 모든 것을 더 좋게 만드는 특성이 있다. 사랑의 도움으로 당신은 더욱 아름다워진다. 사랑은 우리 가슴속에 있다. 우리는 가슴의 언어를 사용해서 사랑에 관해 이야기한다. 그렇다면, 우리는 무엇 때문에 그 사랑을 허리띠 아래에서 찾는 것일까?

♡   ♡   ♡

돈 — 그것은 독특하다. 우리는 돈을 너무나 강렬히 원하면서도, 부자가 되면 나쁜 사람이 될까봐 두려워한다. 하지만 문제는 돈에 있는 것이 아니라 돈을 가진 사람에게 있다. 아마도 당신이 부자가 되면, 세상과 더 많은 것을 나눔으로써 더 많은 가치를 창조하지 않겠는가? 당신이 나눈 돈은 당신에게 이런 선물을 준다. 세상을 다양한 각도에서 더 깊이 바라보라. 그러면 당신은 더욱 행복해질 것이다.

♡　　♡　　♡

　　나이가 80세가 되었거나 암에 걸려서 죽음의 문턱에 와 있다 할지라도, 모든 것을 바꾸기엔 아직 늦지 않았다. 적어도 완벽한 기쁨을 느끼면서 삶의 마지막 날들을 보낼 가능성은 남아 있다. 매 순간을 찬미하고 그저 즐기면서 말이다. 변화를 두려워하지 말라. 낡은 것을 내려놓기를 두려워하지 말라. 적어도 새로운 세상과 만나는 순간만큼은 두려움을 떨쳐내라. 사랑과 기쁨의 세계, 즉 신의 세계는 언제나 당신 가까이에서 당신을 기다리고 있다. 그 안으로 깊이 잠기라.

♡　　♡　　♡

　　안타깝게도, 많은 사람들은 관계를 시작할 때 이상적 이미지를 만들어내고 그와 사랑에 빠진다. 그리고 그의 실체를 알아차리는 순간 실망한다. 하지만 그것은 그가 나빠서가 아니다. 단지 그는 당신이 만든 이미지와 어긋나 있을 뿐이다.

♡　　♡　　♡

　　오직 당신의 신념만이 당신을 아프게 할 수 있다. 또한 그것만이 당신을 치유할 수 있다.

♡　　♡　　♡

　　이상을 추구하는 동안, 우리는 우리 곁을 스쳐 지나가는 수많은 아름다운 사람들을 알아차리지 못한다.

♡　　♡　　♡

나는 사랑 없이는 살 수 없다. 이것은 내가 직접 실험해본 결과이다. 사랑하지 않았을 때, 나는 진정 살고 있지 않았다.

♡　　♡　　♡

삶은 세월의 길이로 측정되는 것이 아니라, 사랑 속에서 보낸 행복한 날들의 수로 측정된다.

♡　　♡　　♡

천재성天才性을 가진 여자는 자신의 남자에게서도 천재성을 알아보고 그것을 지지해준다. 그가 아무리 어리석다고 하더라도.

♡　　♡　　♡

관계 속에서 모든 사람은 신선한 공기를 들이쉬고 내쉬어야 한다. 우리는 단지 다른 사람과 함께 숨 쉬면 된다. 그를 붙잡아서는 안 된다. 붙잡으면 숨이 막힐 것이다.

♡　　♡　　♡

　세상엔 꽉 막힌 먹통들이 있다. 그들은 두터운 흙먼지 아래에서 숨 막혀 하면서도 여전히 자기가 옳다고 떠든다. 나프탈렌 냄새가 진동하고 낡은 관념으로 미어터지는 그곳에서 그들은 구역질을 느낀다. 하지만 새롭거나 평범하지 않은 것들을 두려워하기에, 기존의 방식과 다른 아이디어를 비난하기만 한다. 천재적인 사람들은 모두 관습적인 사회의 도전에 직면해왔다. 예수에서 모차르트에 이르기까지, 레오나르도 다빈치에서 오쇼에 이르기까지… 하지만 모든 생명은 새로움을 갈구한다. 결국 낡은 것은 죽고, 새로운 학파와 새로운 관념이 그 자리를 꿰찬다. 세상은 그런 것이다. 아멘.

♡　　♡　　♡

우리 모두가 닮았다는 것은 참으로 멋진 진실이다. 나 자신을 알면, 다른 모든 사람을 알게 된다. 그러니 온 세상의 모든 여자를 알고 싶다면, 단 한 사람만 알면 된다. 사랑하는 단 한 사람만을.

♡　　♡　　♡

　자신 안에서 힘을 찾는 사람은 반드시 그것을 찾을 것이다. 다른 누군가에게서 힘을 찾는 사람은 결코 그것을 찾지 못할 것이다.

♡　　♡　　♡

　내 생애의 마지막 말이 '사랑'이기를 나는 얼마나 바라고 있는가.

♡　　♡　　♡

성공한 사람들은 그저 즐기며 산다. 성공하지 못한 사람들은 왜 다른 사람들이 운이 좋은가에 대한 주관적인 이유를 찾아 논쟁한다. 그 뒤에 얼마나 많은 노력이 있었는지는 보지 않는다.

♡　　♡　　♡

관계는 인간에게 주어진 최고의 선물이다. 우리는 다른 사람의 행동을 통해 우리의 행동을 인식하고, 우리 자신을 넘어 성장할 수 있다. 그는 우리를 반영해준다. 이것은 선물이다. 그러니 관계를 두려워하지 말라. 어떤 관계든 늘 기분 좋을 수는 없다. 하지만 그것이 당신 내면의 반영일 뿐이라는 점을 기억하라. 당신은 당신 자신으로부터 달아날 수 없다.

♡　　♡　　♡

자신을 변화시키라. 그러면 당신 주변의 세상은 당신의 변화를 되비쳐줄 것이다.

지은이게서 온 우화 하나

파울Paul이라는 이름의 사내가 평소처럼 늦게 집에 돌아오는 길이었다. 수천 번이나 지나다녔던 길이었다. 그는 생각에 빠져서 주위를 전혀 살피지 않은 탓에 길 한가운데에 놓여 있던 큰 돌에 걸려 넘어졌다. 물웅덩이에 빠진 그는 화가 치솟았다. 그 돌은 지금껏 없던 것이었다. 그는 평소 성격대로 투덜거리면서 그것을 살펴보았다.

돌은 평범해 보이지 않았다. 전체적으로 둥글었지만 여기저기 울퉁불퉁한 모서리도 많았다. 파울은 한쪽 면에서 분홍빛 유니콘 모양을 발견했다. 가만히 살펴보니, 작은 화살처럼 생긴 유니콘의 뿔이 공원 깊숙한 곳을 향해 난 작은 오솔길을 가리키고 있었다. 파울은 거기에 무엇이 있을지 궁금했다. 그는 몸을 털고 그 알 수 없는 길을 따라 들어갔다.

놀랍게도 깊이 들어갈수록 주변 나무들의 키가 점점 더 커졌고, 나뭇잎도 울창해졌다. 파울은 그 나뭇잎들의 색깔이 평범하지 않다는 사실을 알아차렸다. 나뭇잎들은 보랏빛이었다가 빨간빛으로 변해 갔는데, 파울은 그런 광경을 평생 처음 보았다. 파울의 가슴은 세차게 쿵쾅댔다. 뭔가 미지의 것이 그를 유혹했고, 동시에 두렵게 만들었다.

문득 파울은 거기에 누군가가 있음을 알아차리고 얼어붙었다. 그는 주위를 둘러보았고, 동화책에 나오는 마법사처럼 옷을 차려입은 한 남자를 발견했다. TV에서나 볼 법한 모습이었다. 마법사는 자신을 레오나르도Leonardo라고 소개했다. 마법사는 정중한 어투로 파울에게 마법의 숲에서 무엇을 하고 있는지를 물었다. 파울은 어안이 벙벙해서 어떻게 대답해야 할지 몰랐다. 침묵을 깨고 싶어도, 그의 입술은 딱 붙어버린 것처럼 꼼짝하지 않았다.

레오나르도가 웃으며 말했다. — 겁내지 마시오. 당신은 안전하오. 나는 당신이 삶의 길을 찾고 꿈을 실현하도록 돕기 위해 여기에 있는 것이라오.

파울은 숨을 길게 내쉬고 긴장을 풀며 말했다. — 나의 길이라뇨? 나는 평범한 직장생활에 만족하고 있는데요. 거긴 평생직장이고, 일도 빡빡하지 않아요.

레오나르도는 크게 웃으며 물었다. — 그렇다면 어린 시절에 당신이 오랫동안 간직했던 꿈은 어떻게 되었소?

파울이 놀라 말했다. — 무슨 꿈이요?

레오나르도는 말했다. — 어린 시절에 당신이 꾸었던 꿈을 잊었소? 당신이 자라서 무지개가 되는 꿈 말이오.

파울이 말했다. — 아, 그 꿈 말이군요! 하지만 그건 불가능하잖아요. 그건 그저 한 아이의 공상일 뿐이었어요. 별거 아니지요.

레오나르도는 파울을 뚫어져라 바라보며 말했다. — 참 안된 일이오. 어린 시절의 그 꿈이 당신이 살아갈 이유였는데 그걸 잊어버렸다니. 당신이 하늘의 무지개를 바라보다가 그것을 좇아가 무지개의 일부가 되고, 그 안으로 녹아들어 갔던 기억을 떠올려보시오. 그것보다 더 큰 행복은 없었을 텐데….

파울은 기억 속으로 빠져 들어갔다. 그러자 눈에 눈물이 글썽였다. 어린 시절 그토록 강렬히 꾸었던 꿈을 언젠가부터 한심한 것으로 여겨왔다니. 그는 아쉬움에 한숨을 쉬었다.

레오나르도가 다시 말했다. — 아직 실망할 때가 아니오. 모든 꿈은 이루어지오. 당신이 그것을 믿고 용감하게 삶을 완전히 바꿀 수 있다면, 그리고 꿈을 향해 길을 갈 수 있다면 말이오.

이 말이 파울의 머릿속에 계속 메아리쳤다. 파울은 귓가에 맴도는 그 말에 빠져 있다가, 문득 눈을 뜨고 이것이 모두 꿈이었음을 알았다. 꿈속 장면들이 너무나 현실 같아서 놀라웠다. 그 돌과 나무들, 마법사와의 대화… 지금까지 이처럼 생생한 꿈을 꾼 적은 없었다. 그보다도 어린 시절의 가장 따뜻하고 내밀한 소망을 떠올려주었다는 사실이 더욱 놀라웠다! 파울은 무지개를 따라 뛰어갔던 자신의 모습과 무지개와 하나가 되고자 갈망했던 기억을 되찾았다. 어린 시절에는 무지개가 되어 그 빛과 색채로 세상을 비추는 꿈을 얼마나 자주 꾸었던가.

파울은 슬펐고, 안타까웠고, 일상의 일들에 압박감을 느꼈다. 그는 일터로 가는 내내 오직 자신의 꿈에 대해서만 생각했고, 그 꿈은 다시

그의 머리를 가득 채웠다. 결국 그는 뭔가에 걸려 넘어졌다. 그는 일어나면서 자신이 발걸음에 주의를 기울이지 않고 있었다는 사실을 알아차렸다. 그는 길에 앉아 있던 한 늙은이에게 부딪힌 것이었다.

그 늙은이는 투덜거리며 말했다. ― 발밑도 안 살피고 어딜 그렇게 무턱대고 가는 건지… 자네 제정신이 아니군?

파울은 미안하다고 말하며 정신을 차리고 그 늙은이를 다시 바라보았다. 그 늙은이는 여든 살쯤 되어 보였고, 낡은 옷을 걸치고 있었다. 흰 수염이 길게 나 있었고, 머리 위는 벗겨져 있었다. 파울은 그 노인의 눈을 들여다보았다. 그런데 너무나 친숙한 느낌이 들었다. 파울은 그 늙은이가 꿈속에서 만난 마법사임을 알아보았다.

파울은 그에게 이름을 물었다. 노인은 알 듯 말 듯한 웃음을 보이면서 대답 대신 오솔길을 가리키며 이렇게 말했다. ― 시간을 허비하지 말고 자네의 꿈을 따라가게. 자네의 진가를 보여주게. 자네가 꿈을 이룰 준비가 되어 있다는 것을 보여주게.

파울은 그 오솔길을 바라보았다. 그리고 그 길이 어디로 나 있는지, 무엇이 자신을 기다리고 있는지를 물어보려고 고개를 돌려 보니, 늙은이는 이미 사라지고 없었다. 마치 연기처럼 공중으로 사라진 것 같았다. 파울은 이리저리 둘러봤지만, 그는 어디서도 보이지 않았다.

파울은 생각했다. '이건 기적이야! 안 될 것도 없지! 이제 안전한 삶은 지옥에나 보내버리자! 나는 행복을 찾아 꿈의 세계로 들어갈 거야.' 파울은 자신이 어디로 가는지, 무슨 일이 일어날지 모르는 채로 그저 꿈속의 길을 따라갔다. 파울은 자신 앞에 나타난 마법의 힘을 위험을 무릅쓰고 믿기로 했다.

파울은 낯선 길을 걷고 또 걸었다. 나무들이 길을 양쪽에서 둘러 싸서 아무것도 보이지 않았다. 오직 숲과 길뿐, 사람은 그림자도 보이지 않았다.

파울은 자신의 선택이 옳았는지를 의심하기 시작했다. 여전히 주변은 온통 숲뿐이고, 날도 어두워지기 시작했기 때문이다. 그는 숲 속에서는 야생동물에게 잡아먹힐 수도 있다는 이야기를 자주 들으며 자라왔다. 게다가 그 숲은 평범한 숲과는 달리 나무들이 사람의 모습을 하고 있었다. 이 숲에서 어떤 깜짝 놀랄 일이 벌어질지는 아무도 모르는 일이었다.

하지만 돌아가기에는 너무 늦었다. 밤이 가까워지고 있었다. 서둘러 걸어온 탓에 자신이 얼마나 깊이 들어왔는지조차 가늠이 되지 않았다. 그때, 뭔지는 모르지만 갑자기 밝은 빛이 파울의 눈에 띄었다.

풀밭 한가운데에 밝은 물체가 서 있었다. 어찌나 밝은지 파울은 눈을 뜰 수조차 없었다. 파울은 호기심으로 그것에 가까이 다가갔다.

그 불빛이 부드러워지며 이런 목소리가 들려왔다. ─ 안녕, 파울!

파울은 깜짝 놀랐다. ─ 나를 어떻게 알아요?

목소리는 말했다. ─ 나는 모두에 대해 모든 것을 알고 있지. 특히 용감하게 꿈의 길을 따라 들어온 사람들에 대해서는. 나는 아마데우스Amadeus야. 소망의 신이지. 자네는 내 꿈의 나라에 들어온 거야. 오

직 용감한 영혼만이 어떤 꿈이든 이룰 수 있지. 설령 그 꿈이 겉보기엔 이상하고 평범하지 않게 보일지라도 말야. 자네는 많은 시험을 통과해야만 해. 소망을 이룰 때까진 많은 유혹이 있을 거야. 오직 자네의 의지와 순수한 가슴만이 잘못된 야망에 빠져 길을 잃지 않도록 도와줄 거야. 가슴의 길을 따른다면, 자네는 어떤 소망이라도 이룰 수 있어. 학교에서 배운 것들은 모두 잊어버려. 그것들은 마법의 세계에선 도움이 되지 않아. 가슴의 소리에 귀 기울이면 그것이 자네에게 방향을 보여주고, 모든 시련을 뚫고 나아가게 해줄 거야.

말을 마친 아마데우스는 요정을 소개해주고는 "자네의 꿈을 따라가게"라는 말만 남기고 사라졌다.

요정의 이름은 빅토리Victory였다. 그녀는 손바닥만 했고, 아주 작은 날개를 달고 우스꽝스러운 분홍 옷을 입고 있었다. 그녀가 날갯짓을 할 때마다 햇빛에 반짝반짝 빛나는 마법의 가루가 날개에서 떨어져 내렸다. 파울은 그녀의 날개와 날아다니는 모습에 감탄하며 마법에 홀린 듯이 얼어붙었다. 파울은 생각했다. '와, 멋지군. 나도 저렇게 해보고 싶어.'

빅토리가 물었다. ― 무지개가 되는 것은 결코 평범하지 않은 꿈이에요. 나도 난생처음 듣는걸요. 그 꿈을 이루려면 무엇이 필요할까요? 일단 우리 세계에 머무르세요. 그러면 당신의 다른 꿈들은 실현될 거예요. 여기에는 수없이 많은 보물이 있어요. 아름다운 여자들, 차와 집들도 많아요. 원하는 대로 고르세요. 내가 당신에게 우리의 세상을 보여줄게요. 이 모두가 당신의 거예요. 여기에 머무르기로 하면, 당신은 이곳의 왕이 될 수 있어요.

파울의 눈은 소망을 성취하려는 열망으로 반짝거렸다. 그러자 빅토리가 말했다. ─ 여기가 당신의 궁전이에요. 지금부터 당신은 여기에서 살 거예요. 여기에 머무르세요. 당신은 곧 이 세계의 아름다움을 알게 될 거랍니다.

파울은 자신의 눈을 믿을 수 없었다. 감탄으로 입을 다물게 하는 궁전이었다. 수천 명의 궁녀가 그를 맞이했다. 그녀들은 하나같이 절세미인이었다. 게다가 식탁에는 최고의 요리가 차려져 있었다. 그는 그런 산해진미를 한 번도 먹어본 적이 없었다. 그는 또 보석으로 가득 찬 커다란 방으로도 안내되었다.

빅토리는 말했다. ─ 지금부터 이 모든 것이 당신 거예요. 당신은 이곳의 주인이에요. 마음껏 즐기세요!

파울은 기뻐하며 승낙했다! 그는 자신에게 주어진 모든 것에 마음을 뺏겼다. 날마다 그는 풍요로움과 왕위를 즐겼다. 하지만 잠자리에 들 때마다, 그의 가슴은 쥐어짜듯이 고통스러웠다. 파울은 이 고통을 누그러뜨리기 위해 최선을 다했다. 내면의 고통을 회피하려고 음식을 탐닉했고, 혼자서는 잠자리에 들지 않았다.

그렇게 한 달이 지났다. 어느 날 그가 꽃의 정원을 걸어가고 있을 때, 익숙한 목소리가 머릿속에서 들려왔다. ─ 오직 용감한 사람만이 이 길을 통과할 수 있어. 자네의 꿈을 따라가게.

그 순간 파울의 심장은 갑자기 격렬히 뛰기 시작했다. 파울은 의식을 잃고 쓰러졌다. 그리고 무지개를 보았다. 너무나 밝고 형형색색으로 빛나는 무지개가 우주의 중심에 솟아오르고 있었다! 그는 얼굴 가득 미소를 띠면서 깨어났다. 그는 마지막으로 왕국을 한 번 둘러보고는 자신의 꿈을 찾아 나아가기로 확고하게 결심했다.

파울은 요정에게 그녀의 친절함과 풍요로움에 대해 감사한 후, 길을 묻고 떠났다. 요정은 기쁘게 그를 보내주었다. 왜냐하면, 그녀는 다른 사람과는 달리 꿈을 찾아 자신의 길을 따르는 것이 무슨 의미인지를 알고 있기 때문이었다. 그녀 자신도 언젠가 꿈을 믿고서 자신의 길을 따랐기에 이처럼 요정이 될 수 있었던 것이다.

파울은 빅토리가 알려준 길을 따라 걸어가서 마침내 높은 산에 이르렀다. 그는 산기슭에서 거대한 동굴을 하나 보았다. 이미 밤이 깊어졌기에 파울은 거기에서 묵기로 결정했다.

파울은 동굴 안으로 들어가면서 소리쳤다. — 어이, 누구 있어요?

하지만 침묵만이 메아리쳤다. 그는 절대적인 고요 속으로 걸어 들어가다가 발밑에 뭔가가 부드럽게 솟아 있음을 느꼈다. 파울은 약간 놀랐지만, 그것에서 위협을 느끼지는 않았기에 그 위에 누워 잠이 들었다.

우리의 파쉬카(파울의 애칭, 역주)는 단잠이 들었다가 문득 자신이 들어 올려지는 것을 느꼈다. 아래에서 뭔가가 갈라지더니 엄청난 속도로 빛이 뿜어져 나왔다. 그것은 거대하고 강력한 황금 용龍이었다. 용의 비늘이 햇빛을 받으며 눈이 부실 만큼 빛났다. 용은 날개를 폈다. 기지개를 켜며 달콤하게 하품하는 듯했다. 꼬여 있는 거대한 뿔들이 머리를 장식하고 있었다.

용은 파울의 존재를 바로 알아차리지 못했다. 그러나 곧 파울을 발견하고는 그의 정체를 물었다. 어디에서 왔는지, 무엇을 찾고 있는지 등등. 용은 아주 현명하지만 동시에 호기심이 많고 좀 수다스럽기도 했다. 파울은 용의 모든 질문에 대답했다. 파울은 무지개가 되는 꿈을 좇아왔다고 말했다.

용은 파울의 말에 주의 깊게 귀 기울인 다음, 자신을 고르돈Gordon이라고 소개했다. 그리고 친척을 방문하러 가는 길에 그를 기적과 마법의 세계로 데려다주겠다고 했다. 파울은 좋은 생각이라고 동의하고, 아마도 그곳에서 어떻게 무지개가 될 수 있는지 해답을 얻을 수 있을 것으로 기대했다. 마법의 세계라면 당연히 모든 해답을 찾을 수 있는 곳 아니겠는가.

파울은 새 친구의 등에 올라탔고, 그들은 출발했다. 장밋빛 구름을 지나 한 무리의 바실리스크(도마뱀)를 통과하는 동안, 땅 위에서 수천 마리의 불사조가 삶의 의미에 대해 논쟁하고 있는 모습을 보기도 했다. 이 모든 것이 파울에게는 무척 이상하고 흥미로웠다. 그야말로 마법의 세계였다.

파울은 생각했다. '정말 광대한 곳이구나! 살아 있는 용에 올라타고 있으니 더욱 멋지구나!' 파울은 숨이 멎을 것만 같았다. 그들은 그

렇게 사흘 밤낮을 날아 동화와 마법의 나라에 도착했다.

파울과 고르돈은 이 세계를 탐험했다. 참으로 많은 것들이 있었다. 마법 지팡이, 마법 식탁보, 투명 망토… 이곳저곳에서 마법의 신기한 창조물들을 만날 수 있었다. 도자기로 만들어진 복어들이 해파리처럼 공중을 날고 있었고, 바퀴벌레들은 눈송이를 내뿜으며 술래잡기를 하고 있었다. 돌고래를 타고 서핑을 즐길 수도, 폭포에서 뛰어내릴 수도 있었다. 눈 쌓인 산들은 밤마다 서로에게 사람들이 사는 세상에 대한 이야기를 들려주었다. 익룡들은 끊임없이 용들에게 대들면서 이 갈등을 수구 경기로 깨끗이 결판내자고 제안했다.

모든 곳에 마법이 흘러넘쳤다! 고르돈은 파울에게 여기서는 어떤 힘이든 얻을 수 있다고, 누구든 강력한 마법사가 될 수 있다고 말했다. 돌멩이를 황금으로 바꾸고, 사람을 동물로 바꾸고, 하늘을 날거나 공기 없이 물속에서 헤엄치는 법도 배울 수 있다고 했다.

고르돈이 이 모든 것을 말로만 알려준 것은 아니었다. 그는 파울에게 모든 것을 직접 실험해보라고 했다. 그리고 이곳에서 영원히 친구로 지내자고 했다. 파울은 그 말에 동의하고 마법을 배우기 시작했다.

파울과 고르돈은 날마다 날기 경주를 했다. 파울은 돌로 변해서 고르돈을 놀래주기도 했다. 연금술을 배워서 집에 있는 모든 것을 귀금속으로 바꾸기도 했다. 파울은 마법에 푹 빠졌다. 파울은 날마다 점점 더 강력해졌다. 그는 많은 것을 실험했다. 심지어 마치 빛을 쏘아 올리듯, 원하는 곳 어디로든 즉각 이동할 수도 있게 되었다.

한 해가 그렇게 지나갔다. 파울은 날마다 마법을 연습하며 능력을 갈고 다듬었고, 점차 자신의 꿈에 대해서는 완전히 잊고 말았다.

마침내 마법 경연대회가 열렸다. 온 세상의 마법 생명체들이 모여서 가장 강한 마법사를 가리는 날이었다. 파울도 거기에 참여해 자신의 능력을 보여주기로 했다. 그는 경기에 참여한 수천 명의 후보자들을 보았다. 그들은 모두 경연의 시작을 알리는 최고 마법사의 선언을 기다리고 있었다.

최고 마법사가 등장했을 때 파울은 깜짝 놀랐다. 그는 바로 레오나르도였다. 자신의 꿈에 나왔던 그 마법사… 파울의 머릿속에 다시 예전의 목소리가 울렸다. ― 자네의 꿈을 따라가게. 오직 강한 자만이 결승점에 닿을 수 있지. 가슴에 귀 기울여봐. 그러면 가슴이 실마리를 알려줄 거야.

파울은 자신이 마법의 힘에 빠져 그 꿈을 잊어버렸다는 것을 알아차렸다. 그는 이 경연에서 이겨서 무슨 일이 있어도 레오나르도를 다시 만나야겠다고 결심했다. '아마 최고 마법사는 나를 무지개로 바꿀 힘을 찾으려면 어디로 가야 하는지 알려줄 수 있을 거야.'

파울은 경쟁자들을 하나하나 물리치며 승승장구했다. 그는 높이 날아올랐다. 그는 허리케인만큼 빨랐고, 사람을 동물로 바꿀 수 있었다. 마침내 그는 결승에 도달했다. 경기 규칙에 따라서, 결승에 오른 사람은 최고 마법사와 경쟁해야 했다. 상대 마법사는 바로 레오나르도였다.

파울은 그에게 달려가 꼭 껴안으며 그와의 싸움을 거부하겠다고 말했다. 파울은 레오나르도에게 어떻게 하면 자신이 무지개가 될 수 있는지, 그 비밀을 알려달라고 부탁했다.

레오나르도는 웃으며 대답했다. — 자네는 마지막 시험을 통과했네! 자네는 꿈을 위해 최고의 마법사가 될 기회를 기꺼이 포기할 준비가 되어 있었네! 이제 자네에게 그 질문의 해답을 얻을 수 있는 곳을 보여주겠네.

그들은 함께 공간이동을 해서 세상의 끝으로 갔다. 레오나르도는 파울을 한 번 껴안고는 사라져버렸다. 파울은 이제 온 세상이 하나로 만나는 우주의 끝에 서 있었다. 그는 거기 앉아서 모든 것을 둘러보며 찬미하기 시작했다. 그는 서로 다른 수많은 세계에서 수천 개의 태양이 동시에 떠오르는 것을 보았고, 수천 개의 달이 밤길을 걷는 나그네들의 길을 밝히는 것을 보았다. 그는 모든 것이 하나로 엮여 있음을 깨닫고 커다란 기쁨과 사랑을 느꼈다.

우주의 모든 것은 오직 서로 연결되어 있을 뿐, 전혀 분리되어 있지 않았다. 그것이 그가 얻어야 했던 마지막 가르침이었다.

우주는 직접 파울에게 이렇게 말했다. — 드디어 그대는 꿈을 실현했구나! 오직 강하고 용감한 사람만이 목적지에 이르러 가장 소중한 소망을 성취할 수 있지. 처음에는 어리석어 보일지 몰라도, 모든 꿈은 실현될 수밖에 없어. 하지만 모두가 그것을 성취하기 위해 자신의 길을 갈 준비가 되어 있는 것은 아니야.

그 말을 듣고 파울은 내면에서 거대한 에너지가 솟아오르는 것을 느꼈다. 그리고 그의 몸은 변모하여 수많은 빛깔로 바뀌었다. 마침내, 그는 자신이 온 세상을 비추는 거대한 무지개임을 느꼈다.

이 순간 파울의 영혼은 가슴 깊이에서 열망하는 모든 꿈은 쉽게 이루어진다는 사실을 진심으로 알게 되었다. 모든 두려움과 의심을 극복할 준비가 되어 있다면, 일상적인 세계를 거부할 수 있다면, 자신의 가슴이 말해주는 대로 따라갈 수 있다면 말이다.

파울은 즉시 마음속에서 레오나르도, 고르돈, 빅토리에게 작별인사를 했다. 이제 파울은 온 세상을 비추는 밝은 빛이 되었다. 이후로 파울은 자신의 꿈을 찾아 가슴이 말해주는 대로 따라가는 용감한 사람들의 길을 밝게 비추어주는 존재가 되었다. 진정으로, 그는 모든 꿈이 이루어진다는 사실을 누구보다 확실히 알게 되었다.

오직 바라는 것이 필요할 뿐.

감사의 말씀

나의 흘러넘치는 감사함을 만물의 창조주에게 바칩니다. 에고의 무지라는 어둠 속에서, 알아차림의 빛을 주신 데 대해 감사드립니다. 내 안에 흐르는 사랑에 감사드리고, 세상을 다른 각도에서 볼 수 있고 또 있는 그대로 받아들일 수 있는 능력을 주신 데 대해 감사드립니다. 현실을 통제하려는 마음을 내려놓는 능력을, 모든 것을 그저 믿을 수 있는 능력을 점점 키워주신 데 대해 감사드립니다. 당신은 늘 내 곁에서 당신의 손으로 나를 돌보십니다.

나와 가까운 모든 사람에게 감사드립니다. 그들과 함께하며 나는 어린 시절부터 많은 가르침을 받았습니다. 나의 가족에게, 그들의 따뜻한 사랑에 대해 감사드립니다. 나는 사랑을 가족 안에서 배웠고, 그 사랑은 내가 다른 사람들을 존중하고 도와줄 수 있게 가르쳤습니다. 진정한 친구들에게 감사드립니다. 그들은 나의 곁에서 함께 걷는

동시에 저마다의 길을 따라갔습니다. 그들의 따뜻한 눈길과 영혼의 되비침은 내가 나 자신을 더 잘 이해하도록 도와주었습니다. 이 책을 맡아준 편집진에게도 감사드립니다. 그들의 인내와 노력에 감사드립니다. 책을 만든다는 것은 결코 쉬운 일이 아닙니다.

사랑의 빛이 온 세상을 가득 채우고, 모두를 기쁨으로 변화시키기를 바랍니다.

여러분께 감사드립니다.

세상의 어떠한 책도, 나의 책조차도, 당신이 현명해지도록 도울 수 없다.

오직 실제 경험과 연습만이 당신에게 지혜를 줄 수 있다.

옮긴이의 말

　트랜서핑 시리즈를 읽은 독자들에게는 아마 이 책이 좀 가벼워 보일지도 모르겠습니다. 그러나 비탈리의 책 안에는 우리가 잘 모르는 비밀이 세 가지 숨어 있습니다. 제가 나름대로 발견한 그 비밀을 조심스럽게 알려드리는 것으로 옮긴이의 말을 간단히 대신하고 싶습니다.

　첫째, 저자는 가장 강력한 현실창조의 능력은 사랑에서 나온다고 역설하고 있습니다. 모든 것을 창조하는 힘인 사랑이란 대체 무엇일까요? 진정한 행복을 위해서는 가장 먼저 이 비밀을 풀어야 할 것입니다. "사랑은 모든 것을 조건 없이 허용하는 것"이라고 일본의 어느 선사禪師는 통찰했습니다. 독자님들도 자신만의 통찰을 얻으시길 바랍니다.

둘째, 비탈리는 뭔가를 창조하려면 그것을 강력하게 집중해서 원하는 상태와 아무것도 원하지 않고 모든 것을 허용하는 상태가 동시에 존재해야 한다고 말합니다. 이것이 바로 홀로그램 우주를 여는 열쇠입니다.

극도의 입체감을 주는 홀로포닉스holophonics 녹음기술과 명상상태를 유도하는 헤미싱크hemisync, 입체영상을 만드는 홀로그램hologram의 원리가 이미 제품으로 만들어져 사용되고 있지요? 이 모든 기술에는 양극성의 공명으로 새로운 하나가 탄생한다는 우주 자연의 이치가 바탕에 있습니다.

이런 홀로그램의 원리가 의식에 적용된다면, 이원성二元性의 의식과 비이원성非二元性의 의식이 하나로 공명해서 만들어지는 제3의 의식상태가 가능해질 것입니다. 저자는 그런 새로운 의식이 '마법사가 되는 길'이라고 보고 있는 것입니다. 많은 사람들이 이것을 경험한다면 인류의 집단의식은 한 차원 위로 끌어올려질 수도 있겠지요.

셋째, 강력하고 위대한 창조의 힘이 우리 안에 애초부터 존재한다는 것입니다. 그것을 얻으려고 애쓸 필요가 없다는 것이지요. 오히려 얻으려고 애쓰는 행위가 그 힘을 방해하니까요. 대신 저자는 스스로 빈 통로가 되어 그 힘이 우리 자신을 통해 흐르게 허용하라고 말합니다. 이처럼 가슴을 열고 허용하는 것이야말로 가장 깊은 비밀입니다. 가슴을 열면 온 우주의 힘이 나를 통해 흐르기 시작합니다.

자신에게 또한 다른 사람들에게 가장 좋은 것들을 기쁨으로써 창
조하시길…

2014년 초록이 짙어가는 태학산에서
박인수